汽车维修技能与技巧点拨丛书

汽车发动机维修技能与技巧点拨

刘春晖 主编

机械工业出版社

本书结合一线汽车发动机系统维修工作实践，以汽车维修实践操作及检测维修技能为核心、以解决实际问题为主线，详细讲解了汽车发动机控制系统维修工作中经常遇到的技能操作与检测维修方面的问题，重点介绍了常见的发动机控制系统维修中的新技术、新的诊断设备、新的诊断方法以及新维修理念。全书内容包括传感器维修技能与技巧、发动机机械系统维修技能与技巧、燃油控制系统维修技能与技巧、点火控制系统维修技能与技巧、怠速控制系统维修技能与技巧、发动机辅助控制系统维修技能与技巧等几个方面。全书内容涉及面很广，基本涵盖了汽车发动机控制系统维修工作的方方面面。

本书简明实用、通俗易懂，内容均为汽车发动机控制系统维修所必须掌握的维修技能和故障检测、诊断的基本技巧。

本书主要供汽车维修工、汽车机电维修人员、汽车维修电工、汽车维修一线管理人员使用，也可供职业院校、技工学校汽车运用与维修、汽车检测与维修技术、汽车电子技术、汽车维修专业的师生学习和参考。

图书在版编目（CIP）数据

汽车发动机维修技能与技巧点拨/刘春晖主编. —北京：机械工业出版社，2021.1

（汽车维修技能与技巧点拨丛书）

ISBN 978-7-111-67385-9

Ⅰ. ①汽… Ⅱ. ①刘… Ⅲ. ①汽车-发动机-车辆修理 Ⅳ. ①U472.43

中国版本图书馆 CIP 数据核字（2021）第 018049 号

机械工业出版社（北京市百万庄大街22号 邮政编码100037）
策划编辑：连景岩　责任编辑：连景岩　刘　煊
责任校对：张　征　封面设计：马精明
责任印制：常天培
北京虎彩文化传播有限公司印刷
2021年3月第1版第1次印刷
184mm×260mm・16.5印张・424千字
0 001—1 900 册
标准书号：ISBN 978-7-111-67385-9
定价：69.90元

电话服务　　　　　　　　　　　网络服务
客服电话：010-88361066　　　　机　工　官　网：www.cmpbook.com
　　　　　010-88379833　　　　机　工　官　博：weibo.com/cmp1952
　　　　　010-68326294　　　　金　书　网：www.golden-book.com
封底无防伪标均为盗版　　　　机工教育服务网：www.cmpedu.com

前 言

随着电子技术的快速发展，汽车电子控制系统在汽车发动机控制系统上的应用越来越广泛，数量越来越多，同时电子控制系统的结构变得越来越复杂，新的技术不断被应用到汽车发动机控制系统中，因此其故障变得更加隐蔽。

广大维修人员在实际维修过程中渴望掌握一些相关的维修技能与技巧，以便能更加快捷地诊断故障，达到修复的目的。本书作者正是基于这样的目的，结合多年的一线汽车发动机控制系统维修工作经验和多年的汽车维修教学经验，将汽车发动机维修中的常用技能展现出来。密切结合汽车维修一线的维修实际，以使一线的汽车维修人员快速入门为切入点。本书内容全部来自一线的汽车维修实践操作及检测维修，有很强的指导意义，是汽车维修人员，特别是汽车机电维修人员初学入门及日常维修难得的学习资料。

本书以汽车发动机控制系统维修技能与技巧为重点，联系实际操作过程中经常遇到的一些重点、难点问题，重点强化维修人员的实践操作及检测维修技能，同时采用较多篇幅介绍目前新型车辆所采用的新技术、新的诊断设备、新的诊断方法以及新维修理念，力求做到理论与实践相结合，重在强化维修人员的维修思路和维修操作技能，帮助维修人员在维修工作中达到举一反三的目的。

本书内容包括传感器维修技能与技巧、发动机机械系统维修技能与技巧、燃油控制系统维修技能与技巧、点火控制系统维修技能与技巧、怠速控制系统维修技能与技巧、发动机辅助控制系统维修技能与技巧等几个方面。

本书由刘春晖主编，参加编写工作的还有王桂波、尹文荣、方玉娟、王淑芳、赵传生、刘玉振、吴云、张洪梅。

本书在编写过程中参考了大量的汽车维修资料，在此向这些资料的作者及编者深表感谢！由于各种原因不能将广大作者及编者——注明，在此表示深深的歉意。由于编者水平所限，书中难免有错误和不当之处，恳请广大读者批评指正。

目 录

前 言

第一章 传感器维修技能与技巧 ... 1
第一节 传感器维修注意事项 ... 1
一、汽车常用传感器信号的类型有哪些 ... 1
二、汽车上常用传感器有哪些检测方法 ... 2
三、车用传感器的检测要掌握哪些要领 ... 5
四、电喷发动机有哪些控制特点 ... 7
第二节 压力和温度传感器 ... 9
一、怎样检测进气歧管绝对压力和温度传感器 ... 9
二、怎样检测2011款高尔夫、捷达进气压力传感器 ... 10
三、怎样检测大众CC轿车冷却液温度传感器 ... 11
四、怎样检测2011款捷达冷却液温度传感器 ... 12
五、怎样检测大众直喷发动机燃油压力传感器 ... 13
六、怎样检测增压压力传感器 ... 15
第三节 流量传感器 ... 18
一、怎样检测热线（热膜）式空气流量传感器 ... 18
二、怎样检测大众新型热膜式空气流量传感器 ... 18
三、怎样检测大众改进型热膜式空气流量传感器 ... 21
四、怎样检测别克君威轿车空气流量传感器 ... 22
五、有的发动机为何同时安装MAF和MAP ... 24
第四节 位置传感器 ... 26
一、怎样检测2011款捷达曲轴位置传感器 ... 26
二、怎样检测2006款凯美瑞曲轴位置传感器 ... 28
三、怎样检测别克轿车曲轴位置（24X）传感器 ... 28
四、怎样检测别克轿车曲轴位置（7X）传感器 ... 30
五、怎样检测三菱格兰迪曲轴位置传感器 ... 32
六、怎样检测新捷达霍尔式凸轮轴位置传感器 ... 35
七、怎样检测大众CC曲轴位置传感器 ... 36
八、曲轴位置传感器的特性及检修技巧有哪些 ... 38
九、怎样检测磁阻式凸轮轴位置传感器 ... 41

十、别克 EGR 阀位置传感器的检测 …………………………………………… 44
　　十一、霍尔式凸轮轴位置传感器的失灵及故障诊断 ……………………………… 45
　　十二、怎样诊断霍尔式凸轮轴位置传感器故障 …………………………………… 46
　　十三、加速踏板位置传感器及其故障诊断 ………………………………………… 48
　第五节　节气门位置传感器 ………………………………………………………… 52
　　一、怎样检测 2008 款别克凯越发动机节气门位置传感器 ……………………… 52
　　二、怎样检测双可变电阻式节气门位置传感器 …………………………………… 53
　　三、怎样检测霍尔式节气门位置传感器 …………………………………………… 55
　　四、怎样检测霍尔式加速踏板位置传感器 ………………………………………… 58
　　五、节气门位置传感器的检测要领有哪些 ………………………………………… 60
　第六节　浓度传感器 ………………………………………………………………… 61
　　一、怎样检测 2011 款捷达氧传感器 ……………………………………………… 61
　　二、怎样检测 2011 款高尔夫 A6 车宽域氧传感器 ……………………………… 63
　　三、怎样检测宝来车宽域氧传感器 ………………………………………………… 65
　　四、怎样识别与检测二氧化钛式氧传感器 ………………………………………… 66
　　五、怎样识别与检测宽域氧传感器 ………………………………………………… 68
　第七节　爆燃传感器 ………………………………………………………………… 69
　　一、怎样检测 2011 款迈腾爆燃传感器 …………………………………………… 69
　　二、怎样检测新款凯美瑞爆燃传感器（平型） …………………………………… 71
　第八节　液位传感器 ………………………………………………………………… 73
　　一、怎样检测电容式液位传感器 …………………………………………………… 73
　　二、怎样检测燃油液面传感器 ……………………………………………………… 75
　　三、怎样检测冷却液液位传感器 …………………………………………………… 77
　第九节　通过目标设定值角度认知传感器 ………………………………………… 77
　　一、怎样从目标设定值传感器的角度认识加速踏板位置传感器 ………………… 77
　　二、怎样从目标设定值传感器的角度认识制动开关 ……………………………… 79
　　三、怎样从目标设定值传感器的角度认识离合器开关 …………………………… 81
　　四、怎样从目标设定值传感器的角度认识电控车上其他开关 …………………… 83

第二章　发动机机械系统维修技能与技巧 …………………………………………… 84
　第一节　发动机密封性 ……………………………………………………………… 84
　　一、气缸密封性与发动机性能有哪些关系 ………………………………………… 84
　　二、怎样检测气缸压缩压力 ………………………………………………………… 85
　　三、对发动机正时的理解 …………………………………………………………… 86
　　四、发动机气缸压力波形解读 ……………………………………………………… 88
　第二节　进气管真空度 ……………………………………………………………… 90
　　一、进气管真空度在汽车上有哪些应用 …………………………………………… 90
　　二、进气管真空度失常对发动机性能有哪些影响 ………………………………… 92
　　三、进气管真空度失常诊断要领有哪些 …………………………………………… 93
　　四、发动机进气管路漏气故障的诊断 ……………………………………………… 94

V

五、电控发动机进气系统真空泄漏对发动机的影响 ……………………………… 95
第三节　发动机积炭 ………………………………………………………………………… 98
　　一、发动机的积炭是怎样形成的 ………………………………………………… 98
　　二、积炭对发动机有哪些危害 …………………………………………………… 100
　　三、发动机积炭的预防措施是怎样的 …………………………………………… 100
　　四、怎样正确使用维护汽车燃油系统 …………………………………………… 101
　　五、怎样清除发动机的积炭 ……………………………………………………… 103
　　六、发动机积炭过多会出现哪些现象和危害 …………………………………… 105
　　七、怎样通过案例来说明积炭引起的疑难故障 ………………………………… 107
第四节　发动机负荷 ………………………………………………………………………… 109
　　一、怎样正确理解发动机负荷率的概念 ………………………………………… 109
　　二、发动机怠速工况与负荷存在什么关系 ……………………………………… 109
　　三、发动机怠速抖动的原因有哪些 ……………………………………………… 111
　　四、怠速不稳的诊断方法是怎样的 ……………………………………………… 113
　　五、怎样正确理解曲轴位置信号 ………………………………………………… 114
第五节　排气堵塞 …………………………………………………………………………… 117
　　一、为什么会发生发动机排气堵塞的故障 ……………………………………… 117
　　二、怎样通过症状诊断发动机排气堵塞的故障 ………………………………… 117
　　三、怎样利用检测方法判断排气堵塞故障 ……………………………………… 118
　　四、怎样预防排气堵塞故障的发生 ……………………………………………… 120
第六节　发动机冷却 ………………………………………………………………………… 120
　　一、怎样维持电控汽车冷却系统的热平衡 ……………………………………… 120
　　二、发动机上为何要设置冷却系统且要有合适的工作温度 …………………… 121
　　三、冷却系统的工作过程是怎样的 ……………………………………………… 123
　　四、怎样诊断冷却系统的热交换故障 …………………………………………… 123

第三章　燃油控制系统维修技能与技巧 ……………………………………………… 126
第一节　燃油系统的分析检测 ……………………………………………………………… 126
　　一、用触摸法如何检查燃油系统的工作状况 …………………………………… 126
　　二、如何检测燃油压力 …………………………………………………………… 126
　　三、怎样诊断和分析燃油残压过低故障 ………………………………………… 128
　　四、怎样进行喷油器的检测 ……………………………………………………… 128
　　五、怎样正确使用与维护燃油箱及油箱盖 ……………………………………… 129
　　六、怎样进行喷油器免拆检测与分析 …………………………………………… 131
第二节　燃油故障判断 ……………………………………………………………………… 133
　　一、发动机冷车和热车都难以起动的原因有哪些 ……………………………… 133
　　二、检查起动困难故障有哪些技巧 ……………………………………………… 134
　　三、燃油惯性切断装置的检修与设置 …………………………………………… 135
　　四、荣威550车燃油泵熔丝熔断 ………………………………………………… 137
　　五、2007款雷克萨斯LS460为何燃油表指示不准确 …………………………… 139

六、怎样正确理解发动机工作过程 …………………………………………………… 140
　　七、发动机控制系统中喷油量的计算方法是怎样的 ……………………………… 143
第三节　燃油修正系数 ……………………………………………………………………… 146
　　一、燃油修正系数是什么？ ………………………………………………………… 146
　　二、喷油时间与燃油修正系数的关系是怎样的？ ………………………………… 148

第四章　点火控制系统维修技能与技巧 …………………………………………………… 154
第一节　点火控制部件维修技能 …………………………………………………………… 154
　　一、调整火花塞电极间隙的注意事项有哪些 ……………………………………… 154
　　二、怎样通过火花塞的情况判断发动机的故障 …………………………………… 155
　　三、丰田2NZ-FE型发动机点火系统的组成和结构是怎样的 …………………… 157
　　四、怎样检测丰田2NZ-FE型发动机点火系统 …………………………………… 160
　　五、怎样诊断与排除1.6L卡罗拉轿车直接点火系统的故障 …………………… 161
　　六、怎样检测宝来1.8T轿车点火系统 …………………………………………… 164
第二节　点火系统的影响因素 ……………………………………………………………… 167
　　一、影响电控发动机点火提前角的因素有哪些 …………………………………… 167
　　二、怎样检修别克发动机点火控制系统的故障 …………………………………… 168
　　三、具有确认功能的点火系统控制原理及失效策略 ……………………………… 169
第三节　发动机失火 ………………………………………………………………………… 172
　　一、发动机失火原因及检测 ………………………………………………………… 172
　　二、发动机失火故障的诊断分析 …………………………………………………… 175
第四节　点火控制系统维修技能 …………………………………………………………… 176
　　一、怎样排除奥迪A6L发动机失火故障 ………………………………………… 176
　　二、别克GL8发动机为何无法起动 ……………………………………………… 177

第五章　怠速控制系统维修技能与技巧 …………………………………………………… 179
第一节　电子节气门的学习与设定 ………………………………………………………… 179
　　一、怎样进行轿车电子节气门的维护与基本设定 ………………………………… 179
　　二、怎样检测速腾1.6L发动机EPC系统 ………………………………………… 182
　　三、为什么有时不敢清洗节气门 …………………………………………………… 184
第二节　标致电子节气门控制系统 ………………………………………………………… 185
　　一、东风标致EW10A发动机电子节气门控制系统结构和原理是怎样的 ……… 185
　　二、怎样判断东风标致EW10A发动机电子节气门控制系统的故障 …………… 188
　　三、电控发动机无法起动故障的原因和排查 ……………………………………… 188
　　四、电控发动机异常起动现象分析 ………………………………………………… 189
　　五、大众车EPC指示灯异常点亮的故障原因有哪些 …………………………… 191
　　六、怎样诊断奥迪A6L车EPC指示灯亮、加速不走车故障 …………………… 192
第三节　发动机起停功能 …………………………………………………………………… 193
　　一、发动机起停功能是怎么回事 …………………………………………………… 193
　　二、怎样排除发动机起停功能异常故障 …………………………………………… 195
　　三、怎样排除发动机起停功能失效故障 …………………………………………… 196

四、汽车发动机的起动操纵装置有哪些新的功能 … 197
 第四节　故障分析实例 … 199
　　一、本田雅阁车发动机故障灯间歇性点亮 … 199
　　二、福特探险者车发动机温度警告灯点亮 … 201
　　三、奥迪 Q3 车 EPC 故障灯异常点亮 … 204
　　四、奔驰 S350 车发动机故障灯异常点亮 … 206
　　五、路虎神行者加速不良 … 207
　　六、长安马自达 CX-5 车起动困难 … 209
　　七、空气流量传感器原理及故障诊断思路 … 210
　　八、福特嘉年华车散热风扇故障 … 212
　　九、2014 款路虎揽胜车燃油表指示不准 … 215
　　十、2015 款路虎揽胜极光车怠速转速忽高忽低 … 216

第六章　发动机辅助控制系统维修技能与技巧 … 218
 第一节　电控系统的检测和诊断 … 218
　　一、怎样进行大众车型控制单元功能操作 … 218
　　二、大众车型控制单元功能操作编码案例 … 220
　　三、怎样进行汽车电控系统的外观和常规检查 … 222
　　四、怎样正确检修发动机电控单元 … 223
　　五、怎样排除故障诊断仪与控制单元无法通信的故障 … 225
 第二节　雪铁龙 C5 发动机控制系统电路分析 … 226
　　一、雪铁龙 C5 发动机电控系统的组成和作用是怎样的 … 226
　　二、怎样解读雪铁龙 C5 发动机电控系统电路 … 231
　　三、东风雪铁龙 C5 发动机冷却系统电路的组成是怎样的 … 236
　　四、怎样解读东风雪铁龙 C5 发动机冷却系统电路 … 236
 第三节　车载电脑编码 … 242
　　一、车载电脑编码是怎么回事 … 242
　　二、大众车系电脑长编码的编制规则是怎样的 … 242
　　三、对车载电脑编码有哪些重要意义 … 244
　　四、无法编码和编码失效的解决方案 … 245
　　五、发动机工作异常时发动机电脑补偿方式是怎样的 … 246
 第四节　冷却风扇控制系统的诊断 … 247
　　一、冷却风扇无级控制系统是怎样进行控制的 … 247
　　二、怎样通过案例分析冷却风扇控制系统相关故障 … 250
　　三、怎样正确分析欧曼 GTL 牵引车风扇控制电路 … 252
 第五节　电控系统的匹配 … 254
　　一、汽车电子控制系统为什么要进行匹配 … 254
　　二、电子控制系统匹配的实质是怎样的 … 254
　　三、哪些情况需要执行匹配程序 … 255

参考文献 … 256

第一章

传感器维修技能与技巧

第一节 传感器维修注意事项

一、汽车常用传感器信号的类型有哪些

汽车上传感器的电子信号可以分为直流信号、交流信号、频率调制信号、脉宽调制信号和串行数据信号。

1) 直流（DC）信号。在任何周期里，方向不随时间变化的电压和电流信号均属于直流信号。直流信号可以分为恒压直流信号和非恒压直流信号两种。在汽车中产生恒压直流信号的类型有蓄电池电压和控制单元（PCM）输出的传感器参考电压。非恒压直流信号典型的有节气门位置传感器，图1-1所示为非恒压直流信号波形。

2) 频率调制信号。如图1-2所示，保持波的幅度恒定而改变频率称为频率调制。在汽车中产生频率调制信号的传感器主要是光电式传感器和霍尔式传感器。

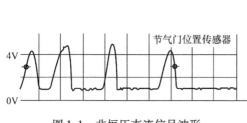

图1-1 非恒压直流信号波形

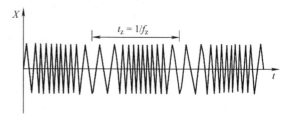

图1-2 频率调制信号

3) 交流（AC）信号。在任何周期内大小和方向均随时间变化的信号属于交流信号。在汽车中产生交流信号的传感器主要是磁电式传感器和爆燃传感器等。图1-3所示为磁电式传感器产生的交流信号波形。

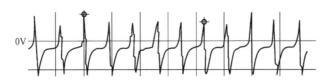

图1-3 磁电式传感器产生的交流信号波形

4）串行数据多路信号。串行数据信号是指按时序逐位将组成数据和字符的码元予以传输的信号。串行数据传输所需通信线路少，串行传送的速度低，但传送的距离可以很长，因此串行适用于长距离而速度要求不高的传输场合。

在汽车发动机控制ECU和其他电子智能设备中用来通信的串行数字信号是最复杂的信号，在实际中，要用专门的解码器读取。当发动机冷却液温度传感器发生故障时，PCM输出的串行数据（多路）信号波形如图1-4所示。

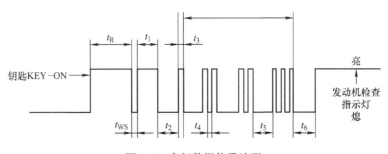

图1-4 串行数据信号波形

5）脉宽调制信号。脉冲宽度调制（PWM）简称脉宽调制。脉宽调制信号就是经过脉冲宽度调制的信号。脉冲宽度就是在一个周期内元件的持续工作时间，其信号波形如图1-5所示。

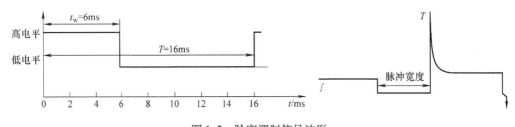

图1-5 脉宽调制信号波形

技巧点拨 电子信号是控制系统中各个传感器、ECU和其他设备之间相互通信的基本语言，电子信号各有不同的特点，用于实现不同的通信目的。

二、汽车上常用传感器有哪些检测方法

1. 解码检测法

读取与清除故障码是解码器的主要功能，利用故障码可以判断出故障的大致方向和部位，为传感器的检测和排查提供了方向。但有以下几点需要注意：

1）并不是所有的故障都会出现故障码。例如，三菱的6线式步进电动机由于其ECU是以脉冲方式进行控制，因此没有监控装置，在出现故障后，没有故障码。又如，当冷却液温度传感器的电阻发生漂移而变得不准确时，如果电阻总值没有超出规定范围，那么虽然有故障，但不会显示故障码。

2）故障码的含义说明需弄清楚，是传感器或执行器自身故障还是线路故障；线路故障要分清，是短路还是断路，是与电源短路或断路还是搭铁短路或断路等。只有清楚、明白故障码的确切含义，才能更好地利用故障码排除故障，维修起来也可以少走弯路。

3）通过解码器查出故障码只是说明某一系统或相关系统有故障，不要看到故障码就断定是该传感器或执行器有故障而予以更换，其他与显示部件相关的系统故障也可能会造成存储相同的故障码。

例如，在检查ABS时，如果出现"轮速传感器信号不良"故障码时，不要立即更换轮速传感器，而是要首先检查电路各连接插头与插座针脚接触是否良好，传感器触发轮是否有脏污、锈蚀、断路或短路等现象。有些安装在车轮上的传感器因其磁心经常会吸附一些制动鼓磨掉的铁屑而导致工作不良，此时只需拆下传感器并清除磁心上的污垢即可解决问题；同时还要观察感应齿圈是否有变形、缺齿等现象，这些都是导致出现"轮速传感器信号不良"故障码的原因，而轮速传感器本身并不一定有损坏。

4）要弄清楚是历史性故障码还是当前的故障码，以及故障码出现的次数。如果是历史性故障码，那么就表示故障较早之前出现过，而现在不出现了，但在ECU中仍有一定的存储记忆；当前故障码则表示是最近出现的故障，当前故障码绝大部分和目前出现的系统故障有很大关系。

大众公司的解码器上故障码前显示"SP"，均表示偶发性故障，故障发生的原因不外乎以下几种情况：发动机运转或点火钥匙打开的过程中拔下了某个电器插头，或者某个传感器或执行器的插头虚接，是软故障而不是硬故障。

5）有时读不出故障码但车辆依旧有故障，此时要利用解码器的数据流对传感器和执行器进行深入分析和判断。所谓数据流，简单来说就是电控系统中一些主要传感器和执行器的当前工作参数值（如发动机转速、蓄电池电压、空气流量、喷油时间、节气门开度、点火提前角、冷却液温度等）。维修过程中，可以通过阅读数据流来分析和发现故障所在，特别是当电控系统无故障码可供参考时，数据流分析就显得更加重要。每个传感器和执行器在一定条件下的工作参数值是有一定标准范围的，因此可以通过实际值与标准值的比较来判断某个传感器和执行器工作是否存在异常。

6）当参考故障码排除故障后，要利用解码器来清除故障码，也就是从ECU内存中清除该故障码记忆，并在发动机运转一段时间后（有条件的话，可以进行路试），再通过解码器来测试是否还会出现类似的故障现象，或者存储相同的故障码。

2. 测试灯检测法

测试灯有自制测试灯和检测专用测试灯；可以自带电源，也可以不带电源。自制测试灯可以用发光二极管（LED）外接650Ω电阻串联制成。测试灯主要有以下几个功能：

1）检查传感器、电控元件本体或连接电路的通断。

2）检测传感器参考电压供给是否正常。

3）根据测试灯发光二极管是否发出频闪信号，可以检查传感器是否有脉冲输出，或

ECU是否在执行信号输出。

3. 故障征兆判断法

依据故障征兆，运用经验判断，是最直观的方法，但此法有一个缺点是经验积累时间长，结果准确率低，误判的可能性较大。例如：在维修大众车系发动机时，如果出现发动机油耗和排放污染增加、怠速不稳、缺火、喘振等故障现象，则很可能是氧传感器出现故障。这是因为：从车型来看，该车型出现氧传感器故障的概率比较高；从故障现象上来看，氧传感器出现故障，将使电控燃油喷射系统的ECU得不到排气管中氧浓度的信息，因而不能对空燃比进行反馈控制，从而出现上述征兆。

4. 万用表检测法

汽车上使用万用表，一般都不主张使用指针式万用表。在检测某些元件时，特别是半导体元件和有关ECU的电路，更是强调必须使用数字式万用表。这是因为数字式万用表阻抗大，通过元器件的电流小，可以避免在测量时烧毁其他元器件。

（1）电阻检测法　电阻检测法主要用于可变电阻、电位计式传感器电阻、磁电式传感器电阻的检测。对于半导体元件，一般要与标准元件的测量值对比后才能得出结论。对于磁电式轮速传感器，可以用万用表检查其电阻值，一般在室温下进行，电阻在 $600\sim2300\Omega$ 范围内为正常；电阻太小，则为线圈短路；电阻过大，则为连接不良；电阻非常大，则为断路；线圈与外壳导通，则为搭铁。

（2）电流检测法　电流检测法主要用于产生电流调制信号的新型集成电路传感器，例如轮速传感器。可以通过万用表对传感器进行电流检测。将万用表拨至量程在200mA以上的电流档处，将表笔串接在其中一根输出线上，另一根输出线正常接线（指针式万用表要注意极性），接通汽车电路使ABS通电，用手缓慢转动传感器安装侧的车轮，正常情况下电流指示应在 $8\sim15\text{mA}$ 之间来回波动。如果读数值只固定在8mA或15mA，同时调整空气间隙无效时，则说明传感器失效。另外，如果接通电路后电流数值直接显示为0mA或100mA以上，在确认万用表接线无误后，可以判定传感器已经断路或短路。

（3）电压检测法　对于有源传感器，由于在工作时传感器自身可以产生电压，因此可以使用电压检测法来检测传感器工作是否正常，例如氧传感器、磁电式曲轴位置/凸轮轴位置传感器、爆燃传感器等。仍以ABS用磁电式轮速传感器为例，拆开ABS ECU接线插座或拔下轮速传感器的接线插头，使被测车轮以1r/s的速度转动时，使用万用表交流mV档，测量各车轮的轮速传感器对应端子间的电压，万用表指示值应为70mV以上。如果测量值低于规定值，则原因可能是传感器与轮齿间的间隙过大，或传感器本身有问题，需要更换新件。

5. 示波器检测法

示波器主要用来显示控制系统中输入、输出信号的电压波形，以供维修人员根据波形分析和判断电控系统故障。示波器比一般电气设备的显示速度快，是唯一能显示瞬时波形的检测仪器，是电控系统故障诊断中的重要设备。示波器检测法是最准确、最直观的检测方法，可以将传感器的输出电流或电压以波形的形式显示出来，也是传感器等电气元件检测的发展方向。

6. 替代法

替代法就是指对于可疑传感器，通过试换新传感器来查找故障的方法，又称试换法。替代法可确定故障部位或缩小故障范围，但不一定能确定故障原因。在检验传感器时，最好使用相同车型、相同年款、相同型号、相同规格的传感器，暂时替代有疑问的传感器。替代后如果故障现象消失，则说明该故障是由传感器引起的，被替代传感器存在问题；如果故障现象依然存在，则说明该故障并不是由传感器引起的，故障在其他部位。

使用替代法检验传感器的好坏，简单又直接，但要求有一定的维修经验和可以用来替换的正常的传感器。替换时需要注意两点：一是不能用不同输出特性的传感器来替代，否则容易引起错误判断；二是不要绝对地认为新零件就是好的零件，这有可能导致误判，因为有的新零件本身就是坏的。

> **技巧点拨** 汽车上典型传感器的常用检测方法有解码检测法、测试灯检测法、故障征兆判断法、万用表检测法、示波器检测法、替代法，这些方法可以根据情况选择使用。

三、车用传感器的检测要掌握哪些要领

车用传感器的种类非常多，包括温度传感器、压力传感器、位置传感器、流量传感器、爆燃传感器、加速度传感器、车速传感器（图1-6）等。电控柴油发动机上通常安装有曲轴位置传感器、冷却液温度传感器、油轨压力传感器、加速踏板位置传感器，以及针阀行程传感器等。

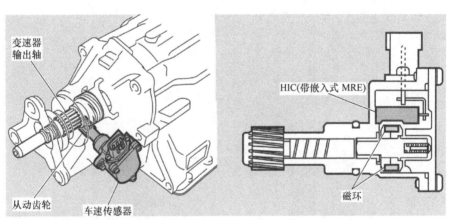

图1-6 丰田汽车的车速传感器

传感器由敏感元件和转换元件等两大部分组成。以电磁感应式车轮转速（简称为"轮速"）传感器为例，它由永久磁铁、线圈（俗称"传感头"）以及信号发生盘（又称转子，有若干个凸齿）组成。传感头固定在轮毂或后桥上不动，而信号发生盘随车轮或传动装置一起旋转，其齿顶、齿槽与磁极之间的距离发生周期性变化，形成磁路的通和闭，磁通的变化导致磁涡流发生变化，于是在传感头线圈中感应出脉冲电压，其变化频率与车轮的转速成正比。单位时间内传感器产生的脉冲数除以车轮每转1圈产生的脉冲数，就可以计算出车轮的转速。简单地说，感应式传感器利用的是"磁生电"的原理。

1. 不得随意拔下传感器的插接器

一般来说，在点火开关接通、电控单元（ECU）通电工作的情况下，不允许插拔传感器、执行器与电子控制单元的插接器。因为每拆下一次传感器导线侧的插接器，电控单元

（ECU）就记忆1个故障码。这种故障码即使是"虚码"，也可能给读码和消码造成混乱。

例如捷达 GIX 轿车，在拔下冷却液温度传感器导线侧插接器的情况下起动发动机，但是未能起动，即使马上安装好冷却液温度传感器导线侧的插接器，也无法起动发动机。只有对发动机 ECU 进行基本设定后，发动机才能正常起动。

2. 汽车要使用合适的油物料

以用于修正空燃比的氧传感器（图1-7）为例，它安装在排气管上，工作温度很高，比较容易"中毒"。为此，电喷发动机必须使用高品质的机油，即 API SG 级或 SF 级以上的机油。如果机油中含有过多的硅化合物，机油燃烧后将生成二氧化硅（SiO_2），会造成氧传感器中毒失效。

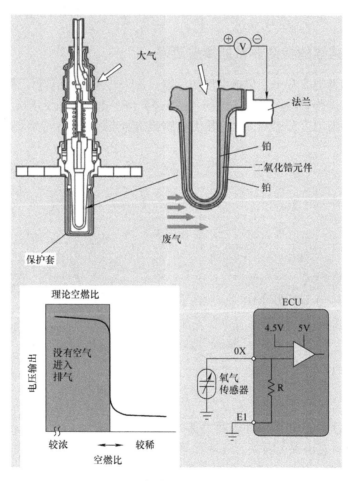

图1-7　氧传感器原理示意图

另外，维修电喷发动机时不能使用硅密封胶，这是因为硅胶中含有醋酸，若硅密封胶应用在有机油流动的部位，其中的醋酸蒸发，进入曲轴箱，经过排气再循环系统又进入气缸，最终通过排气管而损坏氧传感器，表现为氧传感器的顶端工作面呈现白色，俗称"硅中毒"。

把氧传感器从排气管上拆卸下来比较困难，解决办法是在氧传感器的安装螺纹上涂覆专用的防粘剂，它是由石墨、玻璃胶等组成的石墨悬浮液，在工作中石墨被烧掉，玻璃胶保留下来，使氧传感器便于拆卸。在新氧传感器和维修用氧传感器的螺纹上已经涂有这种防粘剂，若氧传感器从排气管上拆下来，又需要重新装上，在重新安装之前必须再次涂抹防粘剂。

3. 尽量采用专用仪器进行检测

传感器的种类和功能不同，适宜的检测仪器也不相同。检测传感器的仪器设备有许多种，除了故障诊断仪外，还有测试灯、示波器、红外线测温仪等。例如，检测温度传感器，最适宜采用红外线测温仪。总之，要尽量采用专用仪器检测传感器的性能，这样诊断故障的效果会倍增。

> **技巧点拨** 传感器检测的注意事项是我们日常维修过程中的细节注重之处，是正常从事维修工作的必备条件。

四、电喷发动机有哪些控制特点

电喷发动机的控制特点如下。

1. 依靠传感器捕捉即时工况信息

电喷发动机安装了大量传感器，用来捕捉发动机各系统的即时工况信息。曲轴位置传感器是电喷发动机的关键传感器之一。曲轴位置传感器损坏后，许多电喷发动机不能起动，但是有的却可以起动。这种情况是发动机 ECU 的控制策略不同的缘故。

例如，在北京现代伊兰特轿车发动机上，安装了电磁感应式曲轴位置传感器（CKP）和霍尔式凸轮轴位置传感器（CMP）。根据该型发动机 ECU 软件的程序设计，一旦曲轴位置传感器损坏，将从 CMP 取得转速信号，所以曲轴位置传感器损坏后该型发动机可以起动。但是，点火时刻将推迟15°左右，以抑制爆燃的产生，所以会感觉发动机加速无力。

但是，在大多数电喷发动机 ECU 的程序设计中，不利用凸轮轴位置传感器取得转速信号，所以曲轴位置传感器损坏后发动机不能起动（图1-8）。

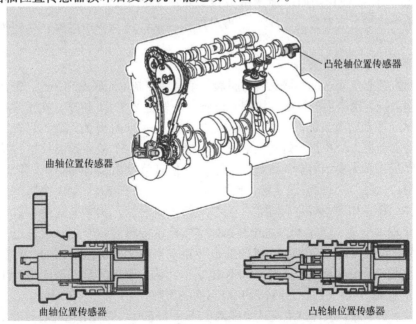

图1-8 曲轴位置传感器和凸轮轴位置传感器的安装位置

又如大气压力传感器，众所周知，发动机的充气量与大气压力有关系，而大气压力数值与当地的海拔密切相关。在海平面附近，大气压力为101kPa；在海拔1900m的地区，大气压力为84kPa；而在海拔4000m的高原地区，大气压力只有60kPa左右。海拔每升高1000m，发动机的输出功率大约降低10%。因此，汽车在不同的海拔地区行驶，需要根据大气压力传感器的信号，对相关参数进行适当的修正。

另外，大气压力会对废气涡轮增压型发动机增压压力的调节和转矩限制产生影响。通过安装大气压力传感器，检测大气压力，然后在海拔升高时适当减少喷油量，即进行所谓"海拔修正"，这样有利于改善增压型发动机空燃比调节，从而减少黑烟的排放量。

2. 采用电子节气门控制负荷和转速

新款电喷发动机取消了节气门拉索，采用电子节气门（EPC）控制，驾驶人的愿望（例如希望加速、减速或恒速）不再通过节气门拉杆或拉索直接操纵节气门，而是依靠电子节气门进行间接控制，电子节气门与加速踏板之间不存在机械连接。加速踏板的位置信息由两个滑变电阻式加速踏板位置传感器采集，并将此信号传输给发动机电控单元（ECU）。ECU据此控制节气门调节器，由节气门调节器的电动机操纵节气门动作，从而实现整个转速和负荷范围内的自动调节（图1-9）。

驾驶人踩下加速踏板的行程和速率是对发动机转矩的要求，加速踏板的位置是一个设定值，加速踏板位置传感器是一个设定值发生装置。电子节气门一方面执行来自电控单元（ECU）的指令，去调节节气门的开度以控制进气量，进而提高或降低发动机的转速。另一方面又可以输出反映节气门开度的信号，供ECU监控使用。如果加速踏板位置传感器损坏，电子节气门系统将进入应急模式，ECU不再对加速踏板的信号做出反应，发动机只能在高怠速下运转。

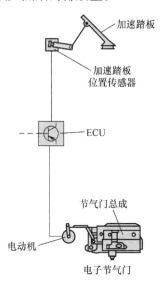

图1-9 电子节气门示意图

3. 实行系统化、网络化管理

电喷发动机控制单元通过数据总线与底盘、车身等控制单元联系在一起，形成一个庞大的网络化管理系统，网络内的控制模块相互影响。一辆宝来1.8T轿车，在正常行驶中，仪表板上的ASR（驱动防滑系统）指示灯偶尔点亮。按压ASR灯开关无效，只有关闭点火开关，重新起动发动机，ASR指示灯才会熄灭。连接V.A.S5051故障诊断仪进行检测，读到故障码"发动机系统中显示的空气流量传感器G70信号值过小"。检测G70各端子的电阻，均未超过1.5Ω，观察G70的波形正常，更换G70无效。该车ABS/ASR控制单元与发动机控制单元通过CAN-BUS总线进行通信。当节气门体脏污后，实际进气量与节气门的开度不匹配，所以ECU记录"发动机系统中显示的空气流量传感器G70信号值过小"的故障信息。另一方面，ASR是通过调节发动机的输出转矩来实现驱动防滑控制的，当节气门的开度较大而实际进气量相对较小时，ABS/ASR控制单元认为驱动防滑控制应当关闭，于是点亮ASR灯。这就是节气门体脏污导致ASR灯点亮的原理。

发动机失常引起底盘故障灯点亮这个案例说明一个道理：从网络化的观点看，电喷发动机管理系统与底盘是一个整体，有时故障表现在底盘，但是故障的根源可能在发动机。

4. 对接触电阻和电压降低敏感

电喷发动机的许多传感器依靠5V参考电压（又称"基准电压"）工作。在发动机ECU的电路板上，有一块电源芯片，它的功能是将12V蓄电池电压转换成5V参考电压，为CPU、无源传感器以及需要5V电压的芯片提供电源。5V参考电压正常与否，直接影响传感器测量数据的准确性，以及CPU和其他5V电源芯片的性能。

当传感器的负极端接触不良时，其输出电压可能偏高。这一事实似乎与通常的"高电阻引起电压降"有矛盾。问题的核心是，由于传感器的负极端接触不良，形成了额外的负载，额外电阻的形成使电路的总电阻增加，电流值变小，于是在正常负载上的电压降减少，相应地使基准电压点的电压上升，所以传感器反馈给ECU的信号电压（该信号电压一般低于5V）比正常时偏高。

> **技巧点拨** 如果把神秘的发动机电子控制过程描述得简单一点，就是以电控单元（ECU）为控制中心，以发动机转速和空气流量为控制基础，以喷油器为控制对象，保证发动机在各种工况下具有最佳的混合气浓度，以满足发动机动力性、经济性和排放性要求。

第二节　压力和温度传感器

一、怎样检测进气歧管绝对压力和温度传感器

（1）**结构组成**　进气歧管绝对压力和温度传感器安装在进气歧管上，其外形及安装位置如图1-10所示，主要由PCB板、传感元件、压力支架、密封圈、不锈钢衬套和壳体等组成。

图1-10　进气歧管绝对压力和温度传感器的外形及安装位置

（2）**故障诊断**　如果进气歧管绝对压力和温度传感器存在故障会产生发动机熄火、怠速不良等故障现象。导致它发生故障的原因，一是使用过程有不正常的高电压或反向大电流；再就是维修过程中真空元件受损。

（3）**检修方法**　该传感器与ECU的连接如图1-11所示。端子1的作用是搭铁，端子2负责向ECU输出温度信号；端子3与ECU相连，ECU向其提供5V电源；端子4向ECU输出压力信号。传感器的检测分以下两部分内容：

1）温度传感器部分的检测。断开传感器的导线插接器，接通数字式万用表至电阻档，

两表笔分别接插接器端子 1 和端子 2，20℃时，其额定电阻应为 2.5kΩ±125Ω。测量时也可用模拟法，用电吹风加热传感器（注意不可靠得太近），观察传感器电阻的变化，此时电阻应下降。

2）压力传感器部分的检测。将导线插接器接好，将数字式万用表调至直流电压档，用黑表笔搭铁，红表笔分别与插接器端子 3 和端子 4 相连。怠速状态下，端子 3 的电压应为 5V，而端子 4 的电压应在 1.3V 左右；空载状态下，慢慢打开节气门，端子 4 的电压变化不大；若快速打开节气门，端子 4 的电压可瞬间达到 4V 左右，然后下降至 1.5V 左右（以上数据在比亚迪 F0 轿车上测得）。节气门开度的突然增大，导致进

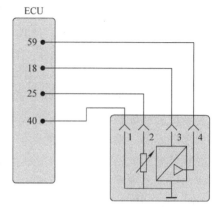

图 1-11　进气歧管绝对压力和温度传感器电路图

气量突然增加，而发动机转速却还没有来得及变化，由于进气量增加，气体的绝对压力上升，传感器的输出电压上升；而后发动机转速上升，气体的流速加快，因此进气歧管的绝对压力又明显下降，传感器输出电压也应随之明显下降；当急减速时，由于瞬间节气门开度突然减小，发动机转速却不变，因此绝对压力突然下降，压力传感器输出电压非常低（小于 1V）。

> **技巧点拨**　进气歧管绝对压力和温度传感器虽然集成的一起，但仍旧是两个传感器，检测时要依据两个传感器的作用和特性进行正确的检测。

二、怎样检测 2011 款高尔夫、捷达进气压力传感器

2011 款高尔夫、捷达轿车的半导体压敏电阻式进气压力传感器与进气温度传感器制成一体，安装在进气系统的动力腔上，这两种传感器配合工作能准确地反映气缸的进气量。该传感器插接器的 4 个连接端子 1、2、3、4 分别与 ECU 的 220、T60/42、发动机线束中的 D101、ECU 的 T60/59 端子相连接，其连接电路如图 1-12 所示。此种压力传感器的检测方法如下。

（1）电阻检测　关闭点火开关，拔下 ECU 线束插接器和进气压力传感器线束插接器。用万用表的电阻档检测 ECU 与传感器有关端子间的电阻。该电阻值应符合表 1-1 中列出的标准规定值，如果电阻值过大或为无穷大，则说明线束与端子接触不良或有断路，应更换传感器。

（2）电压检测　用万用表直流电压档检

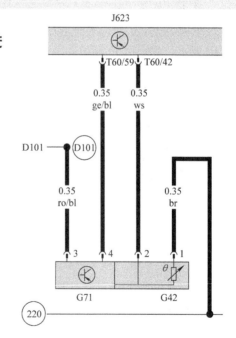

图 1-12　2011 款高尔夫、捷达进气压力传感器电路
G42—进气温度传感器　G71—进气歧管绝对压力传感器
J623—发动机控制单元，在排水槽内中部
220—接地连接（传感器接地），在发动机线束中
D101—连接 1，在发动机线束中

测电压，打开点火开关，检查进气压力传感器插接器端子3与端子1间的电源电压，标准值应为5V左右；打开点火开关，发动机不运转，检查进气压力传感器信号输出端子4与搭铁端子1间的信号电压，标准值应为3.8~4.2V，当发动机怠速运转时，信号电压应为0.8~1.3V；当节气门开度加大时，信号电压应上升。如果信号电压经检查不符合上述规定，则说明传感器已经损坏，应进行更换。

表1-1 进气歧管压力传感器线束电阻值的检测

检测项目	检测部位	电阻值/Ω
传感器正极线	发动线束中D101与端子3	<0.5
传感器信号线	T60/59与端子4	<0.5
传感器负极线	发动线束中220与端子1	<0.5
进气温度传感器信号线	T60/42与端子2	<0.5

技巧点拨 2011款高尔夫、捷达轿车半导体压敏电阻式进气压力传感器与进气温度传感器的检测要符合相应参数，作为判断工作是否正常的依据。

三、怎样检测大众CC轿车冷却液温度传感器

大众CC、速腾、迈腾、高尔夫等车型都使用同一型号的冷却液温度传感器G62，G62使用的是负温度系数热敏（NTC）电阻，安装在发动机冷却液出液管（即冷却液套）中，用于检测发动机冷却液的温度，并把所检测到的温度信号以电信号的形式输入ECU，为修正喷油量及点火时刻提供依据。G62的插头端子为端子1和端子2，与J623的插头端子T60/57和T60/14相连，传感器与发动机ECU的连接电路如图1-13所示。

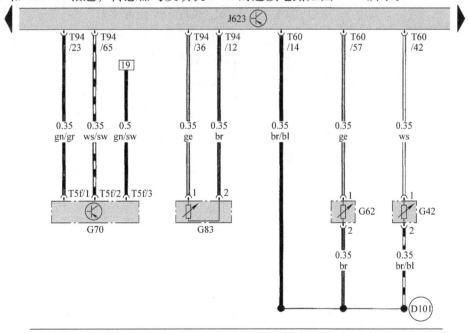

图1-13 冷却液温度传感器与发动机ECU的连接电路
G42—进气温度传感器 G62—冷却液温度传感器 G70—空气质量传感器
G83—冷凝器出口处的冷却液温度传感器（黑色） J623—发动机ECU（安装在排水槽内中部）

冷却液温度传感器的检测方法如下。

（1）检测电源电压　拔下冷却液温度传感器插接器插头，打开点火开关，测量传感器相应端子与 J623 端子 T60/14 和 T60/57 之间的电压，电压值应为 5V 左右。

（2）检测信号电压　插上冷却液温度传感器插头，接通点火开关，检测端子 2 和端子 1 之间的信号电压。该电压应为 0.5~4.8V；若该电压不在此范围内，则表明冷却液温度传感器已失效或损坏，应予以更换。冷却液温度传感器的信号电压与冷却液温度之间的关系见表 1-2。

表 1-2　冷却液温度传感器的信号电压与冷却液温度之间的关系

冷却液温度/℃	信号电压/V	冷却液温度/℃	信号电压/V
-20	4.78	60	2.25
-10	4.62	80	1.99
0	4.45	100	1.56
20	3.78	120	0.70
40	3.09		

（3）检测电阻　断开点火开关，拆下冷却液温度传感器，并将其放入装满冷却液的容器中加热，用万用表测量不同温度下该传感器两端子间的电阻值。该电阻值应满足表 1-3 所列的要求；否则，应更换传感器。

表 1-3　冷却液温度传感器的电阻值与温度之间的关系

端子	温度/℃	电阻值/Ω	端子	温度/℃	电阻值/Ω
1-2	0	5000~6500	1-2	60	540~675
1-2	10	3350~4400	1-2	70	400~500
1-2	20	2250~3000	1-2	80	275~375
1-2	30	1500~2100	1-2	90	200~290
1-2	40	950~1400	1-2	100	150~225
1-2	50	700~950			

技巧点拨　冷却液温度传感器 G62 不断地向 ECU 输入冷却液温度信号，如果此时该传感器发生故障或损坏，则信号将中断，ECU 将不能再确定冷却液温度，这会导致发动机冷机或暖机状态下起动困难、油耗增加、怠速不稳、废气排放增加等故障。

四、怎样检测 2011 款捷达冷却液温度传感器

2011 款捷达轿车冷却液温度传感器 G62 与冷却液温度表传感器 G2 安装在一个壳体里。

冷却液温度传感器使用的是一个NTC电阻,当冷却液温度升高时,其电阻值降低;冷却液温度传感器则将冷却液温度信号输入ECU,为发动机修正喷油量和点火正时提供依据。传感器与ECU的连接电路如图1-14所示。

冷却液温度传感器插头端子T4y/3和T4y/4分别与ECU的T80/74线端子和负信号线端子相接。传感器的检测方法如下:

1)检测电源电压。拔下冷却液温度传感器插头,接通点火开关,测量ECU的T80/74与车身搭铁之间的电压,该电压应为5V左右。

2)检测传感器电阻值。关闭点火开关,拔下冷却液温度传感器,将冷却液温度传感器放入盛满冷却液的容器中加热,在不同的温度下测量传感器两端子T4y/3和T4y/4之间的电阻值。该电阻值应符合表1-4中的规定值;如果测量结果不符,则表明传感器已损坏,应予以更换。

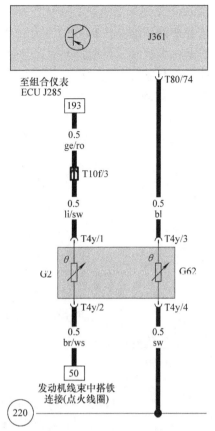

图1-14 2011款捷达冷却液温度传感器与ECU的连接电路
G2—冷却液温度表传感器 G62—冷却液温度传感器
J361—发动机控制单元 (220)—发动机线束内的搭铁连接(传感器搭铁)

表1-4 2011款捷达轿车冷却液温度传感器的电阻值与温度之间的关系

温度/℃	电阻/Ω	温度/℃	电阻/Ω
10	3500	60	575
20	2500	70	425
40	1250	80	325
50	970	100	200

技巧点拨 冷却液温度传感器不断地向ECU输入冷却液温度信号,如果信号中断,则ECU不能再确定冷却液温度,这将会导致发动机在冷机或热机状态下起动困难、油耗升高、怠速不稳、废气排放增加。

五、怎样检测大众直喷发动机燃油压力传感器

1. 燃油压力传感器的结构与原理

燃油压力传感器用于检测发动机实际燃油压力。该传感器由印制电路板、传感器元件、

隔离块（间隔块）及壳体等组成，安装在进气歧管下方靠近飞轮一侧，用螺栓紧固在油轨上。它用来监控燃油系统高压部分的压力，并且把信号传给发动机 ECU，如图 1-15 所示。传感器的核心是一个钢膜，在钢膜上贴有应变电阻，要测的压力经压力接头作用到钢膜的一侧，钢膜弯曲，引起应变电阻的电阻值发生变化，分析电路将电信号放大处理后传递给与 ECU 的连接电路，如图 1-16 所示。

发动机 ECU 给燃油压力传感器供电，供电电压升高时，传感器电阻值降低，于是信号电压升高。燃油压力传感器的特性曲线如图 1-17 所示。

a)

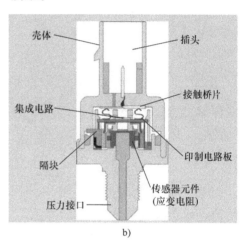
b)

图 1-15　燃油压力传感器的结构及其安装位置
a) 安装位置　b) 结构

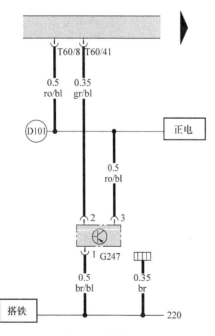

图 1-16　燃油压力传感器与 ECU 的连接电路

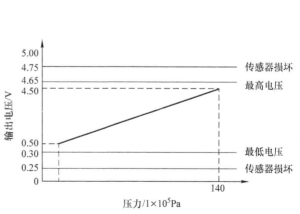

图 1-17　燃油压力传感器的特性曲线

2. 信号作用

发动机 ECU 根据这个信号，调节燃油压力调节阀来控制油轨内的燃油压力。如果这个信号反映出燃油压力无法调整了，则燃油压力调节阀会在泵油行程也通电而处于常开状态，这时整个系统的压力降低至低压端的 5×10^5 Pa。

3. 失效影响

如果这个信号失效了，则燃油压力调节阀会在泵油行程也通电而处于常开状态，这时整个系统压力降低至低压端的 5×10^5 Pa，发动机的输出转矩和功率都会大幅下降。

4. 检测方法

（1）电路检测

1）打开点火开关，检查燃油压力传感器插头 1 端子和 3 端子间的电压，该电压应为 5V。

2）传感器线束和发动机线束与 ECU 插接器端子相接处有无损坏，若有损坏，则应修复或更换传感器线束。

3）当燃油压力随工况变化而变化时，ECU 认为出现了故障，并以故障码 268 的形式存储该故障。由于该故障的存在，直接导致发动机功率或转速降低，使发动机工作粗暴。起动发动机，怠速运转，连接诊断仪确认是此故障码后清除。

（2）油压检测　注意事项如下：

1）在打开高压范围前（例如拆卸高压泵、燃油分配器、喷射阀、燃油管或燃油压力传感器 G247 之前），高压范围内的燃油压力必须被降低到剩余压力大约为 6×10^5 Pa。

2）请将一块干净的抹布放在连接点周围，并小心地打开，以便卸载大约为 6×10^5 Pa 的剩余压力。必须回收流出的燃油。

3）请在工作结束后查询发动机 ECU 的故障存储器，将所有由于插头拔下而生成的故障码和数据输入值清除。

> **技巧点拨**　油轨内的压力保持恒定对减少排放、降低噪声和提高功率有重要影响，因此燃油压力在一个调节回路中进行调节，使传感器的测量误差小于 2%。

六、怎样检测增压压力传感器

1. 增压压力传感器的功用

增压压力传感器用于检测增压器的增压压力，以便对修正喷油量和增压压力进行控制。按增压压力传感器在增压器上的使用，机械增压压力传感器用在奥迪 3.0 V6 – TFSI 发动机的罗茨式机械增压器上。奥迪 A6 罗茨式机械增压器的结构如图 1-18 所示。

发动机 ECU 一方面根据增压压力传感器信号，将增压压力调节到所希望的规定值，另一方面还根据传感器信号来计算出每个工作循环中每个气缸吸入的空气流量，这个输入量将决定喷油时刻、喷油量以及点火提前角。在增压工况下，传感器若出现故障，就会导致增压压力错误，这有可能损坏发动机。因此，在打开点火开关后，这些传感器一直都在彼此互检，以及对照替代模块进行检查，一旦发现有异常，就会记录下故障，同时切换到对应的传感器，或者切换到替代模块。这样就可使车辆尽可能地处于正确的状态来行驶，从而防止出

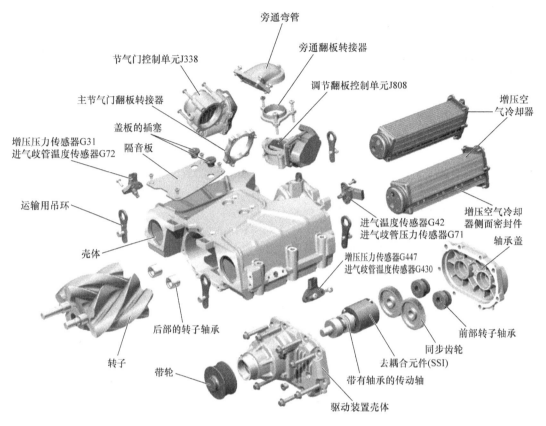

图 1-18 奥迪 A6 罗茨式机械增压器的结构

现不良后果。

2. 检测

涡轮增压压力传感器是用硅膜片上形成的扩散电阻作为传感元件的,用于检测涡轮增压器的增压压力,以便对修正喷射脉冲和增压压力进行控制。检查步骤如下:

1)检查条件是连接好 VAS 5053 查询发动机 ECU 故障存储器。如果显示 G31 有故障,则检查供电电压。

说明:增压压力传感器(G31、G447)及导线由发动机 ECU 监控。

2)拔下图 1-19 中箭头所指的传感器插头。

3)将万用表电压档接到插头触点 2 和 4 之间,该传感器的连接电路图如图 1-20 所示。

4)接通点火开关,规定值约为 5V。

5)如果未达到规定值,则将万用表接到发动机 ECU 线束上。

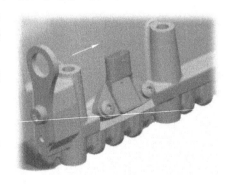

图 1-19 涡轮增压压力传感器安装位置

6)检查万用表导线连接是否断路及搭铁/正极短路。

7)如需要,则排除导线断路或短路故障。

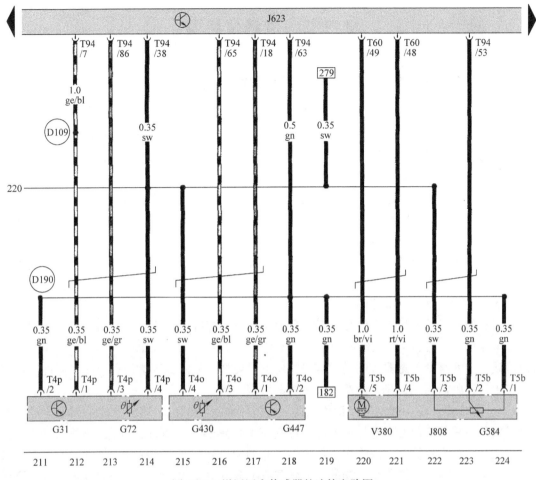

图 1-20 增压压力传感器的连接电路图

G31—增压压力传感器　G72—进气管温度传感器　G430—进气管温度传感器 2　G447—增压压力传感器 2
G584—调整风门电位计　J623—发动机 ECU　J808—调节风门控制单元

8）如果达到规定值，则再检查信号线。

9）插上传感器 G31 的插头。

10）将万用表电压档接到 T4p1 和 T4p2 号插脚之间。

11）起动发动机，使之怠速运转，电压规定值约为 1.90V。

12）使发动机急加速，电压规定值为 2.00~3.00V。

13）如果未达到规定值，则检查插头触点 1 与导线的连接是否断路或搭铁/正极短路。

14）如需要，则排除导线断路或短路故障。

15）如果导线正常，则更换增压压力传感器 G31。

技巧点拨　如果增压压力传感器损坏，那么在整个负荷转速范围内的混合气空燃比都将是不正确的，结果导致废气排放出现问题。

第三节 流量传感器

一、怎样检测热线（热膜）式空气流量传感器

如何准确有效地检测空气流量传感器是好是坏还是信号偏差，下面以实例进行说明。一辆大众车系的轿车怠速不稳，加速不良，怀疑热膜式空气流量传感器信号有问题。可以在发动机运转的状况下拔下空气流量传感器的插头，观察发动机的变化情况，将会出现以下三种情况：

1）故障消失。说明此空气流量传感器信号有偏差，并没有损坏，电控单元一直按有偏差的错误信号进行控制喷油。由于空燃比失调，发动机燃烧不正常，将会出现发动机转速不稳或动力不良现象。当拔下空气流量传感器插头时，电控单元检测不到进气信号，便会立即进入失效保护功能，以节气门位置传感器信号替代空气流量传感器信号，使发动机继续以替代值进行工作。如果拔下空气流量传感器插头，故障消失，正好说明了拔插头前信号不正确，拔插头后信号正确，故障消失。

在插头的信号端测量动态信号电压，怠速工况下，标准电压为 0.8~1.4V；加速到全负荷时，电压信号可接近 4V。此车实测值，怠速时为 0.3V，加速到满负荷时只有 3V。由此可以确认，空气流量传感器有问题，信号电压整体偏低，故障原因有两种可能：零件质量问题，应更换；脏污问题，只要用清洗剂清洗即可恢复。

2）故障依旧。说明此空气流量传感器早已损坏或线路不良，造成电控单元根本没收到信号或收到的是超值信号，电控单元确认空气流量传感器信号不良，进入到失效保护功能，同时将故障码存入存储器，故障指示灯闪烁（指装有指示灯的发动机）。此时拔下空气流量传感器插头与不拔插头结果是一样的，故障现象不会发生变化。那么当前的故障不应是流量传感器信号不良所影响的，而是由其他原因所致。当真正的原因找到后，务必更换空气流量传感器。

3）故障现象稍有变化。说明此空气流量传感器是好的，拔下空气流量传感器插头前，电控单元根据空气流量传感器信号进行控制，喷油量准确，发动机各工况均好；当拔下空气流量传感器插头时，电控单元根据节气门位置传感器信号进行控制，喷油量有差异（可从数据流中读出这微小的变化值），发动机工况相对稍差。

> **技巧点拨** 依据拔掉空气流量传感器插头后的不同现象，可以判断传感器或是相关连接部件及线路的相关故障，这是最快捷、简单的一种方法。

二、怎样检测大众新型热膜式空气流量传感器

大众直喷发动机使用的是第 6 代热膜式空气流量传感器（HFM6），如图 1-21 所示。

（1）工作过程 空气流量传感器的传感元件处在发动机吸入的空气中，一部分空气流经该传感器的旁通气道，其内有传感器 ECU，该 ECU 上集成有一个加热电阻和两个温度传感器。这两个温度传感器用来识别空气的流动方向为：吸入的空气首先经过温度传感器 1，

如图1-22所示；从关闭的气门处回流的空气首先经过温度传感器2，如图1-23所示；两温度传感器与加热电阻共同作用，发动机ECU即可计算出吸入空气中的氧含量。

（2）信号应用　发动机ECU用空气流量传感器信号来计算充气系数（容积效率）。根据充气系数，再考虑到λ值和点火时刻，ECU即可计算出发动机转矩。

（3）信号中断的影响　当空气流量传感器信号中断后，发动机ECU会计算出一个替代值。

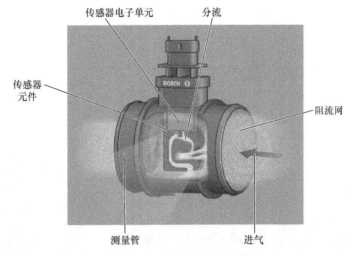

图1-21　第6代热膜式空气流量传感器

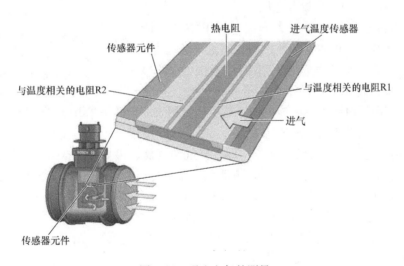

图1-22　吸入空气的测量

（4）HFM6的检测　大众新迈腾1.8TSI发动机使用的是第6代热膜式空气流量传感器G70（HFM6），用以测量发动机的进气量。图1-24所示为传感器的插头，图1-25所示为该传感器与发动机ECUJ623的连接电路。

1）热膜式空气流量传感器各插头端子的说明：① T5h/5为空气流量传感器信号线，电压在0~5V之间变化；② T5h/4为搭铁线，在车身线束B702中；③ T5h/3为电源线，打开

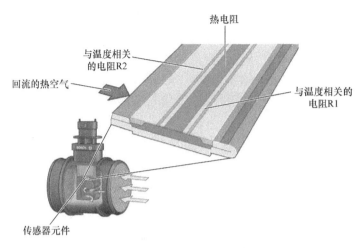

图1-23 回流空气的测量

点火开关时，由点火开关15号线J527向转向柱电子装置ECU提供电源信号，再向J519提供电源号，J519向J329提供电源使继电器吸合，并经熔丝SC22（5A）向空气流量传感器提供蓄电池电压；④ T5h/2为进气温度传感器信号线，温度低时电压高，温度高时电压低，例如，在20℃时电压在0.5～3V之间；⑤ T5h/1为电源信号线，由发动机ECU J623提供5V参考电压。

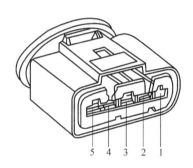

图1-24 热膜式空气流量传感器插头
1—电源信号线 2—进气温度信号线
3—电源线 4—搭铁线
5—空气流量传感器信号线

2）检测电源电压。关闭点火开关，拆下空气滤清器，再打开点火开关，即置于ON位置，不起动发动机；用万用表的电压档测量空气流量传感器插头中的T5h/3端子（正信号线）与T5h/4搭铁线端子（负信号线）之间的电压值，该电压值即为蓄电池电压；然后用万用表测量插头T5h/5端子与T5h/4搭铁线端子间的电压值，该电压的标准值应为5V，如图1-26所示。

3）检测信号电压。关闭点火开关，拆下空气滤清器，再打开点火开关，即置于ON位置，不起动发动机；用万用表的电压档测量空气流量传感器插头中的T5h/1端子（正信号线）与T5h/5端子（负信号线）之间的电压值；将"+"表笔插入空气流量传感器5号端子线束中，"-"表笔插入3号端子的线束中，然后用电吹风（冷风档）向空气流量传感器入口处吹气，观察信号电压的变化情况。若信号电压不发生变化，则说明空气流量传感器失效，应予以更换。信号电压的标准值为2.0～4.0V。

4）用诊断仪检测数据流。用VAS5052诊断仪检测空气流量传感器信号，其操作步骤为：输入地址码01进入发动机测试状态，输入08读取测量数据组，输入组号02读取基本功能数据；显示区域4即为进气流量，其标准值为2.0～4.5g/s；若小于2.0g/s，则说明进气系统有泄漏；若大于4.5g/s，则说明发动机负荷太大。偏离标准值的原因可能是空气流量传感器或其线路发生故障。如果空气流量传感器有故障，则会出现故障码00553 - G70—空气流量传感器线路搭铁断路或短路。

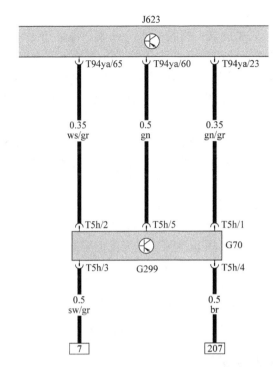
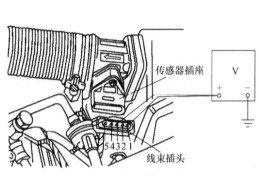

图1-25　2011款迈腾1.8TSI空气流量传感器电路　图1-26　检测热膜式空气流量传感器的电源电压

G70—空气流量传感器　G299—进气温度传感器2
J623—发动机控制单元

技巧点拨　第6代热膜式空气流量传感器（HFM6）的特点是：带有回流识别的微型传感元件；具有温度补偿的信号处理功能；测量精度高；传感器稳定性好。

三、怎样检测大众改进型热膜式空气流量传感器

大众CC、新款帕萨特1.8TSI以及2012款迈腾发动机使用的是改进型三线（取消了进气温传感器）热膜式空气流量传感器G70，以测量发动机的进气量。图1-27所示为该传感器与发动机ECU J623的连接电路。

（1）热膜式空气流量传感器各插头端子的说明

1）T5d/1为空气流量传感器信号线端子，由发动机ECU J623提供电压为5V。

2）T5d/2为空气流量传感器搭铁线端子。

3）T5d/3电源线端子，打开点火开关时，由点火开关15号线向J519提供电源信号，J519向J329提供电源使继电器吸合，并经熔丝SC16（10A）向空气流量传感器提供蓄电池电压。

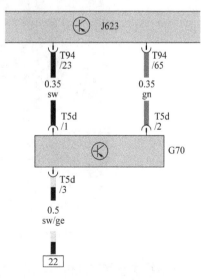

图1-27　三线热膜式空气流量传感器与
发动机ECU的连接电路
G70—空气流量传感器　J623—发动机控制单元

(2) 检测传感器的电源电压及信号电压

1) 检测电源电压。关闭点火开关，拆下空气滤清器，再打开点火开关，即置于 ON 位置，不起动发动机；用万用表的电压档测量空气流量传感器插头中的 T5d/1 端子（正信号线）与搭铁线端子之间的电压，该电压值应为 5V；然后用万用表测量空气流量传感器插头 T5d/3 端子与搭铁（或车身）间的电压，该电压应为蓄电池电压（如无电源，则检测熔丝 SC16）。

2) 检测信号电压。用万用表"＋"表笔插入空气流量传感器 T5d/1 号端子线束中，"－"表笔插入 T5d/2 号端子的线束中。然后用电吹风（冷风档）向空气流量传感器入口吹气，观察信号电压的变化值。若信号电压不变化，说明空气流量传感器失效，应更换。

(3) 检测线束导通性（断路）　关闭点火开关，拔下空气流量传感器的插头，再拔下发动机 ECU J623 的线束插接器；用万用表检测空气流量传感器插头 T5d/1 端子与 J623 插接器的 T94/23 端子间的电阻值，标准值应小于 1Ω；用万用表检测空气流量传感器插头 T5d/2 端子与 J623 插接器的 T94/65 端子间的电阻值，标准值应小于 1Ω。

> **技巧点拨**　改进型空气流量传感器取消了进气温度传感器，采用电源、信号、搭铁三线，其线路结构简单，功能强大。

四、怎样检测别克君威轿车空气流量传感器

2009 款上海别克君威轿车采用的 MAF 传感器为热线式空气流量传感器，该传感器使用热线电阻式元件，此元件与温度补偿电阻、精密电阻、电桥电阻及环境温度传感器共同组成惠斯通电桥。热线式空气流量传感器为三导线型传感器，安装在进气管中，外形如图 1-28 所示，其插接器端子如图 1-29 所示，传感器与 ECU 的连接电路图如图 1-30 所示。

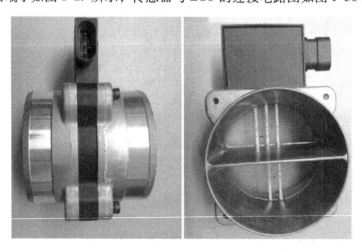

图 1-28　2009 款别克君威轿车热线式空气流量传感器

对热线式空气流量传感器进行检测时，应主要检测空气流量传感器的输出信号电压。首先关闭点火开关，拔下传感器插接器；然后将点火开关转至 ON，但不起动发动机；用数字万用表电压档测量空气流量传感器信号端子和搭铁端子之间的电压，即 A 端子与 B 端子间

的电压,该电压应为5V;当传感器输出电压正常时,可用吹风机向此传感器进气口处吹风,其信号电压应随吹风量大小的变化而变化,且应符合标准规定值范围,否则说明空气流量传感器已损坏,应当予以更换。

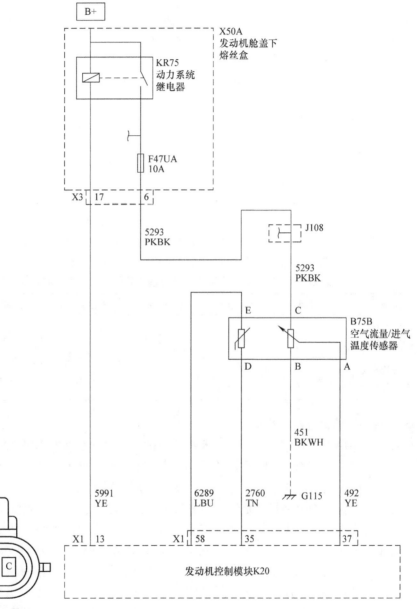

图 1-29　传感器插接器端子
A—空气流量传感器信号端子
B—搭铁端子
C—电源电压输入端子

图 1-30　2009 款别克君威空气流量传感器电路

技巧点拨　热线电阻元件被加热到环境温度以上,当进入节气门体内的空气流经 MAF 传感器时,部分热量被带走,空气流量越大,带走的热量越多。为使 MAF 传感器的热线电阻元件的温度与环境温度的数值保持恒定不变,便需要额外的电阻来加热热线电阻元件。MAF 传感器通过测量该电流的电压降来确定空气流量的大小。由于空气流量传感器的输出信号被转换成频率,所以 PCM 接收到的 MAF 传感器信号分辨率高,性能好。

五、有的发动机为何同时安装 MAF 和 MAP

在发动机管理系统中,进气量信号作为一级负荷信号,具有非常重要的作用。根据检测进气量的方式不同,空气流量传感器分为 D 型(即压力型)和 L 型(即流量型)两种类型,D 型是利用压力传感器检测进气歧管内的绝对压力,测量方法属间接测量;L 型是利用流量传感器直接测量吸入进气管的空气流量,测量方法属直接测量。目前,应用比较广泛的测量进气量的传感器是进气歧管绝对压力传感器(MAP)和热膜式空气流量传感器(MAF),其特点见表 1-5。一般来说,测量进气量只需采用一种传感器即可,但是现在很多车型的发动机上同时安装有 MAP 和 MAF,这让很多汽车维修人员感到困惑,测量空气量为什么要同时安装两种类型的传感器呢?下面从发动机控制策略方面来加以探讨。

表 1-5　热膜式空气流量传感器与进气歧管绝对压力传感器性能比较

类型	测量精度	通道阻力	急速稳定性	有无移动部件	进气温度修正	大气压力修正
热膜式空气流量传感器	±3%	很小	好	无	不需要	不需要
进气歧管绝对压力传感器	±3%	很小	好	无	需要	需要

1. 有利于精确控制喷油量

对于采用单供油管路且非直喷技术的发动机(如科鲁兹轿车 LDE 发动机),可提高喷油量的控制精度。在理论上,喷油器的喷油量主要取决于喷油器喷孔的大小、燃油压力、进气歧管压力、喷油时间等 4 个因素(不考虑燃油密度等因素)。

目前,车辆控制喷油量都是通过控制喷油时间来实现的,对于喷油器结构一定的控制系统,喷孔的大小是固定不变的,要想使喷油量仅仅取决于喷油时间,必须要使燃油压力、进气歧管压力为定值,或使两者之间存在某一固定关系(燃油压力与进气歧管压力反映喷油器两端的压差,对喷油量影响很大)。因此,对于双供油管路(带回油管),在供油系统中装备油压调节器使燃油压力与进气歧管压力之差恒定不变(一般为 300kPa)是非常重要的,只有这样才能减少变量,使喷油量仅仅取决于喷油器的通电时间(即喷油时间)。

对于单供油管路(图 1-31),供油管路中不装油压调节器(有的车型维修手册中注明油压调节器在油箱内,这里指的油压调节器与双供油管路中的油压调节器作用是不一样的,因为单供油管路的油压在发动机不同工况下是恒定不变的,大约在 350kPa,应称之为限压阀更为合适),燃油压力与进气歧管压力不存在固定关系,因此在喷孔大小固定不变、燃油压力恒定的情况下,要想使喷油量仅仅取决于喷油时间,还必须要考虑进气歧管压力这一变量。

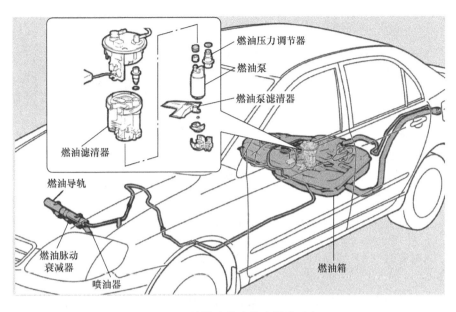

图 1-31　单供油管路燃油供给示意

因此，在单供油管路的车型上安装 MAF 的同时还装有 MAP，把 MAP 信号送入 ECU，ECU 在确定喷油量时，MAP 信号作为修正信号对喷油量进行修正，以便精确控制喷油量。另外，有些车型虽然是单供油管路，但只装有 MAF，如卡罗拉轿车 1ZR 发动机，ECU 可通过 MAF 信号转换成 MAP 来进行喷油量修正，但这样的控制精度低于另外再单独设置 MAP 的发动机。

此外，在发动机起动时，由于发动机转速低且波动较大，导致 MAF 的信号不准确，因此，MAP 在发动机冷起动时也被用来检测负荷状态。

2. 有利于精确控制排气再循环量

对于采用机外排气再循环的车辆（排气再循环分为机内循环和机外循环，机内循环是通过改变配气相位实现的），可提高排气再循环量的控制精度，如采用 BOSCH MED7 发动机管理系统的相关车型（高尔夫、奥迪等）和通用公司部分车型（君威、陆尊等），在这些车上，ECU 通过 MAF 测量吸入的新鲜空气的质量，计算出相应的进气歧管压力。当排气再循环系统把排气送入进气系统时，就增加了进气的质量并且使进气歧管的压力上升，MAP 测量出这一压力信号并把相应的电压信号发送给 ECU。MAF 反映的是新鲜空气的质量，MAP 反映的是新鲜空气 + 再循环废气的质量。因此，当 ECU 获得 MAF 和 MAP 信号后，通过比较计算就可以获得进入系统的废气量，其原理如图 1-32 所示，从而便于发动机对充气模式和氮氧化合物的控制。

3. 有利于系统控制和故障判别

MAF 和 MAP 信号都可以用来检测进气量，可以相互作为备用信号。同时，ECU 在接收到这两个信号后，可以进行信号比对，如果 ECU 发现两者之间的差异过大，可以存储出错记录，车辆继续运行时，还可以再通过节气门开度和转速信号进行监测，合理地检查会判断出到底是哪个传感器有问题，直到 ECU 能清楚地判断哪个传感器出错时，便会记录下相应

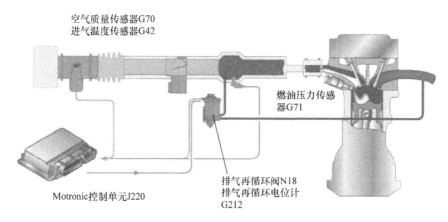

图 1-32 BOSCH MED7 发动机管理系统排气再循环率监测原理

的故障码。同时安装 MAF 和 MAP 为发动机管理系统的控制和故障判别带来了设计冗余，保证了可靠性。

通过上述分析可知，在发动机上同时安装 MAF 和 MAP，对于具有单供油管路或机外排气再循环技术特征的发动机而言是非常必要的。

技巧点拨 同时安装 MAF 和 MAP 的发动机的目的是有利于精确控制喷油量、有利于精确控制排气再循环量、有利于系统控制和故障判别。

第四节 位置传感器

一、怎样检测 2011 款捷达曲轴位置传感器

（1）结构原理 2011 款捷达轿车的电磁感应式曲轴位置传感器 G28 安装在气缸体左侧、发动机后端靠近飞轮处，传感器用螺钉固定在发动机缸体上，如图 1-33 所示。信号转子为齿盘式，齿数为 60 - 2 齿，即在原来为 60 齿的圆周上，切掉两个齿，形成在其圆周上均匀间隔的 58 个凸齿、57 个小齿缺和 1 个大齿缺其，结构如图 1-34 所示，曲轴位置传感器的输出波形如图 1-35 所示。

（2）检测 2011 款捷达电磁感应式曲轴位置传感器 G28 的相关电路如图 1-36 所示。端子 T3i/2 与 ECU 的 T80/64 端子相连；端子 T3i/3 与 ECU 的 T80/53 端子相连；端子 T3i/1 为屏蔽线端子在发动机线束内的搭铁连接。G28 传感器的检测方法如下。

图 1-33 2011 款捷达曲轴位置传感器的安装位置

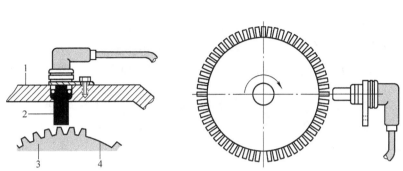

图1-34 2011款捷达轿车曲轴位置传感器的结构
1—缸体 2—传感器磁头 3—信号转子 4—大齿缺（输出曲轴位置基准标记）

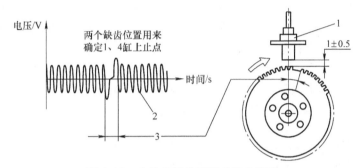

图1-35 曲轴位置传感器的输出波形
1—曲轴位置传感器 2—正常齿波形 3—缺齿波形

1）故障征兆检测。在发动机运行中，当曲轴位置传感器出现故障时，会导致信号中断，发动机不能起动或在运行时立即熄火，这时ECU可以诊断到故障并进行故障码存储。

2）曲轴位置传感器的电阻检查。关闭点火开关，拔下传感器插接器插头，检测传感器上3和2端子间的电阻，应为450~1000Ω。若电阻为无穷大，则说明信号线圈存在断路，应更换传感器。检查传感器上端子T3i/3或端子T3i/2与屏蔽线端子T3i/1之间的电阻，电阻值应为无穷大，如果电阻值不是无穷大，则应更换传感器。

3）信号转子与磁头间的间隙检查。用塞尺检查信号转子与磁头间的间隙，该间隙的标准值为0.2~0.5mm，若该值不在标准值范围内时，则需进行调整。

4）输出电压测量。用万用表的交流电压档，在线路正常连接、发动机运转时测量端子T3i/3与端子T3i/2间的电压，该电压值在0.2~2V范围内波动。

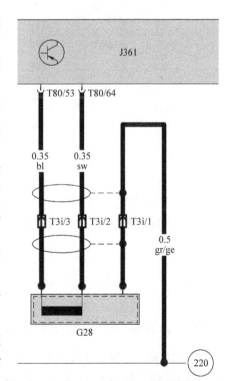

图1-36 2011款捷达曲轴位置传感器G28电路

5）检查传感器与 ECU 之间的连接线束。分别检查 T3i/2 与 ECU T80/64 端子、T3i/3 与 ECU T80/53 端子、T3i/1 端子与发动机线束内电源线间的电阻值，应不超过 1.5Ω。如果电阻值为无穷大，则说明存在导线断路或接触不良，需进行维修。

> **技巧点拨** 曲轴位置传感器工作的好坏，将直接影响发动机的起动性能，是导致汽油发动机不能正常起动的原因之一，只有准确检测、判断曲轴位置传感器的故障，才能尽快排除发动机系统故障。

二、怎样检测 2006 款凯美瑞曲轴位置传感器

2006 款凯美瑞采用的电磁感应式曲轴位置传感器安装在曲轴正时护罩内，曲轴的正时转子由 34 个齿组成，带有 2 个齿缺。曲轴位置传感器每 10° 输出一个曲轴旋转信号，齿缺用于确定上止点，曲轴位置传感器安装位置如图 1-37 所示，其检测方法如下。

1）曲轴位置传感器电阻检测。关闭点火开关，拔下传感器插接器插头，检查传感器上端子 122 和端子 121 间的电阻，20℃时应为 1850～2450Ω。若电阻为无穷大，则说明信号线圈存在断路，应更换传感器，电路如图 1-38 所示。

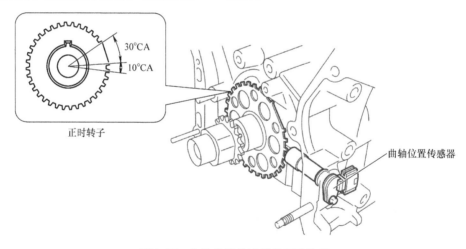

图 1-37　曲轴位置传感器的安装位置

2）屏蔽线电阻检测。检查传感器上端子 122 或端子 121 端子与屏蔽线端子 C 之间的电阻，电阻值应为无穷大，如果电阻值不是无穷大，则应更换传感器。

> **技巧点拨** 汽车曲轴位置传感器工作性能的好坏，直接影响发动机的起动性能，曲轴位置传感器故障是导致发动机不能起动的原因之一。

三、怎样检测别克轿车曲轴位置（24X）传感器

别克轿车的曲轴位置（24X）传感器为 3 导线触发叶片霍尔式传感器，位于发动机右侧，曲轴端部，如图 1-39 所示。曲轴位置（24X）传感器主要由叶轮和信号发生器组成。信号发生器用螺栓连接在正时链盖前端，叶轮安装于曲轴配重后部。叶轮上均布有 24 个叶

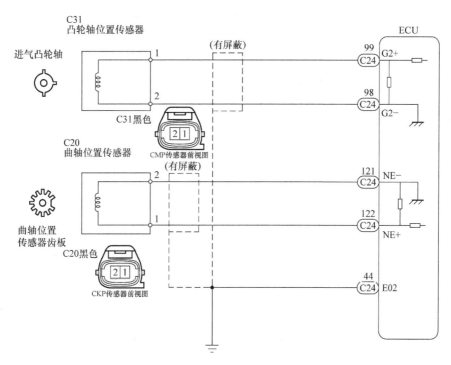

图 1-38 传感器与 ECU 电路图

片和窗口，曲轴每转一圈，传感器产生 24 个脉冲信号。24X 参考信号直接送给 PCM，用于改善发动机的怠速下点火控制。在 1200r/min 的发动机转速下，PCM 采用 24X 参考信号计算发动机转速和曲轴位置。PCM 连续监视 24X 参考电路上的脉冲数，并将 24X 参考脉冲数，与正在接收的 3X 参考脉冲数和凸轮轴信号脉冲数进行对比。如果 PCM 接收的 24X 参考电路脉冲数不正确，将设置 DTC P0336，且 PCM 将利用 3X 参考信号电路控制燃油和点火。发动机将继续起动并仅采用 3X 参考信号和凸轮位置信号运行。

曲轴位置传感器与 PCM 的连接电路如图 1-40 所示。曲轴位置（24X）传感器的插头端子如图 1-41 所示。其中 A 端子为电源线，B 端子为信号线，C 端子为搭铁线。曲轴位置（24X）传感器的检测方法如下。

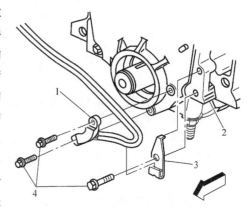

图 1-39 曲轴位置（24X）
传感器的安装位置
1—曲轴位置（CKP）传感器
2—发动机正时链条盖 3—装配托架 4—紧固螺栓

1）检测传感器的输出信号。关闭点火开关，在曲轴位置传感器的信号线路上串接一个无源试灯（或发光二极管），起动发动机，观察灯（或发光二极管）的闪烁情况，试灯（或发光二极管）应有规律地闪烁，否则说明曲轴位置传感器信号不良。

2）检测传感器的电源电压。关闭点火开关，拔下曲轴位置传感器的 3 芯插头，打开点火开关，用万用表电压档测量曲轴位置传感器插座上 A 孔与搭铁之间的电压值，应为 12V

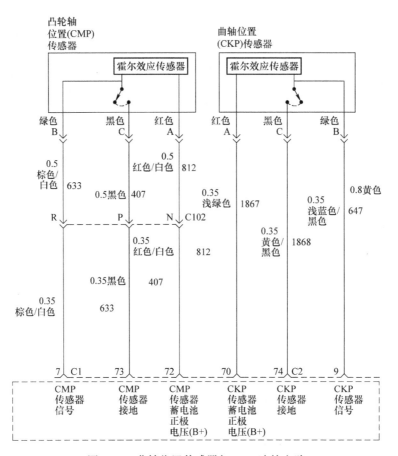

图 1-40　曲轴位置传感器与 PCM 连接电路

(蓄电池电压),否则说明曲轴位置传感器的电源线路不良。

> **技巧点拨**　曲轴位置(24X)传感器,跟换档有密切关系。但是它坏了后,用曲轴位置(7X)传感器也能计算曲轴速度,但精度大大降低,所以换档肯定受影响。

四、怎样检测别克轿车曲轴位置(7X)传感器

(1) 结构特点及控制电路　曲轴位置(7X)传感器为双导线型传感器,一根为信号线,导线颜色为黄色;另一根为搭铁线,导线颜色为紫色。曲轴位置(7X)传感器是另外一个更靠近曲轴的霍尔效应开关。间断环铸在曲轴上的一个特殊轮上,上面有7个加工的切槽,其中6个槽以60°均布,第7个槽距离前一个槽为10°,其结构如图1-42所示。当间断环与曲轴一起旋转时,切槽改变磁场,导致7X霍尔效应开关接地,向点火控制模块提供3X信号电压(3X参考信号电压是在发动机运转,且曲轴位置传感器的同步脉冲被接收时,点火控制模块将7X曲轴位置传感器脉冲除以2得到3X参考信

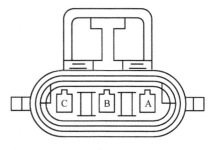

图 1-41　传感器的插头端子

号)。点火控制模块用 7X 传感器的开、关信号作为曲轴位置的指示,点火控制模块必须使用 7X 信号正确地控制点火线圈,其控制电路如图 1-43 所示。

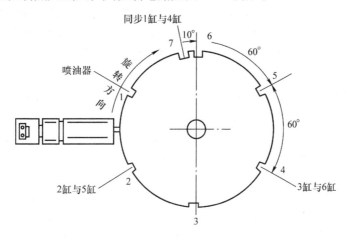

图 1-42　7X 曲轴位置传感器间断环

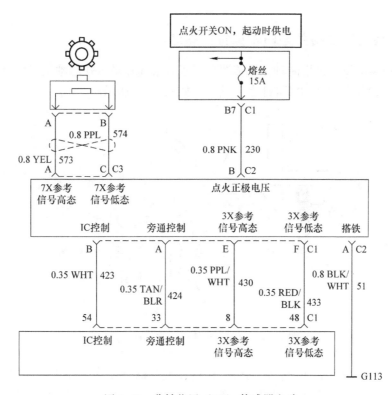

图 1-43　曲轴位置（7X）传感器电路

(2) 故障诊断　3X 参考信号由点火控制模块（ICM）产生,在发动机运转且曲轴位置传感器的同步脉冲被接收到时,点火控制模块 ICM 将曲轴位置传感器（7X）脉冲除以 2 得到 3X 参考信号。动力系统控制模块利用 3X 参考信号系统计算发动机转速高于 1600r/min 时的发动机转速和曲轴位置,动力系统控制模块也利用这些脉冲来触发喷油脉冲。动力系统控制模块将3X参考信号脉冲与曲轴位置（24X）传感器信号脉冲和凸轮轴位置传感器信号脉冲对比，如果动力系统控制模块在3X线路中接收到的脉冲数不正确，24X参考信号脉冲数与3X参考信号脉冲数的比值不等于8，或24X参考信号脉冲数与凸轮轴位置传感器信号脉冲数的比值等于48的情况出现10s以上，动力系统控制模块便设置故障码P1374，并且动力系统控制模块利用曲轴位置（24X）传感器和凸轮轴位置传感器信号进行燃油和点火控制，发动机可继续起动和运转。

动力系统控制模块在存储故障码P1374的同时，将点亮仪表板上的故障指示灯（SERVICE ENGINE SOON）。对装备牵引控制系统的上海别克轿车，动力系统控制模块还将通过串行数据电路指令制动牵引力控制模块关闭牵引力控制，同时制动牵引力控制模块将点亮仪表板上的"TRACTION OFF（牵引力关闭）"警告灯。

技巧点拨 7X和24X曲轴位置传感器坏了都不能着车，24X传感器管喷油，7X传感器管点火，哪个坏了也不能着车。24X传感器损坏很少见，主要原因是线路老化偶尔短路，所以故障灯老亮。如果一直短路车就不着了，不喷油。7X传感器损坏一般因为离排气管比较近，造成线路高温短路。一直短路也不着车了，不点火。

五、怎样检测三菱格兰迪曲轴位置传感器

三菱格兰迪4缸发动机用曲轴位置传感器属于遮蔽叶片霍尔式曲轴位置传感器，该传感器固定安装在曲轴前端的发动机缸体上，其位置如图1-44所示。

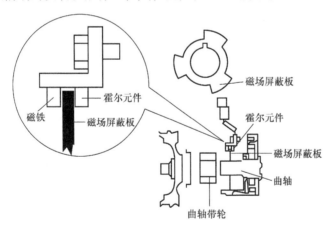

图1-44 曲轴位置传感器的安装位置

叶片式磁场屏蔽板安装在曲轴带轮后，通过花键与曲轴相连，并能够随曲轴一起运转。该传感器为U形设计，U形的一条臂为磁铁，另一条臂安装霍尔开关IC，U形的中部缝隙用于叶片旋转时通过。三菱格兰迪发动机用曲轴位置传感器的叶片有3个凸起和3个缺口，叶片随曲轴旋转，凸起通过时磁铁的磁通被阻挡，缺口通过时有磁力线通过霍尔开关IC。

1) 槽口处于霍尔开关IC和磁铁之间时，霍尔开关IC接受磁铁产生的磁场，并产生霍尔电压，霍尔电压经放大后，作用于曲轴位置传感器的晶体管基极，使晶体管接通，来自发动机ECU的5V基准电压被搭铁。因此，发动机ECU将检测到曲轴位置传感器输出的0V低

电位电压（注意：其实低电位电压并非为0V，因为晶体管导通时，根据晶体管的不同，集电极和发射极会有0.3V或0.7V的压降）。当磁力线通过时，霍尔传感器线路中电流流向和电压输出如图1-45所示。

2）当屏蔽板的叶片将磁场与霍尔开关IC隔开时，磁场被阻断，霍尔开关IC不能产生霍尔电压，在曲轴位置传感器内的晶体管不导通，来自发动机ECU的5V基准电压与搭铁线断开。因此，发动机ECU将检测到近似5V的高电位电压。当磁力线被阻挡时，霍尔传感器线路中电流流向和电压输出如图1-46所示。

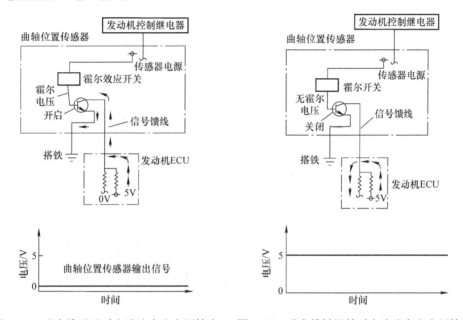

图1-45 磁力线通过时电流流向和电压输出　　图1-46 磁力线被阻挡时电流流向和电压输出

3）连续运转时，因为屏蔽板随着曲轴一起旋转，所以通过曲轴位置传感器的输出信号会随着屏蔽板叶片和槽口不断进行高电位和低电位的变换，其每分钟的脉冲数目也会随着曲轴的旋转速率变化而变化。因此，通过检测曲轴位置传感器脉冲信号的频率即可测得曲轴的转速。连续运转时，曲轴位置传感器的脉冲信号如图1-47所示。

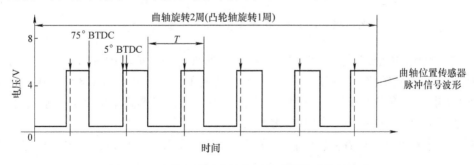

图1-47 连续运转时曲轴位置传感器脉冲信号波形

4）传感器检测：

① 三菱格兰迪轿车发动机曲轴位置传感器插头与发动机ECU的连接如图1-48所示。

② 工作电压的检测。拔掉曲轴位置传感器插头，打开点火开关，用万用表的电压档测量线束侧 1 端子是否有 12V 蓄电池电压，如果没有，则检查控制继电器的 3 端子与曲轴位置传感器线束 1 端子的导通性。

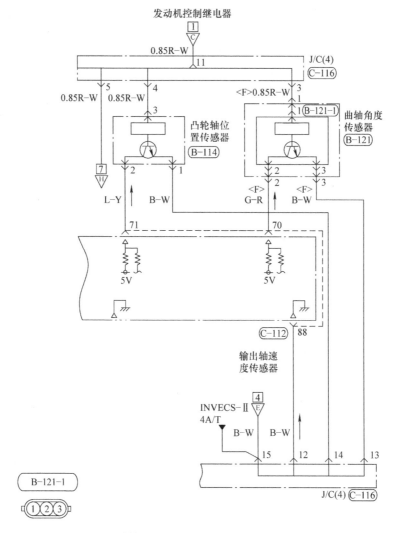

图 1-48 曲轴位置传感器插头与 ECU 的连接电路图

③ 参考电压的检测。点火开关置于 OFF，将曲轴位置传感器插头断开，然后将点火开关置于 ON，检查曲轴位置传感器 2 号端子搭铁的电压，正常时应为 4.8~5.0V。如果没有 4.8~5.0V 电压，将点火开关置于 OFF，检查曲轴位置传感器线束的 2 号针脚是否与 ECU 的 70 号端子导通，如果导通，则为 ECU 故障。

④ 检查搭铁性能。检查曲轴位置传感器 3 号端子是否搭铁导通，如果不导通，则检查线束。

⑤ 解码器检测。用 MUT-Ⅲ 检测，如果曲轴位置传感器损坏，则会存储故障码 22——曲轴位置传感器故障。

⑥ 输出信号的万用表检测。使用专用三通接口插头，或在线路完好连接的情况下将曲

轴位置传感器的 2 号信号线引出一条测量线，与搭铁间进行测量，使用万用表电压档进行检测，该电压应符合表 1-6 所示的电压值范围。

表 1-6　曲轴位置传感器信号标准电压值

测量端子	发动机状态	万用表电压
2 端与搭铁	起动	0.4~4.0V
	急速	1.5~2.5V

⑦ 输出信号的示波器检测。霍尔式传感器一般情况下无法检查电阻，如能检查也是经验数值或对比数值，因此，最好用示波器检查其输出信号波形来准确判断传感器的好坏。使用专用三通接口插头，或在线路完好连接的情况下，将曲轴位置传感器的 2 号信号线引出一条测量线，用示波器进行测量。

技巧点拨　如果曲轴位置传感器坏了，就确认不了曲轴的转角了，发动机 ECU 收不到曲轴位置传感器的信号，为了保护发动机就不点火、不喷油了，汽车表现出来的故障征兆就是没有高压电、不喷油、打不着车。

六、怎样检测新捷达霍尔式凸轮轴位置传感器

新款捷达采用霍尔式凸轮轴位置传感器（下面简称霍尔传感器）用于向 ECU J361 提供第 1 缸点火位置信号，故又称为判缸传感器。霍尔传感器安装在气缸盖前端凸轮轴正时齿轮之后，如图 1-49 所示，其电路图如图 1-50 所示。

（1）检测霍尔传感器的供电电压

1）关闭点火开关。

2）拔下霍尔传感器的 3 芯插头。

3）打开点火开关，用万用表的电压档测量 3 芯插头的 T3a/1 与 T3a/3 两孔之间的电压值，约为 5V。

4）用万用表电压档测量 T3a/2 与 T3a/3 两孔之间的电压值，约为 12V（蓄电池电压）。

（2）检测霍尔传感器的线束导通性

1）关闭点火开关。

2）拔下 ECU J361 的连接插头。

3）拔下霍尔传感器的 3 芯插头。

4）用万用表电阻档测量 3 芯插头的 T3a/1 端子与 ECU J361 的 T80/82 端子之间，应导通。

5）测量 3 芯插头上 T3a/2 端子与 ECU J361 的 T80/60 端子之间，应导通。

6）测量 3 芯插头上 T3a/2 端子与发动机线束 220 内传感器搭铁之间，应导通。

（3）霍尔传感器工作情况的检测

1）关闭点火开关。

2）拔下燃油泵 G6 的熔丝 S37 号（20A）。

3）释放燃油系统的压力。

4）将二极管连接到传感器 T3a/1 与 T3a/3 之间。

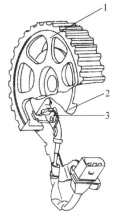

图 1-49 霍尔式凸轮轴位置传感器的外形及结构
1—凸轮轴正时齿轮 2—信号转子 3—霍尔信号发生器

5) 短暂起动发动机检测二极管，二极管应有规律地闪烁。

技巧点拨 霍尔传感器是一个电子开关，按霍尔原理工作。霍尔传感器隔板上有一个霍尔窗口，曲轴每转两周产生一个信号，根据霍尔传感器信号和发动机转速传感器的点火时间信号，ECU 识别出 1 缸点火上止点。

七、怎样检测大众 CC 曲轴位置传感器

越来越多的汽车采用一种新型霍尔式传感器，普通霍尔式传感器有 3 根引线，分别为电源线、信号线和搭铁线；而大众 CC 车采用的新型霍尔式曲轴位置传感器只有 2 根引线，如图 1-51 所示，分别为电源线和信号线。输出信号均为方波脉冲信号，占空比范围为 30%~70%，一般为 50%，如图 1-52 所示，但输出信号的高、低电压存在差异。新型霍尔式传感器输出信号的高、低电压不受速度影响，主要由 ECU 内部的电阻 R 决定，电阻 R 一定，高、低电压便一定，即使转速很低，发动机 ECU 仍能检测到输出信号电压，这就克服了电磁式传感器输出信号电压随转速变化而变化的缺点。下面以大众 CC 车的传感器为例，说明其检测方法。

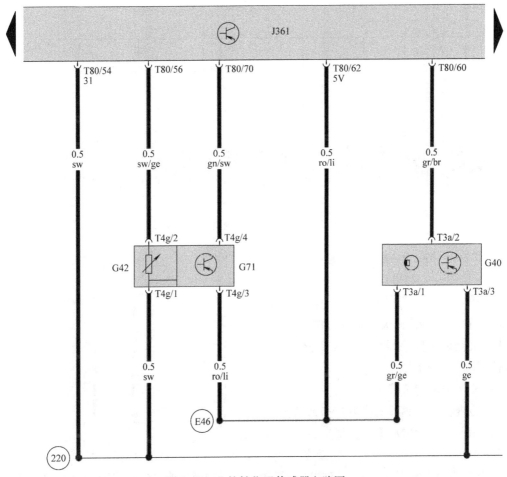

图 1-50 凸轮轴位置传感器电路图

G40—霍尔传感器　G42—进气温度传感器　G71—进气压力传感器　J361—发动机控制单元　T3a/1~3 芯黑色插头连接　T4g/1~4 芯灰色插头连接　220—发动机线束中的接地连接（传感器接地）

E46—喷射装置线束中的正极连接 1

(1) 传感器的检测　大众 CC 汽车发动机曲轴位置传感器与发动机 ECU 的连接电路如图 1-53 所示。

1) 工作电压的检测。拔掉曲轴位置传感器插头，打开点火开关，用万用表的电压档测量线束 T2jp/1 端子与搭铁间是否有约为 5V 的电压，如果没有，则检查插头端子 T2jp/1 与 ECU T60/51 的线束导通性。如果导通，则说明 ECU 故障。

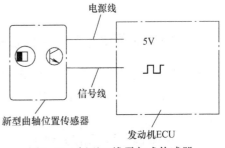

图 1-51 新型二线霍尔式传感器

2) 检测传感器的输出信号。关闭点火开关，在曲轴位置传感器的信号线路 T2jp/1 和 T2jp/2 端子之间串接一个发光二极管，起动发动机，观察发光二极管的闪烁情况，试灯应有规律地闪烁，否则说明曲轴位置传感器信号不良。如二极管试灯不闪烁，则应检查 T2jp/2

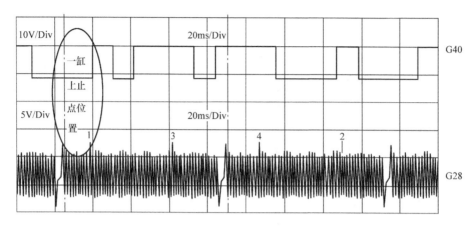

图1-52 二线霍尔式传感器输出信号波形

端子与ECU的T60/36线束的导通性。如果导通，则检查端子T2jp/1与搭铁之间，应有5V电压。电压正常则说明是传感器故障，否则是ECU故障。

（2）霍尔传感器失灵的诊断方法

1）检查霍尔传感器线路有无断路或短路，以及插接器端子有无腐蚀。

2）清洁霍尔传感器头部。

3）检查霍尔传感器的供电与搭铁情况。

4）用示波器读取波形，波形应为方波信号。

5）串接一个发光二极管，起动发动机，观察发光二极管的闪烁情况，发光二极管应有规律地闪烁，否则为曲轴位置传感器信号不良。

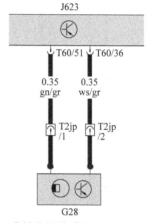

图1-53 曲轴位置传感器G28与ECU的连接
G28—曲轴位置传感器　J623—发动机控制单元

技巧点拨　霍尔式转速传感器能够克服电磁式传感器输出信号电压幅值随发动机转速变化而变化，响应频率不高，以及抗电磁波干扰能力差等缺点，因而被广泛应用在汽车上。

八、曲轴位置传感器的特性及检修技巧有哪些

曲轴位置传感器安装在曲轴前端、凸轮轴前端、分电器内或飞轮上，用于检测发动机转速、活塞上止点和曲轴的转角。因此，曲轴位置传感器是发动机电子控制系统的最主要传感器之一。

（1）电磁互转换，工作原理须明白　按照工作原理的不同，曲轴位置传感器划分为电磁脉冲式、霍尔式和光电式等三大类。日产系列，本田系列，丰田系列等汽车多采用电磁脉冲式曲轴位置传感器，大众车系（桑塔纳、捷达、奥迪等）大多采用霍尔式曲轴位置传感器，而日产公司有的车型采用光电式曲轴位置传感器。

电磁脉冲式曲轴位置传感器又称为可变磁阻式传感器,它是基于变化的磁场与电流之间相互感应这一原理而工作的。这种传感器带有磁铁和感应线圈(称为"传感头"),与安装在转动部位(如曲轴、飞轮)的铁磁质信号发生盘(俗称"转子")配合工作。当带齿的信号发生盘转动时,转子与传感头之间的磁场产生变化,于是在传感头的线圈内感应出交流电压。如果信号发生盘的转速发生变化,传感头输出的信号电压和频率也随之变化,这就是电磁脉冲式曲轴位置传感器的基本工作原理。

车载自诊断(OBD - Ⅱ)系统通过曲轴位置传感器监测曲轴转速和转角的变化,如果出现较大的转速波动,则判定气缸出现了燃烧不正常(俗称"缺缸")现象。如果曲轴转速信号不能触发电子点火器(或ECU)工作,将导致没有点火指令,此时发动机不能起动。

(2) 气隙有要求,安装位置应准确　首先,曲轴位置传感器的脉冲信号发生盘的安装位置不能弄反,必须靠近传感头。否则,传感头感知不到曲轴位置的变化,甚至发出错误的信号,使得发动机ECU据此确定的点火指令和喷油指令也是错误的,进而导致发动机无法正常运转。

其次,电磁脉冲式曲轴位置传感器信号发生盘的齿顶与传感头之间的气隙必须符合要求,否则难以感知磁力线的变化,将造成输出信号减弱或者无信号输出。

有的车型曲轴位置传感器的传感头固定在油底壳上,而信号发生盘安装在曲轴上,气缸体与油底壳之间没有密封垫圈(依靠密封胶)。有时为防漏油,在气缸体与油底壳之间加装密封垫圈,可使曲轴位置传感器气隙达到3mm(标准为0.8～1.2mm)。曲轴位置传感器的传感头与信号发生盘的气隙过大,转速增加时,会出现曲轴位置信号不准或者丢失,导致发动机加速不良甚至无法起动等不良后果。

注意:装配位于飞轮上的曲轴位置传感器,应当在组装完大飞轮和变矩器以后,再安装曲轴位置传感器,而且要紧固可靠,不允许随意增加垫片,如果拧得不紧或乱加垫片,都会使曲轴位置传感器与飞轮的间隙超过规定值,从而导致曲轴转速及位置信号失常。

(3) 磁性会消退,粘贴磁铁能应急　一辆马自达车,累计行驶23万km,在一家快修店更换自动变速器油后不能起动,而且没有着车的征兆。开始以为是没有高压火或者不喷油造成的,怀疑曲轴位置传感器的信号不正常。检查曲轴位置传感器的外观,没有发现损伤。进行火花塞跳火试验,只在起动时跳了1次火。拆开曲轴位置传感器的插接器,测量其线圈的电阻为1.28kΩ,正常。更换蓄电池,使用不到1周时间,故障又重现。借来一个原厂曲轴位置传感器,替换后试车,能够顺利起动。于是确定故障原因是曲轴位置传感器的磁场变弱。找来环氧树脂胶,将一小块磁铁可靠地粘贴在曲轴位置传感器的后面,装复后,发动机起动正常。分析原因,是由于曲轴位置传感器在长期使用过程中,磁性逐渐消退的缘故。

凡是电磁脉冲式曲轴位置传感器,其内部都有磁体,该磁体在高温作用下(或撞击后),磁性会逐渐减弱,容易导致信号电压降低或者不稳定。此时如果粘贴磁铁,往往可以奏效。

(4) 电磁易干扰,实施屏蔽可防范　电磁脉冲式曲轴位置传感器实质上是一个交流发电机,是无源式信号发生装置,它发出的信号电压是很微弱的,只有毫伏级,所以需要加装屏蔽保护装置(图1-54),防止它发出的微弱信号被外界干扰。

在发动机起动时,由于起动机高速运转,加上其他电磁干扰,车上可能形成无线电频率冲突,影响曲轴位置传感器的信号输出。因此,最好采用带有电容的接地线,并通过连接螺母、垫圈等牢固安全地连接好。

(5) 性能易衰变,选准时机去检测 一辆帕萨特B5轿车,冷车起动正常,但热车起动困难。更换燃油泵、带模块的点火线圈、高压线、火花塞、分电器总成等,都不能排除故障。进行路试,待发动机达到正常工作温度以后,让发动机熄火,不能再次起动,掀开发动机罩盖,拔出中心高压线试火,没有高压火,可以确定为电路故障。先从点火信号源头查起,拔出曲轴位置传感器的插接器,起动发动机,测量曲轴位置传感器的端子上有无信号电压。如果没有信号电压,可以确定为曲轴位置传感器损坏,更换曲轴位置传感器,故障一般可以排

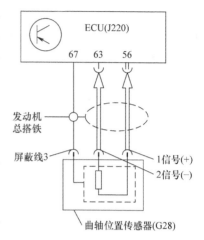

图1-54 桑塔纳2000GSi电磁脉冲式曲轴位置传感器的屏蔽

除。这种故障产生的原因,不是曲轴位置传感器的热性能不良,就是燃油泵继电器的热性能不良。等待发动机冷却后再进行起动,目的是让曲轴位置传感器适当冷却,以恢复其正常性能。

(6) 误报故障码,需要辩证地诊断 在维修实践中,有时实际是发动机转速信号错误,故障码却显示为判缸信号错误。一辆丰田凯美瑞轿车,大修后出现起动困难、加速不良的故障。检测显示判缸信号(G信号)不正常。经过反复检查,发现故障原因是安装在曲轴正时带轮上的转速信号(Ne信号)发生盘少了1个齿。本来曲轴带轮信号盘的缺齿位置是上止点的识别记号,现在另外一处出现缺齿,导致ECU无法确认真正的活塞上止点位置。更换曲轴带轮及信号发生盘以后,故障被排除。

故障诊断仪显示G信号故障而不显示Ne信号,这是由于G信号和Ne信号是两个相互关联的信号,ECU无法识别哪一个是非正常缺齿,而且错误的上止点信号和G信号出现较大的相位差,所以ECU识别为G信号故障。因此在维修中,要注意识别曲轴位置传感器故障码的"张冠李戴"现象。

(7) 检测其性能,掌握技巧是关键 检测曲轴位置传感器的性能,一定要抓住故障再现这一关键时机进行,发动机停机以后调出的故障码不能说明什么问题。如果检测到关于曲轴位置传感器的故障码,那是自诊断系统给出的检查范围,需要逐一检查传感头、信号发生盘、ECU以及控制线束等有无问题。检测方法主要有:开路测电阻、测量输出电压、采用示波器检测信号波形、采用模拟试验法检测、用自制信号发生器检测、测量点火提前角等。

(8) 检测注意事项

1) 当发动机出现无法起动、不喷油、不点火、自动熄火等情况时,应当重点检查曲轴位置传感器。如果汽车有过在行驶中突然熄火的现象,而且原地加速到4500r/min以上时,转速表指针会大幅度摆动,应该考虑曲轴位置传感器信号中断的可能性。

2) 在上海通用公司的维修手册中,要求在发动机大修后,即在更换曲轴位置(CKP)系统的相关部件后,应当使用TECH2诊断仪执行曲轴位置(CKP)系统偏差读写程序。具体来说,在更换PCM、设置了故障码P1336、更换发动机、更换曲轴、更换曲轴缓振平衡

器，以及更换曲轴位置传感器之后，都应当执行曲轴位置（CKP）系统的变更读写程序。否则，可能导致气缸中可燃混合气燃烧不良的故障码。但是维修实践表明，并非每次都需要这样做。

3）曲轴位置传感器损坏后，许多轿车（如丰田凯美瑞、桑塔纳2000）的发动机将不能起动，而有的轿车（如老式捷达、北京现代伊兰特等车型）却能够起动。这种情况主要是发动机ECU的控制策略不同的缘故，如北京现代伊兰特轿车发动机，ECU可从霍尔式凸轮轴位置传感器（CMP）获取转速信号，使发动机可以起动。

4）对于霍尔式曲轴位置传感器，不能采取测量电阻的方法判断其性能好坏。霍尔式曲轴位置传感器有3个端子，一个是外供电源（由ECU提供5V电源），一个是搭铁，另一个是信号线。在一个霍尔式曲轴位置传感器中，包含霍尔元件、放大电路、整形电路以及输出电路等。在维修资料中，通常不给出霍尔式曲轴位置传感器的电阻参数，因此不能像对待电磁脉冲式曲轴位置传感器那样去测量电阻。正确的方法是利用示波器，测试其输出的波形是否正确。

技巧点拨　曲轴位置和转速信号既发送给发动机电控单元，又发送给转速表。曲轴位置传感器损坏后，发动机既不会点火，也不会喷油。

九、怎样检测磁阻式凸轮轴位置传感器

（1）磁阻效应　利用磁阻效应制成的磁敏电阻元件称为磁阻元件，简称MRE（Magneto Resistance Element）。如图1-55所示，在一个长方形半导体元件的两端面通电，在无磁场时，电流电极间的电阻值取最小电流分布。当长方形元件处于磁场中时，由于两电极间的电流路径因磁场作用而增长，从而使电极间的电阻值增加。利用磁阻效应，可实现磁和电→电阻的转换。

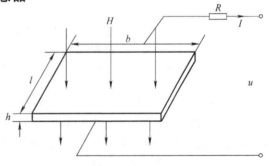

图1-55　磁阻效应

对于非铁磁性物质，外加磁场通常能使其电阻率增加，即产生正的磁阻效应。

（2）检测原理　MRE式凸轮轴位置传感器由信号发生器、磁铁和用树脂封装的信号处理电路集成的电路模块组成，如图1-56所示。当传感器的磁头正对转子凹槽时，磁力线向两侧的叶片分布构成闭合磁路，此时磁阻元件电阻较小，通过磁阻元件的磁力线较少，磁场强度较弱，且磁力线与磁阻元件成一定角度，如图1-57a所示，此时磁阻元件输出5V高电平信号。当磁阻传感器的磁头正对转子叶片时，磁力线通过正对的叶片构成闭合磁路，此时磁阻元件电阻较大，通过磁阻元件的磁力线较多，磁场强度较强，且磁力线与磁阻元件垂直，如图1-57b所示，此时磁阻元件输出0V低电平信号。

因此，随着转子的旋转，叶片的凸起与凹槽交替变化，引起通过磁阻元件的磁力线的强弱和角度发生改变，由于磁阻效应的作用，磁阻元件的电阻也发生变化，通过MRE装置的电流也随之改变，这种电流的变化由信号放大电路、滤波电路和整形电路转换成二进制数字

信号，并输送给发动机 ECU。发动机 ECU 根据此信号判别进、排气凸轮轴的位置。

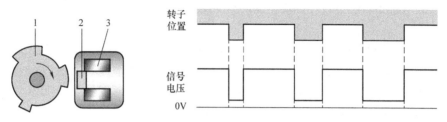

图 1-56　磁阻式曲轴位置传感器的结构
1—转子　2—MRE 元件　3—永久磁铁

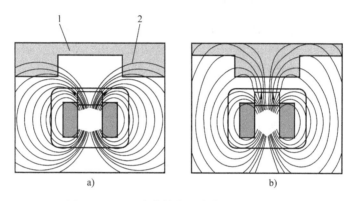

图 1-57　磁阻式曲轴位置传感器的工作原理
a) 传感器输出"高电位"　b) 传感器输出"低电位"
1—转子　2—磁力线

（3）控制电路　磁阻式曲轴/凸轮轴位置传感器的控制电路（图1-58）由电源线、搭铁线和信号线组成；用蓄电池提供的 12V 电压或 ECU 提供的 5V 电压作为工作电源；其输出信号也是通过一个晶体管开关电路的饱和或截止状态的变化，使信号输出端改变与搭铁端的导通状态，由 ECU 产生的。在传感器转子转动一圈的过程中，传感器输出和转子的凸齿或叶片数目相同的、幅值为 5V 的矩形电压脉冲信号。

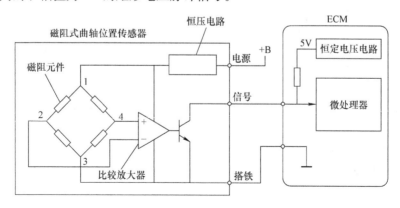

图 1-58　磁阻式曲轴位置传感器的控制电路

(4) 传感器检测 丰田系列新皇冠、汉兰达、雷克萨斯以及红旗 HQ300 等发动机智能可变气门正时系统（VVT-i）采用 MRE 凸轮轴位置传感器，在每一气缸组上的进、排气凸轮轴上都装有 1 个 MRE 凸轮轴位置传感器（也称为 MRE 式 VVT 传感器，共 4 个），其安装位置如图 1-59 所示。

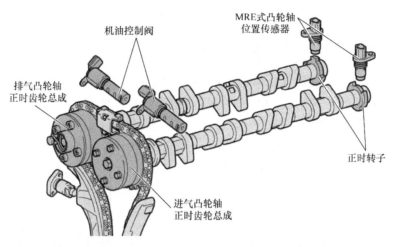

图 1-59 MRE 式凸轮轴位置传感器的安装位置

进、排气凸轮轴上凸轮轴位置传感器正时转子有三个凸起，所对应的凸轮轴转角分别为 90°、60°、30°，即所对应的曲轴转角为 180°、120°、60°，曲轴每旋转两周，进、排气凸轮轴旋转一圈，产生 3 个大小不同的脉冲。智能可变气门正时系统通过凸轮轴位置传感器的检测，由 ECU 用占空比形式控制油压控制电磁阀，从而把进、排气凸轮轴分别控制在 40°和 35°曲轴转角之间，提供最适合发动机工作特性的气门正时，改善发动机所有转速范围内的转矩，提高燃油经济性，减少污染物的排放。MRE 传感器的连接电路如图 1-60 所示，信号波形如图 1-61 所示。

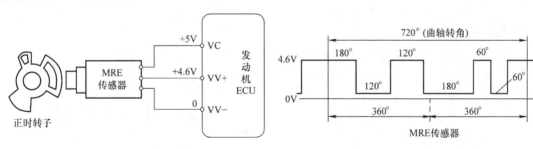

图 1-60 MRE 传感器的连接电路　　　　图 1-61 传感器数字信号波形

1）工作电压的检测。关闭点火开关，断开凸轮轴位置传感器，打开点火开关至 ON 位置，用万用表检查 VC 端子与 VV-端子之间的电压，应为 5V，如果没有 5V 电压，则应分别检查与 ECU 间线路的连接情况，如果线路正常，则说明发动机 ECU 有故障。

2）参考电压的检测。关闭点火开关，断开凸轮轴位置传感器，打开点火开关至 ON 位置，用万用表检查 VV+端子与 VV-端子之间的电压，应为 4.6V，如果没有 4.6V 电压，则应检查 VV+与 ECU 间线路的连接情况，如果线路正常，则说明发动机 ECU 有故障。

3) 波形检测。在线路正常连接的情况下,使发动机运转,用示波器检测输出信号,其标准波形应与图1-61所示的波形相同。

> **技巧点拨** 磁阻效应是指半导体材料的电阻值随与电流相同或垂直方向的磁场强弱而变化的现象。

十、别克EGR阀位置传感器的检测

排气再循环系统简称EGR(Exhaust Gas Recirculation)系统。按照是否设置有反馈监测元件,排气再循环系统可以分为开环控制EGR系统和闭环控制EGR系统。

1. EGR阀位置传感器的结构

EGR阀位置传感器位于EGR阀的上部,一般使用电位计式传感器来检测EGR阀阀杆的上、下移动位置,发动机ECU以此确定EGR阀开度的大小。EGR阀位置传感器的结构如图1-62所示,EGR阀阀针与电位计的滑动触点臂相连,占空比控制的EGR阀随着占空比的变化,控制的真空吸力也不同,引起EGR阀阀门开启的大小也不一样,阀杆上升的位移也不同。阀杆上升,推动与之相连的滑动触点臂的位置发生变化,从而使滑动触点在滑动电阻上滑动,产生不同的电压信号,这个信号会传递到发动机ECU,发动机ECU以此监视EGR阀的位置,确保阀门对ECU的指令做出正确响应,从而调整和修正

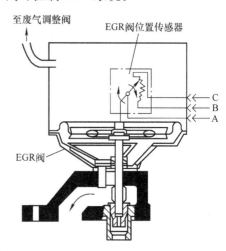

图1-62 EGR阀位置传感器结构

EGR阀的开启时刻和占空比,精确控制排气再循环量的大小,以减小排放、改善性能。

2. EGR阀位置传感器的检测

上海别克排气再循环系统EGR阀位置传感器的电路连接图如图1-63所示。排气再循环真空控制电磁阀和排气再循环阀位置传感器共用一个5针插头,灰色连接的端子A、白色连接的端子E分别和发动机ECU/PCM连接,采用正极驱动器和PCM中的搭铁电路控制,用于排气再循环真空控制电磁阀的驱动,另外3条为电位计式的排气再循环阀位置传感器所使

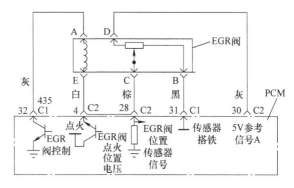

图1-63 传感器的电路连接图

用,它能够监视EGR阀的位置,确保EGR阀对PCM的指令做出正确响应。电位计的D端子为5V参考电源,B端子为搭铁端子,C端子为信号输出端子。

1) 故障征兆判断法。当发动机在怠速、低速小负荷及冷机时,发动机ECU控制废气不参与再循环,避免发动机性能受到影响。因此,一旦发动机的EGR系统出现故障,特别是在发动机怠速、低速、小负荷及冷机工况下,使得废气参与再循环,将会影响发动机的正常

燃烧，导致发动机怠速不稳、加速不稳、汽车行驶无力等故障现象，从而影响发动机的动力性。

2）电阻检测。在检测电阻时，首先关闭点火开关，拔掉 EGR 阀位置传感器线束插头，对传感器本体进行电阻测量，插座端子 B 与 D 之间的电阻值应为 4.92kΩ，插座端子 B 与 C 之间的电阻值应随 EGR 阀开度的变化而变化。

3）外部电压和信号电压检测。在检查传感器外部供电电压时，打开点火开关至 ON 位置，断开 EGR 阀位置传感器线束插头，用数字万用表电压档检查 D 端子与搭铁端电压，应有 5V 参考电压，检查 B 端子与搭铁端电压，应为 0V。连接 EGR 阀位置传感器线束插头，测量 C 端子信号电压，在 EGR 阀全关时为 0.14~1.0V，用手动方式打开 EGR 阀，其信号电压随着 EGR 阀开度的变化而变化，全开时为 4.5~4.8V。如果测量结果不符合要求，则应更换 EGR 阀。

4）输出波形检测。将示波器信号测量线探针插入传感器信号线中，起动发动机并加速，观察波形变化情况，如图 1-64 所示。当 EGR 阀打开时波形上升，这时废气循环；当 EGR 阀关闭时，波形下降，这时限制废气循环。汽车怠速时，EGR 阀是关闭的，不需要排气再循环；汽车正常加速时，EGR 阀开大；汽车减速时，EGR 阀也是关闭的。

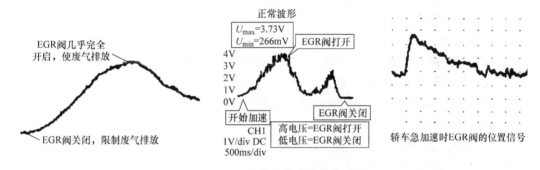

图 1-64 EGR 位置传感器输出波形

技巧点拨 闭环控制 EGR 系统与开环控制 EGR 系统相比，只是在 EGR 阀上增设了一个 EGR 阀位置传感器作为反馈信号，用以监测 EGR 阀开度的大小，使 EGR 率保持在最佳值。

十一、霍尔式凸轮轴位置传感器的失灵及故障诊断

凸轮轴位置传感器又称为气缸识别传感器，其作用是采集凸轮轴位置信号，然后将信号传送至发动机控制单元，由发动机控制单元结合曲轴位置传感器信号识别 1 缸压缩上止点，从而进行顺序喷油控制、点火时刻控制和爆震控制。

凸轮轴位置传感器主要分为 2 种类型：磁电式和霍尔式，其中霍尔式凸轮轴位置传感器（以下简称霍尔传感器）广泛用于大众车系，如桑塔纳轿车、帕萨特轿车等。如图 1-65 所示，霍尔传感器主要由霍尔集成电路、永久磁铁和信号转子组成。霍尔集成电路与永久磁铁之间有 1mm 的气隙，信号转子安装在进气凸轮轴上，上面有窗口和隔板，当信号转子随进气凸轮轴转动时，窗口和隔板会交替从气隙中经过。当隔板经过气隙时，霍尔集成电路中的

磁场被阻断,无霍尔电压,霍尔传感器输出电压为高电位;当窗口经过气隙时,霍尔集成电路中的磁场导通,形成霍尔电压,霍尔传感器输出电压为低电位。

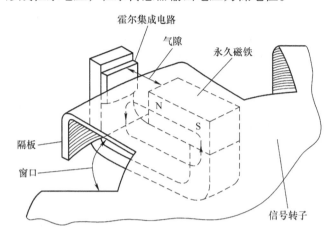

图 1-65 霍尔传感器结构示意图

当霍尔传感器失灵时,一般会出现以下症状。
1) 发动机故障灯常亮。
2) 油耗增加。
3) 发动机控制单元以应急运行模式工作,发动机动力不足。
4) 发动机控制单元存储故障码。

造成霍尔传感器失灵的可能原因有以下方面。
1) 信号转子变形。
2) 霍尔传感器的相关线路或插接器故障。
3) 霍尔传感器传感头部松动或太脏。
4) 霍尔传感器损坏。

霍尔传感器失灵的诊断方法如下。
1) 检查霍尔传感器线路有无断路或短路,以及插接器端子有无腐蚀。
2) 清洁霍尔传感器头部。
3) 检查霍尔传感器的供电与搭铁情况。
4) 用示波器读取波形,波形应为方波信号。

技巧点拨 在单缸独立点火系统中,凸轮轴位置传感器严重影响着发动机的起动性能,若该信号丢失,则发动机起动困难,甚至无法起动;而在双缸同时点火系统中,凸轮轴位置传感器信号对发动机的起动性能影响不大,有些车上甚至取消了该传感器。

十二、怎样诊断霍尔式凸轮轴位置传感器故障

故障案例 桑塔纳 1.8L 轿车发动机故障灯常亮,动力不足。

故障现象 一辆 2012 款桑塔纳 1.8L 轿车,行驶里程为 146km。据驾驶人反应,该车发动机故障灯常亮、动力不足。

故障诊断　连接 VAS5052，进入发动机控制单元，读取故障码，为 P0343 和 P2138（图 1-66）。清除故障码，对节气门做基本设定后试车，故障码再现。脱开霍尔传感器连接

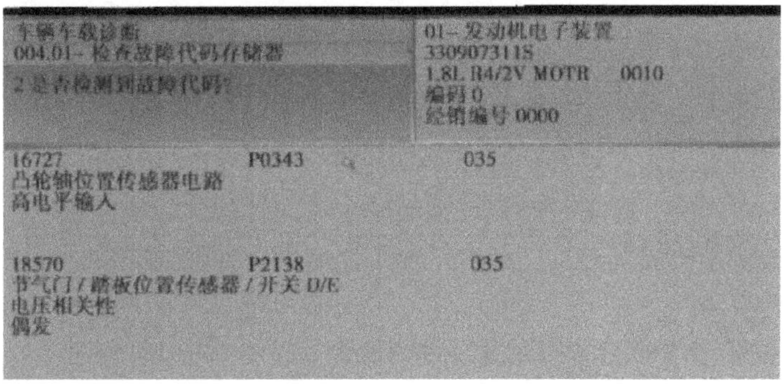

图 1-66　发动机故障码

器，接通点火开关，依据电路图（图 1-67）用万用表测量霍尔传感器插接器导线侧端子 T3m/1 与端子 T3m/3 之间的电压，为 4.9V（正常值约为 5V），正常；测量霍尔传感器插接器导线侧端子 T3m/2 与端子 T3m/3 之间的电压为 10.9V（正常值应接近蓄电池电压），正常。这说明霍尔传感器相关线路无故障。将霍尔传感器插接器导线侧端子 T3m/2 搭铁，可读取故障码 P0342，其含义为"凸轮轴位置传感器电路低电平输入"，这说明发动机控制单元工作正常。综合上述诊断过程，推断故障出在霍尔传感器自身。仔细检查霍尔传感器，发现信号转子上有明显的磨损痕迹（图 1-68）。拆下凸轮轴传动轮，发现霍尔传感器头部沾满铁屑且有磨损（图 1-69）。

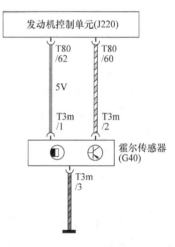

图 1-67　霍尔传感器电路

故障排除　更换霍尔传感器和凸轮轴传动轮，并重新调整霍尔传感器位置，保证信号转子与霍尔传感器头部不再发生机械干涉。清除故障码后试车，故障现象消失，故障排除。

图 1-68　磨损的信号转子

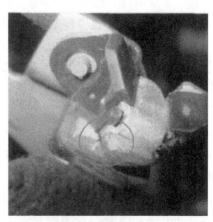

图 1-69　霍尔传感器上的磨损处

> **技巧点拨** 凸轮轴位置信号还用于发动机起动时识别出第一次点火时刻。因为凸轮轴位置传感器能够识别哪一个气缸活塞即将到达上止点,所以又称为气缸识别传感器。

十三、加速踏板位置传感器及其故障诊断

定速巡航、牵引力控制、电子稳定程序等系统的应用,以及发动机排放、燃油消耗、安全等性能标准的不断提高,要求发动机管理系统应该能够对发动机的输出转矩和功率进行主动调整和控制,传统的拉线式节气门系统已经不能适应这种控制需求,电子节气门控制系统因此被越来越多地应用。

1. 加速踏板位置传感器的结构原理及性能检测

当驾驶人踩加速踏板时,加速踏板的位置信息将通过加速踏板位置传感器传递给发动机控制单元,发动机控制单元再根据接收到的加速踏板位置信息给节气门控制电动机发出指令,由节气门控制电动机带动节气门转过一定的角度,同时节气门实际所转过的角度再通过节气门位置传感器反馈给发动机控制单元(图1-70)。

需要注意的是,发动机控制单元不是只根据加速踏板位置传感器传递的信息来控制节气门的开度,而是可以根据安全需

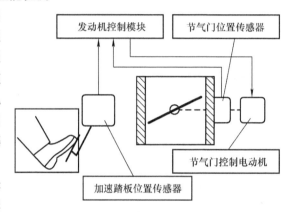

图1-70 电子节气门控制系统组成与工作流程

要、燃油消耗因素、其他系统动力需求、发动机排放要求等情况。独立于加速踏板位置主动对节气门进行控制。加速踏板位置传感器安装于驾驶室内的加速踏板模块中,由其检测加速踏板的位置信息,并转变为电信号传递给发动机控制单元。根据结构原理的不同,加速踏板位置传感器主要分为接触式和非接触式两种,下面分别以大众车系采用的接触式加速踏板位置传感器和丰田车系采用的非接触式加速踏板位置传感器为例。分析两种加速踏板位置传感器的结构、原理特点和性能检测方法。

2. 接触式加速踏板位置传感器结构原理及工作特性

大众车系较多采用接触式加速踏板位置传感器,为了最大程度保证信号的可靠性,在加速踏板模块处往往装设两个加速踏板位置传感器,大众车系将两个加速踏板位置传感器命名为G79和G185,技术上称为"冗余系统"。发动机控制单元通过两个加速踏板位置传感器提供的信号来识别出加速踏板当前的位置。

如图1-71所示,在大众车系的接触式加速踏板位置传感器中,两个传感器是滑动触点传感器,安装在同一根轴上,滑动触点传感器的电阻和传送至发动机控制单元的电压随着加速踏板位置的变化而变化。

滑动触点传感器上的起始电压均为5V,出于信号的可靠性和安全性考虑,每个传感器都有独立的电源(图1-72中红线所示)、搭铁(图1-72中棕线所示)和信号线(图1-72中绿线所示)。输出信号为电压信号,在相应数据块中显示为百分数,5V为100%。两个传

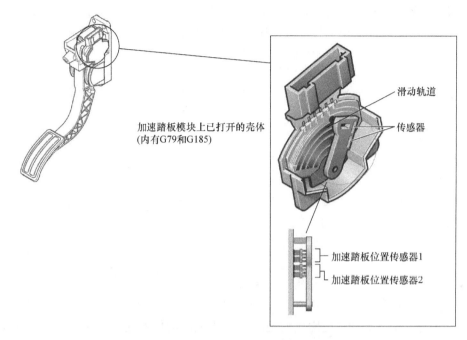

图 1-71　大众车系接触式加速踏板位置传感器的结构

感器的数据分别显示在发动机系统数据 062 组的 3、4 通道上。

为了信号的可靠性和功能自测试的需要，在 G185 上另安装有串联电阻（图 1-72 中 R），因此两个加速踏板位置传感器的电阻特性不同（图 1-73）。在工作时，G185 的电阻是 G79 电阻的 2 倍；电阻特性的不同，带来的是两个传感器的输出特性不同，G79 输出信号为 G185 的 2 倍，在数据流中 G79 的范围 12%～97%，G185 的范围 4%～49%。

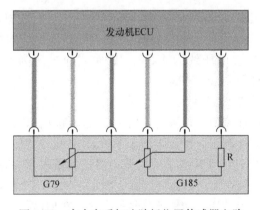
图 1-72　大众车系加速踏板位置传感器电路

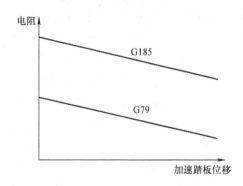
图 1-73　大众车系加速踏板位置传感器电阻特性

3. 接触式加速踏板位置传感器的性能检测

接触式加速踏板位置传感器利用的是滑动触点式变阻器的分压原理，滑动触点随加速踏板的动作而沿电阻片滑动，当滑动触点在电阻片上滑动到不同位置时，滑动触点与电阻片的一端就产生不同的电阻。根据欧姆定律和串联电路特点，如果在电阻片两端加上一定的电压，当滑动触点在电阻片上滑动到不同位置时，滑动触点上就可获得不同的电压。因此，对于接触式加速踏板位置传感器，可以通过电阻和电压两个参数来评价其性能好坏，下面就以大众朗逸车型为例，来简要说明接触式加速踏板位置传感器的检测方法。

大众朗逸车型加速踏板位置传感器的电路如图1-74所示，其中发动机控制单元通过T80/8向G79提供5V电源电压，通过T80/18向G185提供5V电源电压；G79通过T80/33向发动机控制单元提供信号电压，G185通过T80/45向发动机控制单元提供信号电压；G79通过T80/7搭铁，G185通过T80/19搭铁。

首先，可拔掉加速踏板位置传感器端的插接器，通过电阻测量来检测加速踏板位置传感器本身的性能。T6L/2与T6L/3之间的正常电阻为450~500Ω，T6L/4与T6L/3之间的电阻应能随着加速踏板的动作而连续变化，正常下在怠速时

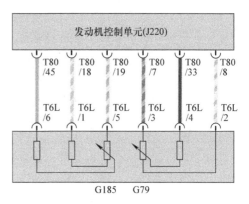

图1-74 大众朗逸车型加速踏板位置传感器电路图

为1050~1100Ω，在行驶时为1400~1450Ω。T6L/1与T6L/5之间的正常电阻为550~600Ω，T6L/6与T6L/5之间的电阻应能随着加速踏板的动作而连续变化，正常下在怠速时为950~1000Ω，在行驶时为1300~1350Ω。

加速踏板位置传感器最终还是要靠电压来传递信息的，所以对其相关电压进行检测也是必不可少的，电压检测一般应在工作状态下进行。系统正常时，在T6L/1和T6L/2处应能检测到由发动机控制单元提供的5V电压；在T6L/4处检测到的对搭铁电压应能随加速踏板的动作而做出相应变化，怠速时为0.70V~0.75V，全速时为4.45V~4.55V；在T6L/6处检测到的对搭铁电压也应能随加速踏板的动作而做出相应变化，怠速时为0.35V~0.37V，全速时为2.20V~2.25V。

加速踏板位置传感器的数据也可利用诊断工具在发动机数据块062组中读出，但数据块中加速踏板位置传感器的信息是以百分数的形式出现的，0%对应电压为0V，7%对应电压约为0.35V，45%对应电压约为2.25V，90%对应电压约为4.5V，100%对应电压为5V。G79的正常范围在12%~97%，G185的正常范围在4%~49%。

4. 非接触式加速踏板位置传感器结构原理及工作特性

非接触式加速踏板位置传感器相对于接触式加速踏板位置传感器，最大的优点就是在工作过程中没有机械磨损，从而提高了工作的可靠性和耐久性。丰田车系所采用的非接触式加速踏板位置传感器是一种霍尔效应（芯片）式旋转位置传感器，主要由磁铁和霍尔IC芯片组成，具体结构如图1-75所示。霍尔IC芯片安装在加速踏板的芯轴上固定不动，两个磁铁安装在加速踏板的旋转部件上，可随加速踏板一起动作。为保证信号的可靠，在加速踏板芯轴上安装了两个霍尔IC芯片，相当于两个加速踏板位置传感器，在工作时，可同时向发动机控制单元输送两个加速踏板位置信号。

工作时，与加速踏板联动的永久磁铁随加速踏板的动作而一起旋转，改变磁铁与霍尔元件之间的相对位置，从而改变了磁力线进入霍尔元件的角度，也就改变了霍尔元件输出的电压值。霍尔元件输出的电压值与加速踏板内的磁铁位置有一一对应的线性关系，霍尔元件的输出电压可以反映加速踏板所处的位置。

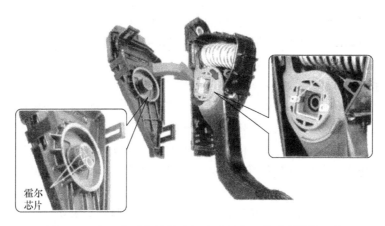

图 1-75 丰田车系非接触式加速踏板位置传感器结构组成

丰田车系非接触式加速踏板位置传感器与发动机控制单元之间的线路连接如图 1-76 所示，VCPA 和 VCPA2 是两个霍尔式加速踏板位置传感器的电源线，由发动机控制单元提供 5V 电源电压，EPA 和 EPA2 是两个传感器的搭铁线，VPA 和 VPA2 是两个传感器的信号线，两个霍尔式加速踏板位置传感器根据加速踏板位置产生的信号电压，由这两根线传送给发动机控制单元。

丰田车系非接触式加速踏板位置传感器的踏板位置信号电压特性如图 1-77 所示。为了信号的可靠性和功能自测试的需要，EPA2 的信号电压比 EPA 的信号电压始终高 0.8V，在加速踏板完全放松的时候，EPA 的电压约为 0.8V，EPA2 的电压约为 1.6V；当加速踏板完全踩下的时候，EPA 的电压约为 3.188V，EPA2 的电压约为 3.988V。

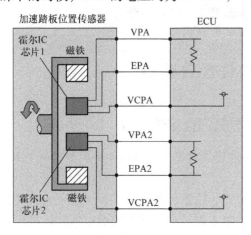

图 1-76 丰田车系非接触式加速踏板位置传感器电路

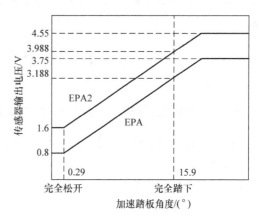

图 1-77 丰田车系非接触式加速踏板位置传感器信号电压特性

5. 非接触式加速踏板位置传感器的性能检测

与接触式加速踏板位置传感器不同，非接触式加速踏板位置传感器不能进行电阻测量，只能通过电压检测来判断传感器性能的优劣。

VCPA 与 EPA、VCPA2 与 EPA2 之间的电压正常值应为 5V；VPA 与 EPA 之间、VPA2 与 EPA2 之间的电压应能随着加速踏板的动作而发生相应变化。VPA 与 EPA 之间的电压应在 0.8~32V 变化，VPA2 与 EPA2 之间的电压应在 1.6~4.0V 变化，且随着加速踏板踩下程度的加深，信号电压应越来越高。

6. 失效保护与故障码

当加速踏板位置传感器出现故障时，发动机控制单元会及时启用失效保护模式，以尽可能维持发动机的运转，但会使工作性能有不同程度的下降。

如果两个加速踏板位置传感器中的一个出现问题，发动机控制单元会在故障存储器中存储故障，并点亮电子节气门控制系统故障灯；开启怠速识别模式，发动机控制单元会通过制动踏板开关/制动灯开关或离合器开关（手动变速器）来识别怠速请求；关闭巡行控制系统等功能；如果需要进入节气门全开状态，则控制单元会控制发动机功率的提升速度，使发动机的功率提升较为缓慢。

如果两个加速踏板位置传感器均出现故障，发动机控制单元在故障存储器中存储故障，并点亮电子节气门控制系统故障灯；同时不再对加速踏板的动作做出响应，而是使发动机保持在约 1500r/min 的高怠速运转。

与加速踏板位置传感器相关的故障码主要有 P2122、P2123、P2127、P2128 和 P2138。P2122 是加速踏板位置传感器 1 信号过低，P2123 是加速踏板位置传感器 1 信号过高，P2127 是加速踏板位置传感器 2 信号过低，P2128 是加速踏板位置传感器 2 信号过高。P2138 是加速踏板位置信号不合理，一般是指两个加速踏板位置传感器送给发动机控制单元的踏板位置信号不一致。

> **技巧点拨** 电子节气门控制系统相对于传统的机械拉索式节气门控制系统最大的区别，就是驾驶人不能通过驾驶室内的加速踏板直接控制节气门动作。

第五节　节气门位置传感器

一、怎样检测 2008 款别克凯越发动机节气门位置传感器

图 1-78 所示为 2008 款别克凯越节气门位置传感器（TPS）与发动机控制模块（ECM）的连接电路图。

1）供电电压及搭铁检测。将点火开关置于 OFF，拔下传感器插头，再将点火开关置于 ON，用高阻抗数字万用表电压档测量传感器线束侧 2 端子与搭铁之间的电压，该电压值应为 +5V。

用高阻抗数字万用表电阻档测量传感器线束侧 1 端子与蓄电池负极之间的电阻，该电阻值应小于 0.5Ω。如果测量值不符合要求，则应进一步检查发动机控制模块端子，如果 17 端子的输出电压为 +5V，32 端子与蓄电池负极间的电阻为 0Ω，则说明发动机控制模块工作正常，故障发生在发动机控制模块与 TPS 的连接线束上，应对线束进行检修。如果发动机控制模块的 17 端子的输出电压不是 +5V，或者 32 端子与蓄电池负极间的电阻不是 0Ω，则说

明发动机控制模块存在故障，应更换新的ECM。插上TPS插头，点火开关置于ON，将2端子线束刺破，用数字万用表电压档测量TPS2端子与搭铁之间的电压，改变节气门的开度，使节气门处于全开、全闭等任何位置，该电压值应随着节气门开度的变化而呈线性变化。

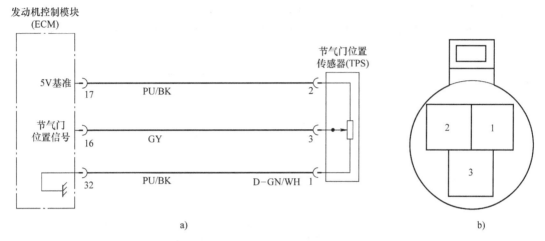

图1-78　2008款别克凯越节气门位置传感器与发动机控制模块的连接电路图
a）连接电路图　b）节气门位置传感器插接器端子排列

2）电阻值和连续性检测。

① 电阻值检测。将点火开关置于OFF位置，拔下TPS插头，用万用表电阻档测量端子2—1、3—1、2—3之间（图1-78b）的电阻值，每个电阻值均应符合表1-7的规定。如果测量值不在此范围内，则应更换TPS。

② 连续性检测。用万用表电阻档测量传感器信号端3与搭铁端1间的电阻，该电阻值应随节气门开度逐渐开大而由小到大、平滑地连续变化；否则，表明TPS有故障，应予以更换。

表1-7　滑动电阻式节气门位置传感器的电阻值

节气门状态	节气门全闭	节气门全开
1—2端子间电阻	3.98~4.5kΩ	3.98~4.5kΩ
3—2端子间电阻	1.13~1.36kΩ	4.25~4.88kΩ
1—3端子间电阻	4.25~4.88kΩ	1.13~1.36kΩ

3）输出电压检测。插上传感器插头，将点火开关置于ON，用高阻抗数字万用表电压档测3端子的输出电压。当节气门完全关闭时，该电压应为0.53V；当节气门缓慢打开时，该电压应在0.5~4.2V之间平滑变化。若检查结果与上述规定不符，则表明节气门传感器有故障，应予以更换。

技巧点拨　节气门位置传感器的作用是检测发动机是处于怠速工况还是负荷工况，是加速工况还是减速工况，它实质上是一只可变电阻和几个开关，安装于节气门体上。

二、怎样检测双可变电阻式节气门位置传感器

在电子节气门系统和电控柴油机系统中，一般使用双可变电阻式节气门位置传感器。双

可变电阻式节气门位置传感器有反相式和同相式两种类型，其中同相式双可变电阻式节气门位置传感器又可分为同斜率线性变化和不同斜率线性变化两种类型。

（1）结构原理　双可变电阻式节气门位置传感器有 4 个接线端子，其中 2 个分别是两个电位器共同的电源端子和搭铁端子，如图 1-79a 中的 V_C 和 E2。另外 2 个端子连接两电位器各自的滑动触点，作为传感器的两个信号端子，如图 1-79a 中的 VTA 和 VTA2。每个电位器的工作原理和控制电路都与前述的可变电阻式节气门位置传感器完全相同，但两个电位器在相同工作范围内的电阻值有所不同，使得两滑动触点上的信号电压值产生差异，两者之间形成一定角度（或平行、相交）的两条直线如图 1-79b 所示。

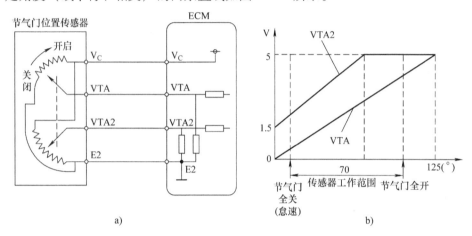

图 1-79　双可变电阻式节气门位置传感器的控制电路

这种节气门位置传感器的两个信号不但可让 ECU 获知节气门开度，还有利于 ECU 对该传感器进行故障监测。ECU 在发动机工作过程中不断比较这两个信号电压的数值，一旦发现两信号电压的差值（或两信号电压之和）与标准不符，即判定该传感器有故障，ECU 立即启用失效保护模式。

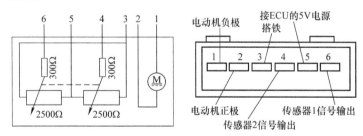

图 1-80　双可变电阻式节气门位置传感器的端子布置

（2）传感器检修　爱丽舍 1.6L 轿车装备的 16 气门 TU5JP4 型发动机采用了 BOSCH 公司电喷系统的智能电子节气门。电子节气门轴上的双节气门位置传感器用来监控节气门的准确开度，节气门位置传感器（两个可变电阻）的滑片与节气门同轴。当节气门转动时，可变电阻滑片同步转动，当加上 5V 工作电压后，变化的电阻转化为电压输出信号，可变电阻的输出电压随节气门的位置变化而改变，可使 ECU 准确感知节气门的开度。由于两个可变电阻是反相安装的，因此当节气门位置发生变化时，两路信号电压均呈线性变化，其中一个增加，同时另一个减小。图1-80所示为双可变电阻式节气门位置传感器的端子布置，图1-81所示为双可变电阻式节气门位置传感器的反相输出。

综合式节气门位置传感器和双可变电阻式节气门位置传感器的检测，都可以依照滑动电阻式节气门位置传感器的检测方法来进行。

技巧点拨 电子节气门系统的双可变电阻式节气门位置传感器的两个传感器一般都是组合安装，当一个传感器发生故障时能及时被识别，增加了系统的可靠性。

三、怎样检测霍尔式节气门位置传感器

（1）结构原理 为进一步提高节气门位置传感器的可靠性，一些现代发动机采用了霍尔式节气门位置传感器。霍尔式节气门位置传感器由固定在壳体上的霍尔元件和随节气门轴转动的永久磁铁组成（图1-82）。永久磁铁固定在节气门轴上，随节气门开度的变化而转动，霍尔元件则固定在永久磁铁的两极中间。来自ECU的5V电源施加在片状霍尔元件的一个方向上，在霍尔元件中产生一个恒定的电流。由于霍尔元件固定在永久磁铁产生的磁场中，在垂直于电流方向的两个端面间产生霍尔电压，该电压作为传感器的信号电压，如图1-83a所示。

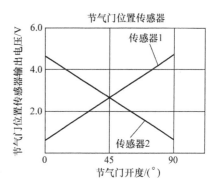

图1-81 双可变电阻式节气门位置传感器的反相输出

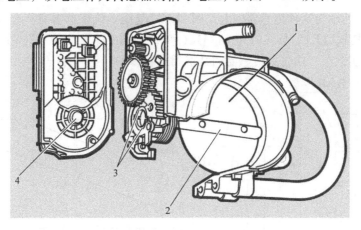

图1-82 霍尔式节气门位置传感器
1—节气门 2—节气门轴 3—永久磁铁 4—霍尔元件

当节气门全关时，永久磁铁的磁场方向与霍尔元件之间有较大的夹角，它产生的霍尔电压也较小；当节气门开大时，永久磁铁的磁场方向与霍尔元件之间的夹角逐渐减小，在节气门全开时，磁场垂直于霍尔元件。由于霍尔电压的大小与垂直作用在霍尔元件上的磁场强度成正比，因此在节气门从全关到全开的过程中，传感器可以产生与节气门开度成正比的信号电压（图1-83b）。

霍尔式节气门位置传感器也可以采用由主、副两个霍尔元件组成的双霍尔式节气门位置

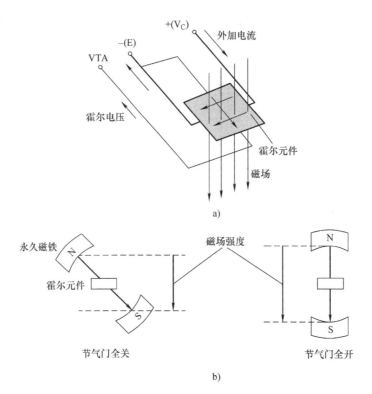

图1-83 霍尔式节气门位置传感器工作原理

传感器。图1-84所示为这种传感器的电路图和信号电压。该传感器有4个接线端子，分别是电源（V_C）、搭铁（E）、节气门开度信号（VTA1）和故障监测信号（VTA2）。它的作用原理与双可变电阻式节气门位置传感器的基本相同。

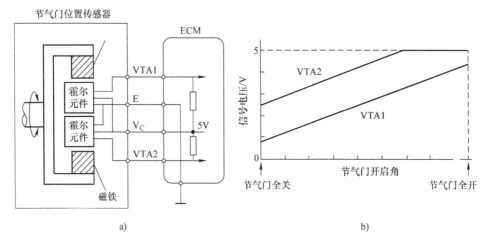

图1-84 双霍尔式节气门位置传感器的控制电路和信号电压变化
a) 控制电路 b) 信号电压变化

（2）检测 下面以2008款三菱格蓝迪为例，介绍双霍尔式节气门位置传感器的检测。

1) 输入电压检测。节气门位置传感器与ECU的连接电路图如图1-85所示。依据图

1-85进行检测,关闭点火开关,拔下节气门位置传感器插头,打开点火开关,用万用表电压档测量线束侧5端子,检查是否有5V电压输入。如果没有,则应检查传感器5端子与ECU C-113中的106端子是否导通,如果不导通,则检查线路线束;如果导通,则说明ECU没有5V电压输出,应更换ECU。

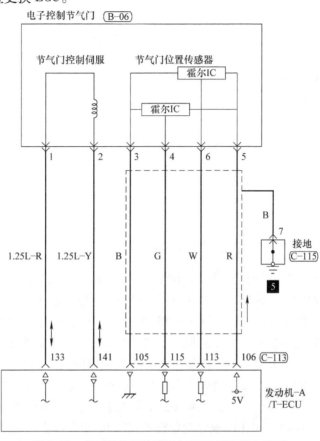

图1-85 节气门位置传感器与ECU的连接电路图

2)输出电压检测。由于在使用万用表检测传感器的输出电压时,需要配备专用线束三通插头,或刺破信号线,因此,三菱公司推荐使用其专用解码器MUT-Ⅲ,通过读取数据流从而进行输出电压的检测。将点火开关置于ON,读取79区——节气门位置传感器(主)的电压值,观察电压值是否可以随节气门的打开而同步变大,如果变化不同步或中间有断点,则节气门位置传感器线路或本身有故障。有关节气门位置传感器的数据流见表1-8。

表1-8 有关节气门位置传感器的数据流

8A	节气门位置传感器(主)	点火开关ON,用手完全关闭节气门	0~12%
		点火开关ON,用手完全打开节气门	75%~100%
9A	节气门位置传感器(主)中间开度学习值	点火开关ON,不论节气门是打开还是关闭	0.8~1.8V
79	节气门位置传感器(主)	点火开关ON,用手完全关闭节气门	0.3~0.7V
		点火开关ON,用手完全打开节气门	≥4.0V
14	节气门位置传感器(副)	点火开关ON,用手完全关闭节气门	2.2~2.8V
		点火开关ON,用手完全打开节气门	≥4.0V

3）电子节气门系统的初始化。在更换新的节气门体后，或由于节气门阀片区有油污被清洁后，都要进行节气门的自学习，将电子节气门系统进行初始化。具体方法如下：

① 起动发动机，进行暖机，使发动机冷却液温度达到80℃以上。

② 如果发动机冷却液温度已在80℃以上，则不必进行暖机，可直接将点火开关置于ON位置。

③ 再把点火开关旋回至LOCK位置，停止发动机运转。

④ 在LOCK位置停止10s，然后再次起动发动机，使发动机怠速运转。

⑤ 10min后，在变速器N档，指示灯及散热器冷却风扇等电气附件全关条件下，检查发动机怠速是否正常。如怠速正常，则说明节气门自学习后节气门位置适当，怠速节气门开度正常；反之，如怠速不正常，则节气门需按上述过程重新进行学习操作。至此，节气门学习完成。

技巧点拨 霍尔传感器采用由霍尔元件制成的霍尔式非接触式电位器，取消了接触式电位器的滑动触点，大大提高了电位器的工作寿命。

四、怎样检测霍尔式加速踏板位置传感器

加速踏板位置传感器应用在采用电子节气门的发动机中，安装在汽车加速踏板附近，可用于检测加速踏板的行程，向发动机电控单元（ECU）反映驾驶人驾驶意图的信息。

发动机电控单元供给加速踏板位置传感器5V电压，传感器向发动机电控单元发出两路反映加速踏板位置的电压信号。在发动机起动时，当驾驶人不踩加速踏板或轻踩一点时，节气门在预设程序的控制下开启到一个固定位置，既发动机电控单元据此信号进行起动控制。发动机电控单元根据此信号可进行驾驶人期望转矩的计算，经发动机电控单元内部统一协调后控制执行器工作。执行怠速、加速、减速、中断喷射、临时转速、电控制动稳定控制、巡航控制和发动机冷却控制。加速踏板位置传感器将踏板踩下的量（角度）转换成送至发动机电控单元的电压信号。而且，为了确保可靠性，此传感器还具有不同输出特性的两个系统输出信号。加速踏板位置传感器的结构、工作原理、控制电路等都与节气门位置传感器基本相同，共有两个类型的加速踏板位置传感器，即线性型和霍尔元件型。

（1）加速踏板位置传感器结构原理　采用霍尔式非接触式电位器的称为霍尔式加速踏板位置传感器，如图1-86所示。为保证其信号的可靠性，两个电位器的控制电路完全独立，

图1-86　霍尔式加速踏板位置传感器的结构

即采用各自独立的电源、搭铁和信号端子,因此加速踏板位置传感器通常有 6 个接线端子,分别如图 1-87 所示。

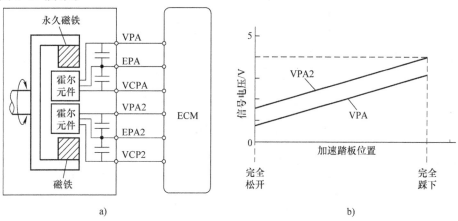

图 1-87 霍尔式加速踏板位置传感器的控制电路

(2)检测 以三菱格蓝迪轿车使用的双霍尔式加速踏板传感器为例,其连接电路图如图 1-88 所示,输出特性如图 1-89 所示。

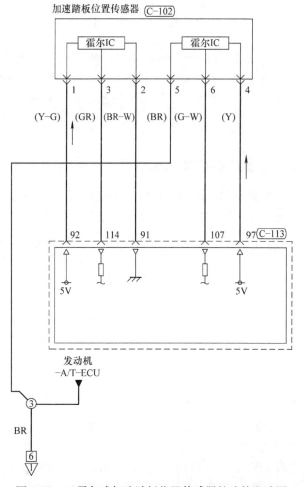

图 1-88 双霍尔式加速踏板位置传感器的连接电路图

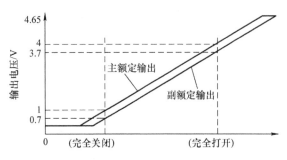

图 1-89 主、副传感器的输出信号曲线

1) 工作电压的检测。利用霍尔效应工作的传感器需要供给一定的工作电压,因此首先进行电压测试。关闭点火开关,拔下加速踏板位置传感器插头,再打开点火开关,用万用表电压档测量端子 1—2、4—5 之间是否有 5V 电压。如果没有,则可能是线路损坏或 ECU 发生故障。

2) 输出信号检测。因为格蓝迪使用的是霍尔式线性传感器,因此可以使用万用表进行模拟信号的检测。关闭点火开关,插上加速踏板位置传感器插头,再打开点火开关,用背插法分别检测端子 3—2、5—6 之间的电压,其电压值应该随着加速踏板的下压而连续改变,不应有断点或者突变,否则应检查或更换加速踏板位置传感器。

技巧点拨 与节气门位置传感器一样,发动机控制单元通过加速踏板位置传感器的两个电位器信号,不但可获知加速踏板的开度,还能对该传感器进行故障监测,一旦发现两信号电压的差值(或两电压之和)与标准不符,即判定该传感器有故障,立即起动失效保护模式,按"未踩踏板"来进行控制。

五、节气门位置传感器的检测要领有哪些

(1) 读取数据流 以奥迪 A6 轿车的电子节气门系统为例,将诊断仪 VAS5052 连接到诊断座上,起动发动机,进入 01 -08 -062(即进入发动机控制系统 01,选择"读测量数据块"功能 08,选择地址码 062),显示区 1 显示节气门位置传感器 1 - G187 的开度,规定值为 3% ~93%;显示区 2 显示节气门位置传感器 2 - G188 的开度,规定值为 97% ~3%;显示区 3 显示加速踏板位置传感器 1 - G79 的开度,规定值为 12% ~97%;显示区 4 显示加速踏板传感器 2 - G185 的开度,规定值为 4% ~49%。

怠速时,显示区 1 至显示区 3 的值应当为 8% ~18%,显示区 4 的值应为 3% ~13%。慢慢将加速踏板踩到底,显示区 1 节气门位置传感器(TPS) G187 的百分比值应当均匀升高,显示区 2 的节气门位置传感器(TPS) G188 的百分比值应当均匀降低,而 G187 和 G188 的数据相加应当等于 100%。

如果显示值达不到上述要求,发动机 ECU 将启用故障应急模式,车辆的加速性能会变坏,此时应当检查节气门控制部件的供电及导线,尤其要检查插头是否松动或者锈蚀。若供电及导线正常,则更换节气门控制部件。

需要注意的是在读取 TPS 的数据流时,应当慢慢地压下和释放加速踏板,然后进行观察,防止地板垫阻碍节气门的开启或关闭,进而导致检测数据失准。

(2) 测量节气门位置传感器 (TPS) 的电压　节气门位置传感器的信号电压必须随着节气门开度的增大而提高。当节气门全部开启时，其信号电压接近 5V；当节气门关闭（怠速）时，其信号电压为 0.5V 左右。

(3) 拔下传感器的插接器试验　对于装备手自一体变速器的汽车，如果怀疑节气门位置传感器 (TPS) 失常引起自动变速器换档冲击，可以将 TPS 的插头拔下来试车，采用手动换档，如果此时升档和降档自如，说明自动变速器的机械部分正常，问题出在控制部分，TPS 可能存在故障。

> **技巧点拨**　在发动机运转时拔下节气门位置传感器的插头，以及在断开电子节气门控制执行器或者 ECU 的线束插头以后，需要执行节气门关闭位置的学习程序。这一学习程序的实质，是使 ECU 通过检测节气门位置传感器的输出信号，学习节气门完全关闭时的位置。

第六节　浓度传感器

一、怎样检测 2011 款捷达氧传感器

2011 款捷达使用二氧化锆式氧传感器，其接线图和端子布置如图 1-90 所示，传感器安装位置如图 1-91 所示。前氧传感器 G39 的 T4c/1 端、T4c/2 端为加热元件插头，T4c/1 端供电来自 J519 经燃油泵继电器 J17 的端子 87r，提供蓄电池电压，T4c/2 端为搭铁端，接 ECU，由 ECU 控制加热时间；T4c/3 端、T4c/4 端为氧传感器信号端，其中，T4c/3 为信号电压正极，T4c/4 为信号电压负极（即搭铁端）。

(1) 解码器检测　氧传感器的异常工作，都会在 ECU 中存储故障码。因此，通过专用解码器或通用解码器，可以查出氧传感器的故障码 00525——氧传感器 G39、G130 无信号，或氧传感器 G39、G130 对正极短路，或者通过读取数据流来判断氧传感器是否有故障。如果氧传感器示数长时间停滞在一个数值不变或变化缓慢，则说明氧传感器有故障。

(2) 检测加热元件的电阻　在室温下，可用万用表进行检测。检测时，拔下氧传感器线束插头，检测插头上端子 T4c/1 与 T4c/2 之间的电阻，在常温下该电阻值应为 1~5Ω。如果常温下该电阻值为无穷大，则说明加热元件断路，应更换氧传感器。

(3) 检测传感器加热元件的电源电压　氧传感器加热元件的电压为蓄电池电压，当点火开关接通使燃油泵继电器触点接通时，加热元件的电源即被接通。检测加热元件的电压，拔下氧传感器插头，起动发动机，检测插接器插座上的端子 T4c/1 与 T4c/2 之间的电压，电压值应不低于 11V。如果该电压值为零，则说明熔丝 S5 (10A) 断路，燃油泵继电器压力触点接触不良，分别检修即可。

(4) 检测传感器的信号电压　由于当氧传感器工作温度低于 300℃ 时，氧传感器没有达到正常工作温度，无信号输出，因此应在二氧化锆式氧传感器处于 300℃ 以上的工作状态时测量其输出电压。用汽车万用表测压法检查二氧化锆式氧传感器的具体方法是：使发动机转速在 2500r/min 运行约 90s 左右，插头与插座连接，将数字式万用表连接到氧传感器端子

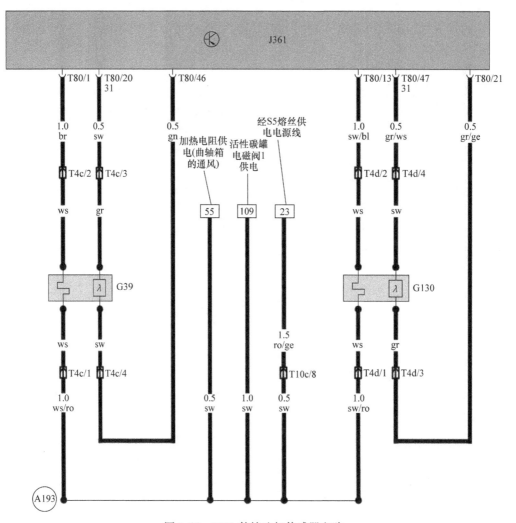

图 1-90 2011 款捷达氧传感器电路
G39—氧传感器 G130—催化转化器后的氧传感器 J361—发动机控制单元 T4c/1～4 芯棕色插头连接
T4d/1～4 芯黑色插头连接 A193—仪表板线束中的连接（87a）

T4c/3 与 T4c/4 连接的导线上，当供给发动机浓混合气（加速踏板突然踩到底）时，信号电压应为 0.7～1.0V；当供给发动机稀混合气（拔下空气流量传感器至发动机之间的真空管）时，信号电压应为 0.1～0.3V；否则说明氧传感器失效，应予以更换。

（5）检测氧传感器的信号变化频率 可将一个发光二极管和一个 300Ω 的电阻串联接在传感器 T4c/3 与 T4c/4 端子连接的导线之间进行检测。二极管正极连接到 3 端子上，二极管的负极经 300Ω 电阻连接到插接器 4 端子上。发动机怠速或部分负荷运转时，发光二极管应当闪亮。闪亮频率每分钟应不低于 10 次，如果二极管不闪亮或闪亮频率过低，则说明氧传感器失效，应更换传感器。用万用表检测检查在 10s 内摆动的次数 8 次或更多。

> **技巧点拨** 氧传感器对汽车电子控制燃油喷射发动机正常运转和尾气排放起着至关重要的作用，一旦氧传感器或其连接线路出现故障，不但会使排放超标，还会出现回火、放炮、怠速熄火、发动机运转失准、油耗增大等各种故障，使发动机工况恶化。

第一章 传感器维修技能与技巧

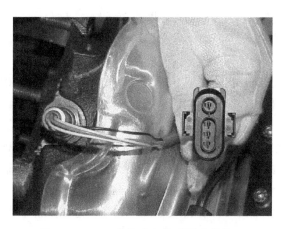

图 1-91　2011 款捷达氧传感器安装位置

二、怎样检测 2011 款高尔夫 A6 车宽域氧传感器

下面以 2011 款高尔夫 A6 车（图 1-92）所配用的宽域氧传感器为例，介绍宽域氧传感器的检测。

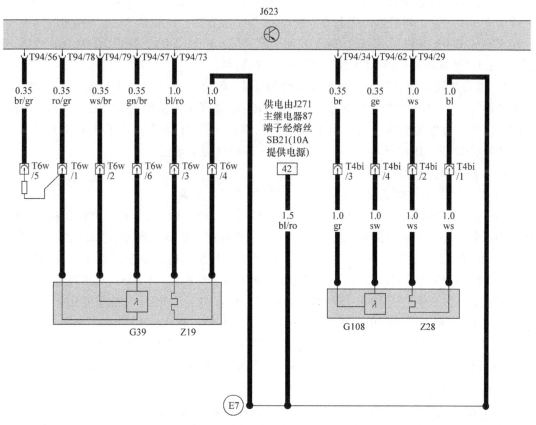

图 1-92　2011 款高尔夫 A6 车氧传感器电路
G39—氧传感器　Z19—氧传感器加热　G108—氧传感器 2　Z28—氧传感器 2 加热　J623—发动机控制单元

63

(1) 读取数据流 选择功能 08 读取数据块 30 组，一区显示 111，同时第一位能在 0 与 1 之间变换。一区表示前氧传感器工作状态，第一位 1 表示氧传感器正在加热，第二位 1 表示 λ 调节已准备好，第三位 1 表示 λ 调节在工作。

读取数据流 033 组，第一区是前氧传感器调节值，标准是 -10.0% ~ +10.0%。第二区是前氧传感器电压值，标准是 1.0 ~ 2.0V，并且在 1.5V 上下跳动。发动机控制单元接收氧传感器信号后，判断发动机混合气过稀，所以 ECU 控制喷油器延长喷油时间，使喷油量增加，供给变浓的混合气。如果氧传感器的自学习值已经达到极限 25%，说明混合气太稀，发动机控制单元就持续的增加供油量，造成混合气总是处于过浓状态。造成该数据流如此变化的可能原因：进气系统漏气；空气流量传感器与节气门间漏气；喷油器堵塞，喷油不畅；空气流量传感器故障；燃油压力低；排气管漏气；氧传感器加热器损坏；氧传感器脏污或氧传感器本身损坏。

(2) 检查氧传感器 G39

1) 冷却液温度不低于 80℃，排气系统无泄漏。

2) 进入发动机系统，08-30；第一区，规定值：111，如果未到标准值，检查加热器，如果达到规定值，执行下一步。

3) 进入 32 组，检查第一区和第二区。规定值：第一区：-10.0% - 10.0%；第二区：-10.0% - 10.0%。如果达到规定值：进入 33 组，检查第一区和第二区。规定值：第一区：-10.0% - 10.0% 并以至少 2% 的幅度波动；第二区：1.0 ~ 2.0V，应以 20 次/min 波动。若恒定值：1.5V 断路；4.9V 对正极短路；0V 对地短路。

4) 检查线路：端子 T6w/1 与 T6w/6 约为 0.4 ~ 0.5V；端子 T6w/3 与 T6w/4（加热器）电阻值约为 2.5 ~ 10Ω，单元泵端子 T6w/1 与 T6w/2 端子电阻值约为 77.5Ω；T6w/4 与搭铁之间电压约为蓄电池电压；检查端子 T6w/1 与搭铁电压约为 5V；端子 T6w/1 与 T94/78、T6w/2 与 T94/79、T94/57 与 T6w/6、T6w/3 与 T94/73 是否断路。

(3) 检查氧传感器 G108

1) 检查条件：冷却液温度不低于 80°，排气系统无泄漏。

2) 进入发动机系统，08-30；第二区，规定值：110。3 位数的头一位在 0 和 1 之间来回变动（氧传感器加热器关和开）；3 位数的第三位在部分负荷及废气温度较高时被置为 1。

3) 如果达到规定值：进入显示组 36，检查后氧传感器电压（显示区 1）。规定值：第一区：0.5 ~ 0.8V（可稍微波动）。若恒定值：0.4 ~ 0.5V 断路；1.015V 对正极短路；0V 对地短路。显示区 2 规定值：B1-S2 OK。显示区 2 变为 B1-S2 OK，可能需要几分钟的时间。

4) 如果显示 B1-S2 OK，清除氧传感器上的沉积物，再次检查。

5) 如果未达到规定值：检查线路端子 T4bl/2 与 T4bl/1 端子间电阻值约为 6.4 ~ 47.5Ω；T4bl/3 与 T4bl/4 端子电压约为 0.4 ~ 0.5V；检查端子 T4bl/3 与 T94/34、端子 T4bl/4 与 T94/62 是否断路。

(4) 输出电压检查 发动机 ECU 将宽域氧传感器的电流信号转化为电压值显示出来，其规定电压值为 1.0 ~ 2.0V，发动机运转时宽域氧传感器的输出电压应在 1.0 ~ 2.0V 之间波动。当电压值大于 1.5V 时，表示混合气过稀；当电压值小于 1.5V 时，表示混合气过浓。当电压值为 0V、1.5V、4.9V 的恒定值时，则表明氧传感器本身或其线路有故障。

技巧点拨 宽域氧传感器输出电压不能用万用表直接测量,而应通过专用解码器读取数据流来测量。

三、怎样检测宝来车宽域氧传感器

宽域氧传感器工作时利用氧气泵供给测定室氧气,使被测气体保持在理论空燃比。

宝来车宽域氧传感器电路如图 1-93 所示。宽域氧传感器性能的检测可用 3 种方法,一是观察氧传感器外观的颜色,二是检测氧传感器加热电阻,三是测量氧传感器电压输出信号。

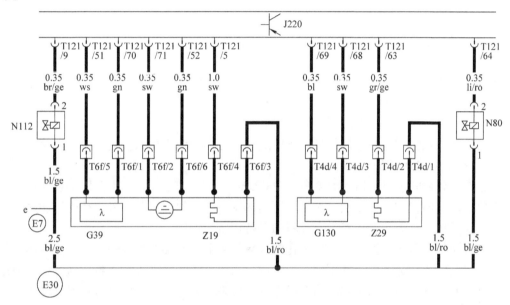

图 1-93 宽域氧传感器的电路图

G130—催化转化器后氧传感器 Z29—催化转化器后氧传感器的加热装置
Z19—氧传感器加热装置 G39—氧传感器 J220—发动机 ECU N80—活性炭罐电磁阀

(1) 检查外观颜色 通过观察氧传感器顶部的颜色,可以判断其故障原因。氧传感器顶部的正常颜色为淡灰色,如果发现氧传感器顶部颜色发生变化,则预示着氧传感器存在故障隐患或已经出现故障;氧传感器顶部呈黑色,是由积炭污染造成的,可拆下氧传感器后清除其上的积炭;氧传感器顶部呈红棕色,说明氧传感器受铅污染。

(2) 检查氧传感器加热器电阻 当发动机温度达到正常温度后,拔下氧传感器插接器,用万用表电阻档检测传感器端子之间的电阻值。前氧传感器加热器电阻"3"与"4"端子的电阻值在 2.5~10Ω 之间,后氧传感器加热器电阻"1"与"2"端子的电阻值在 6.4~47.5Ω 之间。若电阻值不符合规定,则应更换氧传感器。

(3) 检查单元泵电阻 用万用表电阻档检测前氧传感器单元泵电阻(即"2"与"6"端子间的电阻),其值应为 77.5Ω。

(4) 检查氧化锆参考电池输出电压 用万用表直流电压档检测"1"与"5"端子间的电压,氧传感器电压应在 0.4~0.5V 之间。

(5) 检查宽域氧传感器输出电压　宽域氧传感器输出电压不能用万用表直接测量,而应通过专用解码器读取数据流。发动机 ECU 将宽域氧传感器的电流信号转化为电压值显示出来,其规定电压值为 1.0~2.0V。发动机运转时,宽域氧传感器的输出电压应为 1.0~2.0V。电压值大于 1.5V 时,表示混合气过稀;电压值小于 1.5V 时,表示混合气过浓;当电压值为 0、1.5V、4.9V 的恒定值时,表明氧传感器本身或其线路有故障。

> **技巧点拨**　宽域型氧传感器是利用氧浓度差和氧气泵的泵电原理,连续检测混合气从过浓到理论空燃比再到稀薄状态整个过程的一种传感器。当混合气过浓时,氧气泵就会吸入氧气到测定室中;而当排放气体比混合气稀薄时,则从测定室中放出氧气到排放气体中。

四、怎样识别与检测二氧化钛式氧传感器

1. 二氧化钛式氧传感器的识别

二氧化钛（TiO_2）式氧传感器是利用 TiO_2 材料的电阻值随排气中氧含量的变化而变化的特性构成的,所以也称为电阻型氧传感器。

二氧化钛式氧传感器的结构与二氧化锆式氧传感器的结构相似,主要由二氧化钛、钢质壳体、加热元件和接线端子组成。

由于二氧化钛式氧传感器在温度高于 300℃ 时才能正常工作,因此将其安装在温度较高的排气管上。同时,在二氧化钛式氧传感器内部用一个电加热器对二氧化钛进行加热,以保证二氧化钛式氧传感器在发动机工作过程中保持恒定的温度。

与二氧化锆式氧传感器不同,二氧化钛式氧传感器不需要与大气进行比较,因此,传感元件的密封与防水十分方便,利用玻璃粉末或滑石粉末等密封剂进行密封,即可达到使用要求。此外,它在电极引线与护套之间设置有一个硅橡胶密封衬垫,可以防止湿气浸入传感器内部而腐蚀电极。

目前使用的二氧化钛传感元件主要有芯片式和厚膜式两种。芯片式将铂金属线埋入二氧化钛芯片中,金属铂兼作催化剂。厚膜式采用半导体封装工艺中的氧化铝层压板工艺制成。

二氧化钛式氧传感器与 ECU 的连接电路如图 1-94 所示。二氧化钛式氧传感器正极信号线与 ECU 插座一端相连,负极信号线与 ECU 插座另一端相连,另一根线搭铁。

在发动机运转过程中,并不是在任何时刻或任何工况下,氧传感器和反馈控制系统都起作用,ECU 是通过开环和闭环两种方式对发动机的喷油量进行控制的。发动机在起动、大负荷及暖机运转过程中,需要浓混合气,此时 ECU 处在开环控制状态,氧传感器不起作用。因为氧传感器只有

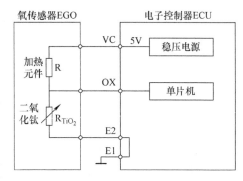

图 1-94　氧化钛式氧传感器与 ECU 连接电路

在高温（一般在 390℃）下才投入工作,产生可靠信号,而发动机起动后,在氧传感器未达到一定的工作温度时,ECU 处于开环控制状态。当发动机达到正常工作温度后,ECU 才进

行闭环控制，氧传感器才起反馈作用。

含铅汽油中的铅在低温下呈固体状态，堆积在传感器元件的表面会使传感器元件铅中毒，进而出现老化的现象。汽油或润滑油硫化产生的硅酮堆积在传感器元件的表面则会使氧传感器硅中毒，进而出现失效的现象。因此，当汽车行驶一定的里程（约 80000 ~ 100000km）后，应更换氧传感器。

2. 二氧化钛式氧传感器的检测

当氧传感器出现故障，输出信号异常时，ECU 会自动切断氧传感器的反馈功能，使发动机进入开环控制工作状态。

1）检查加热器电阻。用高阻抗数字式万用表电阻档对氧传感器的加热电阻值进行测试。拔下氧传感器线束插头，测试氧传感器 A、B 接线柱间的电阻值。正常情况下，其电阻值为 5 ~ 7Ω。如果电阻为∞，说明加热电阻烧断，应更换氧传感器。

2）检查氧传感器电源电压。如图 1-95 所示，打开点火开关至 ON 档，用万用表电压档测量传感器的电源电压，其标准值为 1V。

3）检查氧传感器加热器电源电压。如图 1-96 所示，打开点火开关至 ON 档，用万用表电压档测试氧传感器的加热器电源电压，其标准值应为 12V。

4）检查氧传感器反馈电压。如图 1-97 所示，接通点火开关，并起动发动机使其在怠速状态下正常运转，然后用电压表测量 ECU 的 4 号接线端子与搭铁之间的电压值，其值应在 0.2 ~ 0.8V 之间。当发动机提高转速后，其电压值应在 0.6 ~ 1.0V 之间，否则应更换氧传感器。

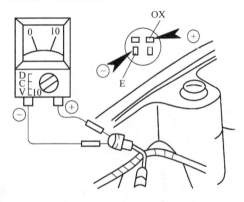

图 1-95 检查氧传感器的电源电压

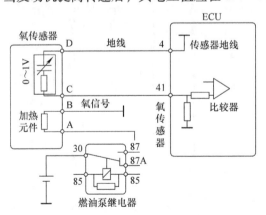

图 1-96 检查氧传感器加热器电源电压

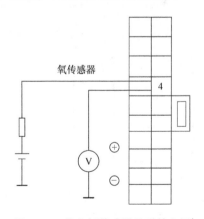

图 1-97 检查氧传感器的反馈电压

5）动态测试。使发动机充分预热，拔下燃油压力调节器的真空软管，堵上进气歧管，使混合气加浓（空燃比减小）。在怠速状态下测量 ECU 插接器的端电压，氧传感器上的电压应大于 0.5V，否则应更换氧传感器。

> **技巧点拨** 二氧化钛式氧传感器和二氧化锆式氧传感器的主要区别在于二氧化锆式氧传感器将废气中氧含量的变化转换成电压的变化,而二氧化钛式氧传感器则是将废气中氧含量的变化转换成传感器电阻的变化。

五、怎样识别与检测宽域氧传感器

1. 宽域氧传感器的识别

宽域氧传感器(UEGO)又称为宽量程氧传感器、宽带氧传感器、全范围空燃比传感器。对于普通氧传感器而言,当混合气接近理论空燃比时,输出电压为0.45V,混合气偏浓时,输出电压就突变到0.6~0.9V之间;反之,混合气变稀时,输出电压突变到0.1~0.3V之间。如果混合气进一步增浓,或混合气进一步变稀,普通氧传感器已无法测量,0.1~0.9V的电压信号已无法满足对汽车排放的控制。而宽域氧传感器是一种线性的、电流型的新型氧传感器,它的工作曲线更加平滑。

2. 宽域氧传感器的检测

下面以2012款迈腾汽车为例说明宽域氧传感器的检修方法,它的电路如图1-98所示。

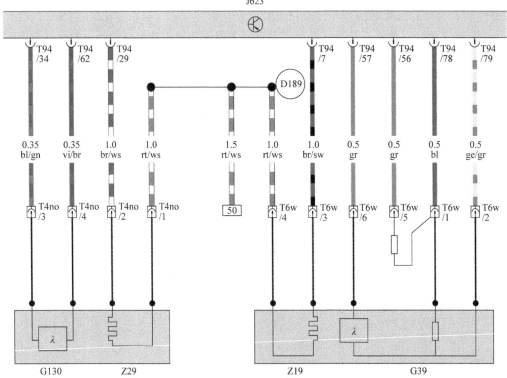

图1-98 2012款迈腾宽域氧传感器电路

G39—氧传感器;G130—催化转化器下游的氧传感器;J623—发动机控制单元,排水槽内中部;T4no—1~4芯插头连接;T6w/1~6芯插头连接;T94—94芯插头连接;Z19—氧传感器加热;Z29—催化转化器后的氧传感器1加热装置;(D189)—连接(87a),在发动机预接线导线束中

宽域氧传感器性能的检测可用 3 种方法，一是观察氧传感器外观的颜色，二是检测氧传感器加热电阻，三是测量氧传感器电压输出信号。

1）检查外观颜色。通过观察氧传感器顶部的颜色，可以判断其故障原因。氧传感器顶部的正常颜色为淡灰色，如果发现氧传感器顶部颜色发生变化，则预示着氧传感器存在故障隐患或已经出现故障；氧传感器顶部呈黑色，是由积炭污染造成的，可拆下氧传感器后清除其上的积炭；氧传感器顶部呈红棕色，说明氧传感器受铅污染。

2）检查氧传感器加热器电阻。当发动机温度达到正常温度后，拔下氧传感器插接器，用万用表电阻档检测传感器端子之间的电阻值。前氧传感器加热器电阻"3"与"4"端子的电阻值在 2.5~10Ω 之间，后氧传感器加热器电阻"1"与"2"端子的电阻值在 6.4~47.5Ω 之间。若电阻值不符合规定，则应更换氧传感器。

3）检查单元泵电阻。用万用表电阻档检测前氧传感器单元泵电阻（即"2"与"6"端子间的电阻），其值应为 77.5Ω。

4）检查氧化锆参考电池输出电压。用万用表直流电压档检测"1"与"5"端子间的电压，氧传感器电压应在 0.4~0.5V 之间。

5）检查宽域氧传感器输出电压。宽域氧传感器输出电压不能用万用表直接测量，而应通过专用解码器读取数据流。发动机 ECU 将宽域氧传感器的电流信号转化为电压值显示出来，其规定电压值为 1.0~2.0V。发动机运转时，宽域氧传感器的输出电压应为 1.0~2.0V。电压值大于 1.5V 时，表示混合气过稀；电压值小于 1.5V 时，表示混合气过浓；当电压值为 0、1.5V、4.9V 的恒定值时，表明氧传感器本身或其线路有故障。

技巧点拨 宽域型氧传感器是利用氧浓度差和氧气泵的泵电原理，连续检测混合气从过浓到理论空燃比再到稀薄状态整个过程的一种传感器。当混合气过浓时，氧气泵就会吸入氧气到测定室中；而当排放气体比混合气稀薄时，则从测定室中放出氧气到排放气体中。宽域氧传感器就是利用这一特点，用氧气泵供给测定室氧气，使被测气体保持在理论空燃比。

第七节　爆燃传感器

一、怎样检测 2011 款迈腾爆燃传感器

2011 款迈腾发动机设有两个爆燃传感器。爆燃传感器 1（G61，白色插头）安装在缸体进气管侧 1、2 缸之间，用于检测 1、2 缸的爆燃情况；爆燃传感器 2（G66，蓝色插头）安装在缸体进气管侧 3、4 缸之间，用于检测 3、4 缸的爆燃情况。爆燃传感器是根据压电原理制成的，传感器由压电陶瓷（压电元件）、平衡块、壳体、导线等组成，如图 1-99 所示。传感器电路图如图 1-100 所示。

爆燃传感器的检测方法如下：

1）爆燃传感器的随车检查。在进行爆燃传感器的检查时，可轻轻敲击该爆燃传感器附近的缸体，发动机的转速应随之下降。

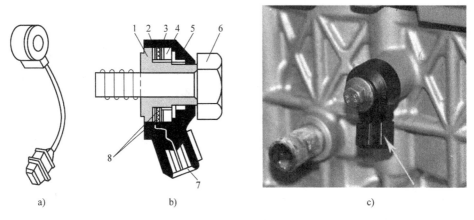

图 1-99 爆燃传感器的结构

a）传感器外形 b）内部结构 c）安装位置

1—套筒底座 2—绝缘垫圈 3—压电元件 4—惯性配重 5—塑料超额分配
6—固定螺栓 7—接线插座 8—电极

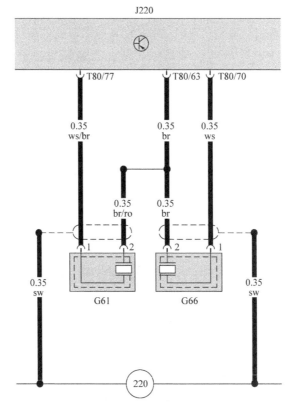

图 1-100 2011 款迈腾爆燃传感器的电路

J220—Motronic 控制单元，在排水槽内中部　G61—爆燃传感器 1　G66—爆燃传感器 2

220—连接，在发动机舱线束中（传感器接地）

2）用正时灯观察点火提前角的变化。轻轻敲击该爆燃传感器附近的缸体，此时点火提前角应该突然向后推迟，然后又向前提前，此现象即说明爆燃传感器在起作用，爆燃传感器及其线路基本没有问题;反之,则说明爆燃传感器或线路出现故障。

3)在发动机工作过程中,如果爆燃传感器发生故障,则监测爆燃信号中断,ECU就会将点火提前角推迟一定角度,在汽车行驶过程中,驾驶人就会明显感觉到发动机动力不足,这时发动机电控系统会诊断出有故障,并使故障指示灯点亮。

4)电阻检查。关闭点火开关,分别拔下爆燃传感器的3芯插头,用万用表的电阻档分别测量3芯插头各端子之间的电阻值,各端子间的电阻值应都大于1MΩ。

5)检测爆燃传感器线束的导通性。关闭点火开关,分别拔下爆燃传感器G61、G66的3芯插头,然后拔下ECU J220插头。用万用表电阻档分别测量爆燃传感器G61两芯插座1、2端子与ECU J220的T80/77、T80/63,及G66两芯插座1、2端子与ECU J220的T80/70、T80/63 T60/56之间的电阻值,应均小于0.5Ω,如果电阻值过大或为无穷大,则线束与端子可能接触不良或存在断路,应及时排除。

6)用专用诊断仪VAS5052专用诊断仪,通过诊断插座读取有关故障的信息:00524——G61搭铁开路或短路,或者00540——G66搭铁开路或短路。

技巧点拨 爆燃传感器就装在发动机缸体中间。以四缸机为例,就装在2缸和3缸之间,或者1,2缸中间一个,3,4缸中间一个。它是用来测定发动机振动的,当发动机产生爆燃时,ECU用它的信号来调整点火提前角。

二、怎样检测新款凯美瑞爆燃传感器(平型)

常规型爆燃传感器(共振型)内置有振动板,该板具有与发动机爆燃频率相同的共振点,并能检测此频段的振动。另一方面,平型爆燃传感器(非共振型)能够检测6~15kHz的更宽频带范围内的振动,它具有如下特性:根据发动机转速的不同,发动机爆燃频率会有些许变化,即使在发动机爆燃频率变化时,平型爆燃传感器也能检测到振动。

爆燃传感器的特性如图1-101所示。图1-102a所示的平型传感器通过安装在气缸体上的双头螺柱连接在发动机上,因此供双头螺柱使用的孔穿过传感器的中心。在传感器内侧的上部分有钢制配重,压电元件穿过绝热体位于配重下方,并且该传感器还整合了开路/短路检测电阻器;而图1-102b所示的常规型爆燃传感器则是通过自身螺纹旋入缸体中的。

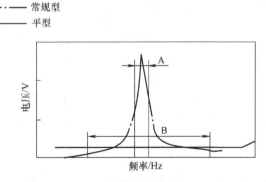

图1-101 爆燃传感器的特性
A—常规型的检测波段
B—平型的检测波段

缸体会将爆燃振动传输给钢制配重，利用惯性作用将压力施加给压电元件，进而产生电压，如图1-103所示。

1) 开路/短路电阻器的检测：打开点火时，检测爆燃传感器中的开路/短路电阻器及发动机ECU中的电阻器时，保持发动机端子KNK1处的电压恒定。发动机ECU中的IC（集成电路）始终监视端子KNK1的电压，如果爆燃传感器和发动机ECU之间出现开路/短路，端子KNK1的电压将改变，发动机ECU出现开路/短路并存储故障码（DTC），检测电路如图1-104所示。

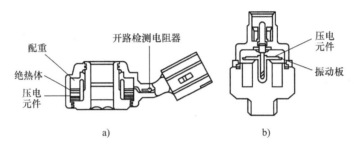

图1-102 平型爆燃传感器和常规型爆燃传感器
a) 平型爆燃传感器 b) 常规型爆燃传感器

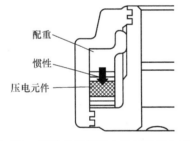

图1-103 惯性作用将压力施加给压电元件

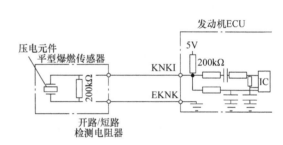

图1-104 爆燃传感器检查电路

2) 维修提示：

① 当检测开路/短路电阻器时，传感器的检查方法随类型而不同。

② 确保按照如图1-105所示的位置安装平型爆燃传感器，以防插接器中积水。

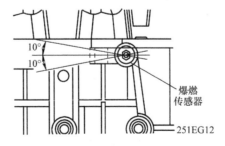

图1-105 平型爆燃传感器安装位置

技巧点拨 与常规型爆燃传感器相比，平型爆燃传感器的共振动检测能力更强，因此可获得更加精确的点火正时控制。

第八节 液位传感器

一、怎样检测电容式液位传感器

1. 电容式液位传感器的工作原理

电容式液位传感器常用作燃油、机油和冷却液液位的测量，其结构原理图如图 1-106 所示。将电容式传感器放入燃油或冷却液中，随着燃油或冷却液液面高度发生变化，电容电极间电介质发生变化，进而引起电容的变化，电容的变化导致振动周期发生变化，因此通过计算振动频率，就能获知液面状态。

下面以大众 CC 发动机为例，说明其电容式液位传感器的构造和检测方法。

如图 1-107 所示，机油油位传感器和机油温度传感器 G226，安装于发动机油底壳上，该传感器由两个重叠安装的筒形电容器组成。两根金属管作为电容器电极嵌套安装在电极之间，发动机机油作为电介质。机油状态通过下面的机油状态传感器测得，作为电介质的机油因磨损碎屑不断增加以及添加剂的分解，而使介电常数发生变化，相应的电容值将在传感器内的电子装置中被处理成数字信号，并作为发动机机油状态信息被传送给仪表控制单元。机油液位传感器在状态传感器的上部，它测量机油液位这一部分的电容值。该电容值会随着机油液位的变化而发生变化，并将由传感器电子装置处理成数字信号，再传送到仪表控制单元。在机油状态传感器的底座上装有一个机油温度传感器，该传感器检测机油温度，并将检测到的温度信号传送到仪表控制单元，再输出到机油温度表显示。只要在输出信号端连续测量，即可测得机油液位、温度和发动机机油状态信号的变化。机油状态传感器 G266 是一个三线式数字信号传感器，其连接电路图如图 1-108 所示。

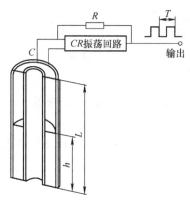

图 1-106 电容式液位传感器的结构原理图

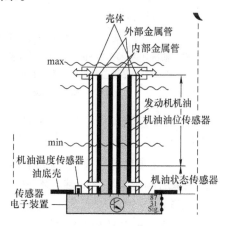

图 1-107 大众 CC 发动机电容式液位传感器的结构

2. 电容式液位传感器 G226 的检测

1）供给电源检测。用数字式万用表对传感器 1 号端子进行工作电压检查。用数字万用表直流电压档检测机油状态传感器 T3bu/1 号端子与 T3bu/2 号端子之间的电压，点火开关打开时，电源端电压应是蓄电池电压。

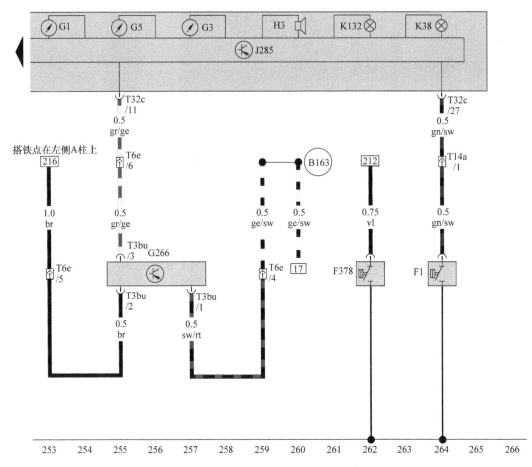

图1-108 机油状态传感器的连接电路图

F1—油压开关 F378—机油压力降低开关 G1—燃油储备显示表 G3—冷却液温度表 G5—转速表
G266—机油油位和机油温度传感器 H3—警报蜂鸣器 J285—仪表板控制单元 K—仪表板
K38—油位指示灯 K132—电子节气门故障信号灯

2）搭铁线检测。检测T3bu/2号线与搭铁间的电阻，正常电阻值应为0Ω，否则说明搭铁不正常。

3）信号线参考电压检测。检测T3bu/3号线的信号电压，正常值应在9.8~10.5V范围内。在急速时测量电压值应基本不变化。

4）解码器检测。使用VAS5052可以查询故障码，如果机油油位传感器本身或其线路出现问题，则会存储故障码00562。

5）波形检测。运用示波器对机油状态传感器输出端的信号进行波形分析，可以进一步确定该传感器信号特征。该信号是一个脉冲矩形方波信号。机油状态传感器输出信号波形如图1-109所示。

6）油位显示。发动机油压指示灯也用来显示油位，如果指示灯为黄色，则表示油位过低；如果黄色指示灯闪烁，则表示机油油位传感器损坏；当油位过高时则无信号显示。

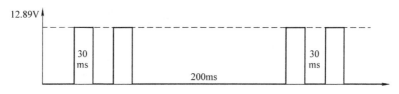

图 1-109　机油状态传感器输出信号波形

技巧点拨　电容式机油油位传感器是大众车系和奥迪车系所配备的反映机油状况的一个重要传感器,其主要作用是随时监控机油油位、机油品质和机油温度。

二、怎样检测燃油液面传感器

大众直喷发动机用的燃油液面传感器为三线制滑动电阻式传感器,就传感器本身来说,它与其他浮子可变电阻式燃油液面传感器的工作原理相同,但不同之处在于燃油表的显示信号由燃油泵控制单元 J538 控制,而不是传感器本身。大众 CC 燃油液面传感器与燃油泵控制单元 J538 的连接电路图如图 1-110 所示。

燃油液面传感器为浮子可变电阻式传感器,滑动电阻臂随浮子的上升和下降而变化,燃油液面传感器由燃油泵控制单元 J538 的 T5a/2 号针脚提供 12V 电压,由燃油泵控制单元 J538 的 T5a/4 号针脚提供搭铁回路。燃油液位的改变引起滑动电阻值的变化,因滑动电阻的变化而产生的电压信号是通过 T5a/3 号端子提供给燃油泵控制单元 J538,因滑动电阻的电压改变最终使燃油液面信号电压发生改变。液面高时,滑动电阻阻值小,信号电压低;液面低时,滑动电阻阻值大,信号电压高。

燃油泵控制单元 J538 根据燃油液面传感器的 T5a/3 信号电压的高低,通过燃油泵控制单元 J538 上的 T10p/4 端子,向仪表控制单元 J285 上的端子 T32c/1 提供脉冲参考电压约为 5V 的方波信号,燃油泵控制单元 J538 根据燃油液面传感器的信号电压的高低,控制方波的占空比,即控制搭铁时间,也就控制了供给燃油表的平均电压,从而驱动燃油表指针指示不同的值。

1)检查燃油液面参考电压。关闭点火开关,断开燃油泵插接器,接通点火开关,用数字式万用表电压档测量燃油液面传感器插接器端子 T5a/2 与搭铁之间的电压,正常值为 12V 左右。

2)检查燃油液面传感器搭铁状况。断开燃油泵控制单元 J538,检查燃油液面传感器插接器端子 T5a/4 和燃油泵控制单元 J538 之间的燃油液面传感器搭铁电路导通情况,正常应导通。

3)检查燃油泵控制单元 J538 与仪表板的线路连接情况,T10p/4 与 T32c/1 之间的线路应该导通,如果 T32c/1 端连线断路或搭铁,则燃油信号变为 100% 或 0,燃油表不确认,也不动作。

4)检查燃油液面传感器电阻。断开燃油液面传感器插接器,用万用表电阻档测量传感器本体 T5a/3 与 T5a/2 之间的电阻。随着浮子位置的变化,燃油液面传感器的电阻应符合:满箱时电阻值不大于 36Ω;半箱时约为 90Ω;空箱时电阻值约为 285Ω。

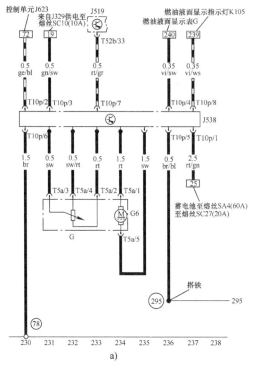

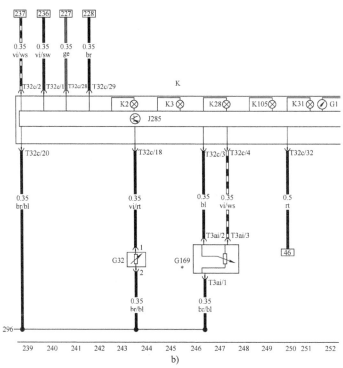

图 1-110 仪表控制单元 K、燃油泵控制单元 J538 连接的电路图

a）燃油液面传感器与燃油泵控制单元 J538 的连接电路图　b）仪表控制单元 K 与燃油泵控制单元 J538 连接的电路图
G—燃油液面传感器　G6—预供给燃油泵　J519—车载网络控制单元　J538—燃油泵控制单元　J285—仪表板控制单元
G169—燃油液面传感器　G32—冷却液不足显示传感器　K—仪表板　K2—发电机指示灯　K3—机油压力指示灯
K28—冷却液温度和冷却液不足显示指示灯　K31—GRA 指示灯　K105—燃油液面指示灯

5）如果没有供电，则按照电路图检查 J538 的供电情况（J519、25、19）。

技巧点拨 燃油液面电路端子经常出现的故障主要有变形、端子损坏、端子与导线接触不良、线束损坏、电阻片并未磨损，只是其表面附着有许多脏物等。

三、怎样检测冷却液液位传感器

别克轿车使用半导体型发动机冷却液液位传感器，当点火钥匙处于 RUN 位置时，液位传感器的 B 端有蓄电池电压供给，传感器电极浸入发动机冷却液中，而发动机冷却液作为电介质被传感器电路视为电阻，电路如图 1-111 所示。

发动机冷却液液位传感器的内部电路的工作原理与晶体管的工作原理类似，液位传感器的 B 端"+"电压不仅是发动机冷却液液位警告灯电路的一部分，同时也是液位传感器内部电路的工作电压，C 端为搭铁端。当发动机冷却液液位正常时，发动机冷却液导电能力相对较强，电阻较小，根据分压原理，基极电位（A 点电位）较低，晶体管截止，液位传感器的内部电路将使 C 端处于开路状态，则液位警告灯不亮。

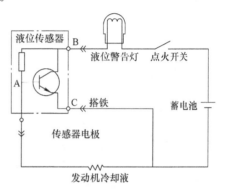

图 1-111 冷却液液位传感器电路图

反之，当发动机冷却液液位较低时，发动机冷却液电阻较大，根据分压原理，A 点电位较高，晶体管导通，液位传感器的内部电路使液位传感器的 B 端和 C 端导通，则液位警告灯点亮。

检测时，关闭点火开关，断开液位传感器插头，打开点火开关，首先检测 B 端是否有蓄电池电压，检查 C 端搭铁是否正常。如果不正常，则应检查线路。检查发动机冷却液液位传感器 B 端与 C 端的线路是否有短路现象。传感器的 B 端与 C 端之间并非电阻信号，因此在液位正常的情况下，传感器本体的 B、C 间不应导通。拔出液位传感器，则 B、C 间应导通，检测时应注意表笔的正、负极不要接反。

技巧点拨 在发动机冷却液液位正常的情况下，发动机液位警告灯依旧点亮，此时应检查液位警告灯至液位传感器 B 端的连接线路是否有短路现象。

第九节　通过目标设定值角度认知传感器

一、怎样从目标设定值传感器的角度认识加速踏板位置传感器

这里所说的"目标"是指汽车操作者（驾驶人或维修人员）的意愿或要求，例如切断或传递动力、加速或减速、开启或关闭空调等。但是，操作者这些意愿或要求的程度是随着工况的不同而变化的，"目标设定值"正是反映操作者意愿程度的数值，例如增加/减少发动机转速的大小、接通/切断功率的输出。同时，目标设定值需要传送给电控单元（ECU），作为计算

和控制发动机喷油量和点火时刻的重要依据。目标设定值传感器正是检测相关踏板或开关位置（或状态）的传感器。加速踏板位置传感器（APP）为目标设定值传感器的一种。

1. 基本结构

加速踏板位置传感器分为以下两种结构形式（以丰田汽车为例）：一是可变电阻式（图1-112），当加速踏板摆动时，摆动式可变电阻器的电阻值发生变化，引起输出电压变化，该电压信号传输给电控单元，这种传感器的缺点是比较容易磨损；二是霍尔元件式（图1-113），它利用固定在加速踏板上的磁性元件去改变霍尔传感器的输出电压，经过电路放大后，电压信号传输给电控单元。加速踏板位置传感器与加速踏板一起构成组件，在其输出端可以检测到与加速踏板位置（即压角）相对应的电压。

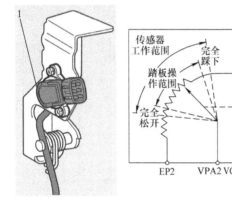
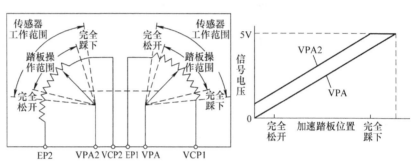

图1-112 丰田汽车的可变电阻式加速踏板位置传感器

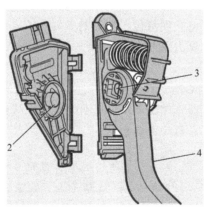

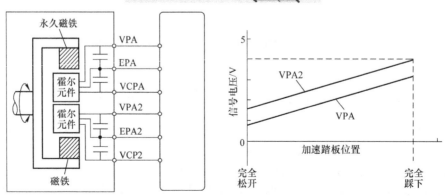

图1-113 丰田汽车的霍尔元件式加速踏板位置传感器

加速踏板位置传感器的安装位置因车型而异，有的安装在加速踏板模块的顶部（如奔驰轿车），有的安装在加速踏板的下面，有的一头通过钢丝拉索与加速踏板连接，传感器本体被安装在发动机舱内。

2. 控制机理

为了提高控制的可靠性，加速踏板位置传感器内装备了两个电位计，它们具有不同的可变电阻范围。其中一个用于向 ECU 传送驾驶人设定的加速踏板位置，另一个用于监测反馈值是否正确。如果其中一个失效，发动机故障灯点亮，系统进入怠速状态；如果两个电位计都失效，发动机只能以较高的怠速（1500r/min）运转，以便驾驶人能够驾车到最近的维修站去，ECU 不再对加速踏板的信号做出反应，此时汽车加速无力，这是加速踏板位置传感器的应急保护模式。新捷达轿车加速踏板位置传感器的控制电路见图 1-114。

对于自动档汽车，在加速踏板位置传感器内往往集成了强制降档开关，它向电控单元提供驾驶人期望的加速信号。当强制降档开关闭合时，电控单元结合车速、发动机转速等信号，指令向下降低一档或几档，同时指令发动机提供全负荷的喷油量。

> **技巧点拨**　采用电子节气门系统的汽车一般设置有加速踏板位置传感器，该传感器采集加速踏板的行程或位置，并且以电压信号的形式传输给电控单元。如果加速踏板位置传感器发生故障，将导致汽车加速无力，发动机故障灯点亮。

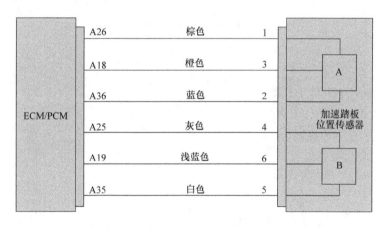

图 1-114　新捷达轿车加速踏板位置传感器与 ECM 的连接电路

二、怎样从目标设定值传感器的角度认识制动开关

1. 基本结构

制动开关（STP）又称为停车开关和制动踏板状态开关。制动开关安装在制动踏板附近，有的与制动踏板组件集成为一体，固定在制动踏板的支架上。制动开关作为一种重复装置，与制动信号灯开关同时配置，集成在一个部件内，两个开关使用同一个制动踏板传动机构。制动踏板的安装位置如图 1-115 所示。

制动开关用于监测驾驶人的制动操作，图 1-116 所示为丰田轿车的制动开关信号电路。制动开关的信号电压与提供给制动灯的电压相同。

大众/奥迪车型采用 BOSCH（博世）制动系统，在制动踏板上安装了电子制动开关，其内有推杆和永久磁铁。当踩下制动踏板时，便移动了推杆。制动开关组件是双触点式，由制动灯开关 F（称为主触点）和制动踏板开关 F47（称为副触点）组成，这两个开关同时动作。在未踩下制动踏板时，F 断开，F47 闭合；当踩下制动踏板时，F 闭合，F47 断开，这两个开关的信号互为校验（表 1-9）。ECU 根据表 1-9 所示的逻辑关系判断制动踏板的位置，并将制动信息传输到动力系统总线，供其他电控单元共享。

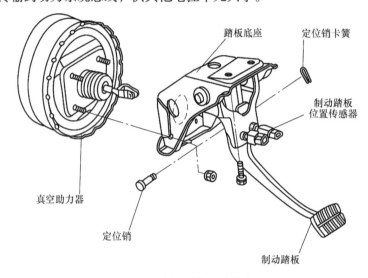

图 1-115　制动踏板的安装位置

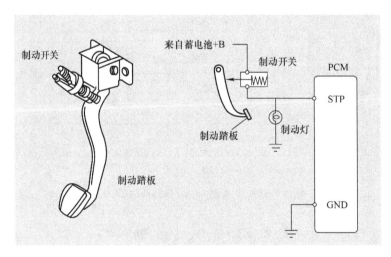

图 1-116　丰田轿车的制动开关信号电路

表 1-9　制动开关信号逻辑表

制动踏板位置	制动开关状态	制动灯状态
松开	通	断
轻踩	通	通
踩下	断	通
错误信号	断	断

2. 控制机理

制动开关是一种特殊的目标设定值传感器，它输出的信号属于开关信号。

在传统汽车上，制动开关的作用只是接通制动灯，以警告后车"本车已经制动"，以避免发生追尾事故。但是在电控汽车上，制动信号具有异乎寻常的作用，若制动开关信号失常，会引发形形色色的故障，属于"一因多果"的故障现象。制动开关向 ECU 传输驾驶人操纵制动踏板的信息，当驾驶人踩下制动踏板，发出制动信号时，出于安全和省油考虑，电控单元会限制发动机的功率输出，以避免动力驱动与制动同时进行。

制动是汽车一种既寻常又特殊的工况。之所以说它是一种寻常工况，是因为汽车在每天的行驶中不知道要经历多少次制动；之所以说它是一种特殊工况，是因为制动时总是希望车速尽快降下来，而且由制动产生的振动和顿挫感越小越好。这就需要发动机和变速器相互配合，图 1-117 为宝马 5 系列轿车（E39 底盘）制动灯开关线路简图。

为了改善汽车的操纵性能，提高控制精度，制动开关信号被输入 ECU 等多个控制模块，一旦驾驶人踩下制动踏板，制动开关接通，即向 ECU 的制动开关端子输送一个信号，告知 ECU "正在制动"。此时发动机会减少燃油供应，暂时减小功率输出；变速器暂时终止动力传递，变速杆锁止电磁阀解除锁止；悬架系统启用防汽车制动"防点头"功能；电子巡航控制功能将暂时终止等。

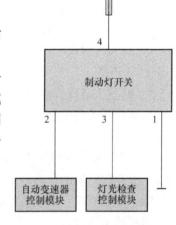

图 1-117　宝马 5 系列轿车（E39 底盘）制动灯开关线路简图

以上海大众 POLO 轿车采用的 001 型自动变速器为例，其控制单元 J217 根据制动开关 F 的信号判断汽车是否制动，并进行以下控制。

1）当汽车停止并且踩下制动踏板时，将变速杆锁止电磁阀 N110 的电路接通，解除变速杆的锁止，让变速杆能从 P 位移出。也就是说，只有踩下制动踏板后变速杆才能脱离 P 位（或 N 位），并挂入其他档位。踩下制动踏板后如果制动开关 F 触点不能闭合，则变速杆锁止机构不能释放，变速杆无法进入其他档位，汽车便不能起步。

2）当汽车行驶、自动变速器变矩器锁止离合器结合时，如果踩下制动踏板，且车速降至 60km/h 以下时，自动变速器 ECM 将释放锁止离合器。也就是说，当汽车实施制动时，自动变速器 ECM 切断通向变矩器锁止电磁阀的电路，以解除变矩器的锁止。这种功能可以防止当后轮制动并被抱死时，造成发动机熄火。

技巧点拨　通过上面的分析可以看出，制动开关信号与发动机转速、负荷、车速、冷却液温度等信号一样，是被多个电子控制系统所采集的基本信号，其影响不可小觑。

三、怎样从目标设定值传感器的角度认识离合器开关

以新捷达手动档轿车装备的离合器开关为例，它是一个白色的常闭开关，平时其触点是闭合的，踩下离合器踏板时触点才分离。

1. 主要功能

对于装备手动变速器的乘用车,在离合器踏板的传动机构中安装有离合器踏板开关。

离合器开关的作用是向发动机 ECU 提供离合器是"结合"还是"分离"的状态信息,用于修正喷油量和点火提前角。当离合器踏板未踩下时,离合器开关接通,表明车辆处于动力传递状态,ECU 适当加大喷油量和点火提前角;当驾驶人踩下离合器踏板时,离合器开关断开,表明车辆处于非动力传递状态,ECU 适当减小喷油量和点火提前角。如果离合器开关因故(例如内部触点簧片折断)始终处于断开状态,ECU 会认定离合器处于非动力传递状态,并减小喷油量和点火提前角,导致喷油量和点火提前角与汽车的实际工况不匹配,将出现"矬车"现象,这种情况类似于间歇性断油或者断火引起的故障。

2. 检测方法

反复踩几次离合器踏板,同时利用检测仪读取发动机 ECU 中离合器踏板开关的位置信息,具体读取"巡航控制状态",踏下时的状态值应为"4",未踏下时的状态值应为"0"。在实际操作中可能出现以下 4 种情况(即执行结果)。

1)驾驶人对离合器踏板的操作与检测仪显示的一致。说明离合器踏板开关、相关线束以及 ECU 正常。

2)驾驶人对离合器踏板的操作与检测仪的显示偶尔一致。说明在踩下离合器踏板时,离合器踏板开关偶尔会动作。此时应当检查离合器踏板开关是否接触不良,线路应当没有问题。

3)ECU 未识别到驾驶人踩下了离合器踏板。可以拔下离合器踏板开关的插接器,再次用检测仪读取踏板的状态信息,如果此时状态信息变为踏板已经踩下,说明离合器踏板开关有故障,应当更换;如果状态信息仍然为踏板未踩下,说明故障出在 ECU 及其线路上,离合器踏板开关正常。

4)ECU 未识别出离合器踏板的自由状态。说明 ECU 没有接收到离合器踏板开关信号端子传送来的信号,此时应当进行以下检查。

① 检查相关的熔丝,如果熔丝正常,拔下离合器踏板开关的插头,然后用导线跨接离合器踏板开关的电源端子与信号端子,再接通点火开关,连接检测仪,读取离合器踏板开关的状态信息,如果此时状态信息变为自由状态,说明离合器踏板开关有故障,应当检查其是否脏污,导致开关不能到达指定的位置。

在清除脏污后,如果故障依旧,应当更换离合器开关。如果更换离合器开关后仍然识别不出踏板的自由状态,说明故障不在离合器开关本身。

② 检查离合器开关的供电电压。接通点火开关,测量离合器开关供电端子与接地点之间的电压,如果小于 11.5V,说明从供电端子到熔丝之间有断路或者对地短路现象;如果大于或等于 11.5V,说明供电正常。

③ 检查信号传递情况。可以拔下发动机电控单元(ECU)的插头,测量离合器开关信号端子至电控单元插脚之间导线的电阻,如果大于 3Ω,说明导线断路;如果小于或等于 3Ω,说明该导线正常。

④ 检查发动机电控单元(ECU)插脚与发动机接地点之间的电阻,正常值应大于 9Ω,如果小于 9Ω,说明对地短路。

技巧点拨 如果离合器分离，ECU 将关闭定速巡航控制系统，短时减少燃油喷射量，以免离合器分离时发动机的转速突然升高，并减少换档冲击。

四、怎样从目标设定值传感器的角度认识电控车上其他开关

1. 车窗玻璃升降器开关

它既能发送信息，又要接收信息，还能处理信息。图 1-118 所示为宝骏乐骋轿车车门玻璃升降控制原理图。通过升降器开关不同的针脚接地，可以区分控制模块的 ID 地址，因此不能像传统维修方法那样随意互换开关。

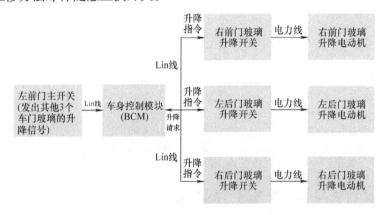

图 1-118　宝骏乐骋轿车车门玻璃升降控制原理图

2. 空调开关

当操作者开启空调开关时，发动机的负荷会有所增加，此时需要相应地提高发动机的怠速转速，防止发动机熄火。但是，怠速转速又不能太高，否则耗油量将增加。因此，电控单元需要接收空调开关的信号，并在起动空调压缩机的同时，稍微提高发动机的怠速。这种调整时机和程度的把握，只有依靠 ECU 才能做到。

3. 车速调节开关

有的汽车装备了电子巡航系统，具有车速调节功能，能够让汽车在驾驶人设定的车速下匀速行驶，以减轻疲劳程度。在行驶过程中，驾驶人可以操纵车速调节开关，使汽车加速或者减速行驶。因此，电控单元需要接受车速调节开关的信号，以适时调节或者决定是否启用车速调节功能。

技巧点拨 在电控汽车上，各种开关实质上是一个电路板，并且具有网络模块的特征。凡是开关信号只有2种状态——"是"与"否"（或者"开"与"关"）。开关信号与数字信号一样，可以直接被ECU所接收，无需经过模/数（A/D）转换。

第二章

发动机机械系统维修技能与技巧

第一节 发动机密封性

一、气缸密封性与发动机性能有哪些关系

发动机是汽车最重要的总成之一,就像人的心脏一样。由于发动机结构复杂,且工作条件较差,其主要零部件(如活塞、活塞环、气缸等)既承受着高温、高压,又在交变转速和高负荷工况下运转,故磨损较大,导致故障率极高,成为汽车故障检测的重要部件之一。

发动机气缸密封性主要是由气缸活塞组、气门与气门座、气缸盖、气缸垫及有关零件保证的,其评价标准主要有气缸压缩压力、曲轴箱窜气量、气缸漏气量、进气管真空度等。

发动机在长期使用中,由于气缸活塞组零件磨损,气门与气门座磨损、烧蚀,以及缸体和缸盖密封面翘曲等,将使气缸的漏气量增加,密封性能下降,从而导致发动机功率下降、油耗增加。此外,在气缸活塞组磨损时,机油窜入燃烧室的量也相应增加,发动机工作时机油的消耗也随之加快。当然,在发动机严重漏气时,其起动性能也随之恶化。所以,气缸密封性对发动机的性能有着直接的影响。气缸密封性变差具体表现在以下几个方面。

1)气缸压缩压力下降。由于气缸压缩压力与压缩比、曲轴转速和气缸活塞组技术状况相关,所以气缸压缩压力下降很大程度上是由气缸活塞组和气门组磨损造成的。

2)曲轴箱窜气量增加。曲轴箱窜气量与活塞组总的技术状况相关。

3)进气管真空度降低。由于气缸活塞组密封性能下降,造成活塞在进气行程中漏气,导致进气管真空度降低。

> **技巧点拨** 气缸密封性需要多个零部件保证,在长期使用过程中,密封性变差又体现出更具体的故障现象,诊断过程中应加以识别。

二、怎样检测气缸压缩压力

发动机气缸压缩压力与压缩比、曲轴转速、机油黏度和气缸活塞组等技术状况有关。气缸压缩压力是评价气缸密封性最直接的标准，通过气缸压缩压力检测可以判断发动机的技术状况，同时根据检测时出现的故障现象，还能判定是气缸活塞组漏气，还是气门座密封不良，进而分析各缸的磨损和漏气情况。

1. 气缸压力表及其原理

气缸压缩压力常用气缸压力表检测，气缸压力表是一种专用压力表，其外形及构造如图2-1所示。它由压力表、气管、单向阀和锥形橡胶塞组成。压力表头的驱动元件是一根扁平的弯成圆弧状的弹簧管（图2-2），它的一端固定在表头底座上，另一端通过拉杆、齿轮机构与仪表指针相连。当气缸压缩气体进入弹簧管时，弹簧管在气体压力作用下伸直，驱动拉杆、扇形齿轮和小齿轮带动指针转动，从而在表盘上指示出气缸压缩压力的大小。气缸压力表前端接头有两种，一种为金属硬导管与橡胶锥形接头相连，直接压紧在火花塞孔上，用于汽油发动机气缸压缩压力的检测；另一种为软导管与螺纹接头相连，拧紧在喷油器螺孔内，用于柴油发动机气缸压缩压力的检测。单向阀控制弹簧管内压力是否与大气相通，当单向阀处在关闭位置时，气缸压力表显示的压力就是气缸压缩压力。检测结束后，打开单向阀，表内压力与大气压力相等，表针迅速回落到零位，方便下次测量时使用。

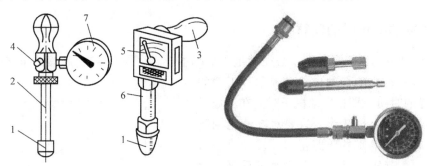

图2-1 气缸压力表
1—锥形橡胶塞 2—气管 3—手柄 4—单向阀 5—带有按缸号记录值的刻度盘
6—带有自动记录装置传动活塞的管路 7—压力表

2. 气缸压缩压力的检测方法

1）发动机运转至正常温度（冷却液温度为80～90℃）后停机，卸下空气滤清器，用压缩空气吹净火花塞（或喷油器）周围的灰尘，再拆除全部火花塞（或喷油器）。

2）将节气门与阻风门全开（减小运动阻力），然后将气缸压力表的锥形橡胶塞压紧在被测气缸的火花塞孔上。需要注意的是，检测柴油机时需选用螺纹接头。

3）用起动机驱动曲轴3～5s后，同时用转速表进行曲轴转速监测（汽油机的转速应≥130～150r/min，柴油机的转速应＞500r/min），压力表指示数值则为该气缸的压缩压力。为

图2-2 弹簧管式压力表

保证测量数据的准确性，各缸应重复检测 2~3 次，取平均值为测量结果。检测结束后按下单向阀，让指针恢复到原始状态，以方便下一个气缸的检测。

3. 注意事项

用气缸压力表检测气缸压缩压力虽然应用比较广泛，但测量误差较大，测量结果不仅与气缸密封性有关，还与转速有关。图 2-3 为发动机气缸压缩压力与曲轴转速关系曲线。在低转速范围内，转速差 Δn 即使不大也能引起压缩压力测量值较大的变化，只有曲轴转速达到一定值后，其影响才逐渐减小。所以，在检测气缸压缩压力的同时应监测曲轴转速，测量和记录转速、压缩压力测量值应同时进行，这就需要在检测前确保蓄电池和发动机处于良好的状态，以保证测量精度。

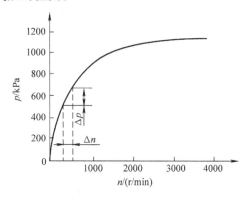

图 2-3 气缸压缩压力与曲轴转速关系曲线

技巧点拨 气缸压力的检测是维修人员在汽车诊断中采用的一项诊断项目，作为分析汽车综合状况的依据。

三、对发动机正时的理解

要保证汽油发动机正常运行，必须满足 4 个基本要素（图 2-4）：足够的压缩压力；足够的点火能量；良好的燃油供给和喷射；正确的时间。"正确的时间"即指发动机正时。在维修过程中，大多数维修人员认为，只要对准凸轮轴链轮和曲轴链轮之间的那些正时记号，发动机正时就不会有问题。其实这是一个非常大的误区，因为就算正时记号对准了，并不代表发动机的机械正时是正确的，如链条拉长、凸轮轴扭曲等，都会影响正时。

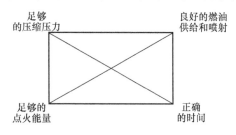

图 2-4 汽油发动机正常运行的 4 个基本要素

发动机正时可分为两种：发动机机械正时和发动机电气正时。以某气缸为例，发动机机械正时是指气门和活塞之间的关系，如在压缩上止点时，活塞应该在其行程的最上端，进气门和排气门应处于关闭状态，如果此时气门或活塞没有处于正确的位置，说明发动机机械正时错误。发动机电气正时是指点火、喷油和气缸压力波形之间对应的关系，点火和喷油时刻必须在规定阈值内，如果发生的时间早了或晚了，说明发动机电气正时错误。无论是发动机机械正时错误，还是发动机电气正时错误，均会导致发动机无法起动或运转不平顺。

图 2-5 为 Jeep 指南者车型发动机怠速时气缸 1 的电气正时波形（蓝色为气缸压力波形，黄色为初级点火波形，绿色为喷油波形）。其中，点火发生在压缩上止点前 2.7ms，换算成角度，即点火提前角为 11.57°，喷油发生在排气阶段。

第二章　发动机机械系统维修技能与技巧

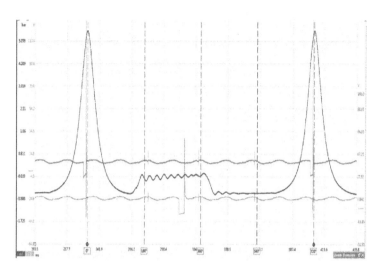

图 2-5　Jeep 指南者车型发动机怠速时气缸 1 的电气正时波形

下面通过两个发动机正时错误的故障案例来进一步进行分析。

1. 荣威 1.5T 车发动机无法起动

故障现象　一辆荣威 1.5T 车发动机无法起动。

故障诊断　接车后试车，检查相关电路，均正常。测量起动发动机时的气缸压力波形（图 2-6），发现正、负压力的转换点在排气行程上止点前，说明进气太提前，推断发动机机械正时错误。拆检发动机机械正时，发现确实存在问题。

故障排除　重新调整发动机机械正时后试车，发动机顺利起动，故障排除。

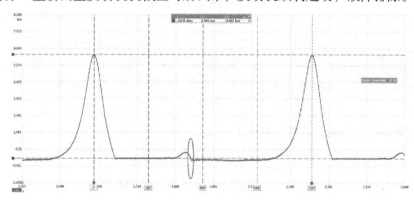

图 2-6　故障车起动发动机时的气缸压力波形

2. 发动机无法起动

故障现象　一辆宝马 318i 车因冷却液温度过高进店维修，经检查，发现气缸垫损坏，更换气缸垫后试车，出现发动机无法起动的故障现象。

故障诊断　首先用专用工具校对了发动机机械正时，无异常。检测点火和喷油，也未见异常。于是测量该车的发动机电气正时波形（图 2-7，其中绿色为气缸压力波形，红色为次级点火波形，蓝色为喷油波形），发现点火时间错误，没有发生在压缩上止点附近。进一步检查发现，点火线圈线束在维修时绕反了（图 2-8），以致 4 个气缸的点火线圈的线路顺序

87

连接错误。

故障排除 重新连接点火线圈线束后试车，发动机顺利起动着车，故障排除。

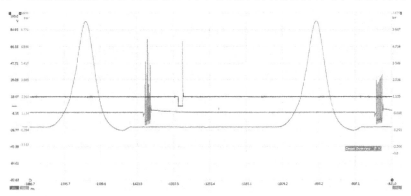

图 2-7 故障车起动发动机时的电气正时波形

图 2-8 点火线圈的线束在维修时绕反了
a）错误的线束走向 b）正确的线束走向

技巧点拨 发动机的正时包括发动机机械正时和发动机电气正时，这两方面的正时都必须要对准，否则都会造成发动机不能正常工作。

四、发动机气缸压力波形解读

对于发动机气缸压力的测量，在国内最为普遍的方法是使用气缸压力表。其实用这个方法测得的并不是气缸工作时的有效压力，而是一个累积后的总压力。如运转起动机，在活塞第 1 次压缩行程时，气缸压力表指针达到 8bar（1bar = 100kPa），第 2 次压缩行程时上升至 9bar，第 3 次压缩行程时上升至 10bar。若压缩压力达不到标准的累积最大值，则判断气缸存在泄漏。当气缸泄漏量较大时适用于此方法。

现在的发动机失火监控越来越精准，只要曲轴旋转的加速度未达到标定时预设的条件，就会报发动机失火故障。在发动机工作时，混合气燃烧形成的向下做功的压力会从很小的泄漏点损失掉，从而引起推动活塞的力损失，导致向下的加速度减小。

对于较小的泄漏，很难用气缸压力表测量，这时可以进行气缸压力泄漏测试。当活塞处于压缩上止点时，进气门和排气门都处于关闭状态，此时往气缸内充入压缩空气，正常情况下，会有 10% 以内的气体从活塞环与气缸壁之间泄漏，如果泄漏量大于 10%，说明这个近似密闭的空间存在泄漏,此时可从几个地方听声音,如果能听到漏气的声音,说明有漏气,比如进气门漏气,节气门后方有漏气声;排气门漏气,排气管有漏气声;气缸体磨损或活塞环非正常漏气,机油加注口有漏气声;气缸垫漏气,发动机冷却液冒气泡。

气缸压力泄漏测试与传统的气缸压力测试相比,能更精准地判断出故障点,且能判断出更小的泄漏故障。然而,气缸压力泄漏测试属于静态测试,不能反映活塞真正运动时发生的泄漏情况。那该如何测量活塞真正运动时的气缸压力变化呢?为此,很多诊断软件公司(PICO、ATS及FLUCK等)开发出了气缸压力传感器,它能实时反映气缸压力的变化情况。以PICO公司开发的WSP 500X气缸压力传感器为例,拆下某气缸的火花塞,安装气缸压力传感器,起动发动机,通过采集的气缸压力波形反映气缸的压力变化。测试时,被测气缸并不做功,而由其他气缸带着运转,类似一个空气泵。

气缸压力波形的优势在于,能用时间轴的方式反映单位时间内所发生的信号变化,采样频率越高,这个时间单位就越小。图2-9为发动机怠速运行时采集的气缸压力波形,它能反映活塞和气门的运动信息,具体分析如下。

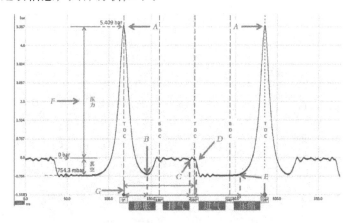

图2-9 发动机怠速运行时采集的气缸压力波形

1)A点为气缸压力的波峰,代表压缩上止点,相邻两个波峰之间代表一个完整的发动机循环,即进气、压缩、做功及排气过程,但这个气缸是不做功的,气体压缩后进入膨胀释放阶段,所以做功行程用膨胀来替代。4个行程为720°曲轴转角,每个行程分别是180°,活塞从上止点(TDC)到下止点(BDC)再到TDC两次。

2)B点为排气门打开点,即EVO(Exhaust Valve Open),此时活塞从TDC往BDC运动。在EVO前,由于进气门和排气门均关闭,气缸压力下降,压力释放完后形成真空;在EVO后,由于排气门打开,气缸与大气接通,气缸压力逐渐向大气压力靠近,恢复到0bar。

3)C点为进气门打开点,即IVO(Intake Valve Open),此时活塞从BDC往TDC运动,由于排气门仍为打开状态,所以气缸压力没有明显变化,仍然为大气压力。

4)D点为排气门关闭点,即EVC(Exhaust Valve Close),此时活塞从TDC往BDC运动,进入进气行程。在EVC前,由于排气门和进气门均打开,进气效果不明显;在EVC后,排气门关闭,空气全部从进气门抽入,真空明显开始形成。需要注意的是,有些车型的EVC在TDC前,就会使排气末尾阶段有个翘起的小波峰。

5)E点为进气门关闭点,即IVC(Intake Valve Close),此时活塞从BDC往TDC运动。

在 IVC 后，由于进气门和排气门均关闭，气缸压力开始建立。

6) F 为整个发动机循环的气缸压力范围，当与大气相通时为 0bar，怠速时最高气缸压力约为 5.4bar，真空的最低点在 0.8bar 左右。

7) G 为整个波形的一些时间信息，如 EVO、IVO、EVC、IVC 这些点所对应的曲轴转角。通过这些信息可以看出发动机的配气相位是否与原厂标定的一致，从而判定发动机是否存在故障。

8) 由横坐标可知曲轴转 1 圈为 84ms，那么 1min 之内曲轴转动 $60 \times 1000/84 = 714$ 圈，即发动机怠速转速为 714r/min。

9) 已知曲轴转 1 圈（360°）所经历的时间为 84ms。1 个发动机循环曲轴转 2 圈，所经历的时间为 168ms。EVO 在 31ms 处，对应的曲轴转角为 $31 \times (720°/168) = 133°$，也就是在下止点前（BBDC）47°；IVO 在 82ms 处，对应的曲轴转角为 $82 \times (720°/168) = 352°$，即上止点前（BTDC）8°；EVC 在 86ms 处，对应的曲轴转角为 $86 \times (720°/168) = 369°$，即上止点后（ATDC）9°；IVC 在 136ms 处，对应的曲轴转角为 $136 \times (720°/168) = 583°$，即下止点后（ABDC）43°。对应的配气相位如图 2-10 所示。

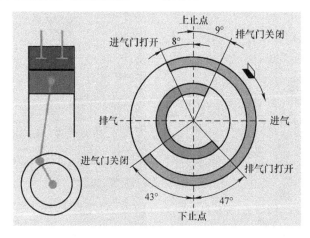

图 2-10　根据气缸压力波形计算的配气相位

技巧点拨　气缸压力波形是正常情况下，发动机没有点火时发动机气缸压力变化的一种波形展现，通过发动机工作异常的波形与正常波形的对比分析，可以发现发动机工作时的故障所在，作为诊断的依据。

第二节　进气管真空度

一、进气管真空度在汽车上有哪些应用

进气管真空度又称负压，一般用 ΔP_X 表示，它是发动机各气缸交替进气时对进气管形成的负压总和。在发动机怠速运转时，进气管真空度的数值为 64~71kPa。进气管真空度的高低及稳定性与发动机转速、工作气缸数目、进气系统密封性、点火性能、空燃比（A/F）

的大小成正比，与节气门的开度成反比。汽车上常用的真空表如图 2-11 所示。

在相同的发动机转速下，节气门的开度越小，则进气管的真空度越大（进气歧管的压力越低）；而在相同的节气门开度下，发动机的转速越高，则进气管的真空度越大（进气歧管的压力越低）。由此可见，进气管真空度的变化，意味着发动机转速及负荷发生变化。

1. 进气歧管绝对压力传感器（MAP）

典型结构的进气歧管绝对压力传感器为双腔膜片式，该传感器由弹性硅膜片、真空室、硅杯、半导体力敏电阻、底座、导压管和电极引线等组成。硅膜片的一面是真空室，另一面导入进气管真空度。在进气管真空度的作用下，硅膜片产生变形，使扩散在硅膜片上的电阻的阻值发生变化，进气管的负压越高，硅膜片的变形量越大。然后，利用惠斯通电桥将硅膜片的电阻转换成电压信号，输送给电控单元（ECU），作为发动机负荷大小的主要依据。

图 2-11　汽车上常用真空表

2. 燃油压力调节器

电喷发动机燃油压力调节器的功能，是使燃油压力与进气管真空度之间的压力差保持不变，从而使喷油量仅仅取决于喷油器针阀开启的延续时间。燃油压力调节器一般安装在燃油分配管的末端，是一种膜片控制式溢流调节器。在燃油压力调节器的金属外壳内，由一个卷边的膜片分隔成为两个腔室，一个是弹簧室，用于承受对膜片加载的经过预紧的螺旋弹簧，弹簧室有一根软管与节气门后部的进气管相通；另一个腔室用于容纳汽油。当燃油压力超过设定的数值（大约 240kPa）时，膜片产生变形，由膜片带动的阀门打开回油管的通道口，让部分燃油流回燃油箱，使燃油供给系统中的压力随着进气管真空度的变化而做相应变动。

3. 曲轴箱强制通风系统（PCV）

现代汽车发动机曲轴箱的换气都采取封闭、强制通风方式，将曲轴箱的窜气送回进气管。该系统由一个 PCV 单向阀及真空软管等组成。当节气门部分开启时，进气歧管的负压使 PCV 阀部分打开，并吸出曲轴箱内的窜气，外界空气则通过摇臂室盖的软管进入曲轴箱；当节气门全开时，进气歧管的负压较低，不足以吸动 PCV 阀，窜气甚至在软管内反向流动，此时 PCV 阀基本关闭；当发动机停转或发生"回火"时，PCV 阀依靠弹簧的作用力压紧在阀座上，即 PCV 阀使通风管路处于完全关闭状态，可以防止进气歧管内的火焰进入高温、高压的曲轴箱，发生爆炸的危险。

PCV 阀的检查方法：使发动机怠速运转，从气门摇臂室盖上拆下 PCV 阀，此时若能听到"嘶嘶"的空气流动声，且将手指放在 PCV 阀进口处能感觉到有很强的真空吸力，说明 PCV 阀工作正常。

4. 燃油蒸气回收装置（EVAP）

燃油蒸气回收装置（EVAP）用于减少燃油箱向大气排放 HC。密闭的燃油箱内产生的燃油蒸气，被引入装有活性炭的炭罐中，在发动机不运转期间，燃油蒸气存储在炭罐内。在发动机冷车或怠速运转时，电控单元（ECU）让燃油蒸气回收电磁阀关闭，切断炭罐至进气歧管的真空通路，燃油蒸气被活性炭吸附。

当发动机处于热车或以高于怠速的转速运转时，ECU 让燃油蒸气回收电磁阀打开，导通炭罐至进气歧管的真空通路，新鲜空气从炭罐下方的控制量孔进入炭罐，清除吸附在活性炭上的燃油蒸气，并与其一起通过进气管进入燃烧室，因此可以防止燃油蒸气外泄，对大气造成污染，而且可以节约能源。

当然，燃油蒸气回收后会加浓混合气，导致空燃比暂时发生变化。但是，氧传感器能够监测到空燃比的这种变化，ECU 会发生指令适当减少喷油量，以达到供给发动机合适空燃比混合气的目的。

5. 排气再循环（EGR）系统

EGR 系统的功用是使气缸排出的部分废气再回到进气歧管，与混合气一起进入燃烧室燃烧，以降低气缸的温度，从而减少 NO_X 的生成量。当发动机 ECU 判断排气再循环系统的工作条件满足时，便接通 EGR 电磁阀的搭铁电路，使 EGR 电磁阀打开，进气管与排气管之间的管路接通，进气歧管内的负压便加在 EGR 阀的膜片上，使该阀门打开，废气经过管路、EGR 阀、进气管进入气缸。

排气再循环的流量取决于排气管的压力、进气管的真空度以及 EGR 阀的开度。如果 EGR 阀的锥形柱塞被积炭卡死在开启状态，会引起汽车加速时"冲"，车身发抖，发动机自行熄火等故障。

6. 制动系统真空助力器

制动系统真空助力器由真空伺服机构和空气控制阀两部分组成，位于制动主缸与制动踏板之间。制动系统真空助力器的作用是：当踩下制动踏板时，借助进气管产生的真空吸力，增加作用在制动主缸上的制动力。

除此之外，还有自动空调系统的真空式操纵机构，也是电控汽车利用进气管真空度进行自动控制的例子。进气管真空度在发动机加速和发动机停转期间会有所下降，因此有时需要设置真空罐和止回阀加以配合，这样工作更加可靠。

> **技巧点拨** 进气管真空度是一个"晴雨表"，若进气管真空度符合要求，不仅表明气缸的密封性能符合要求，而且表明点火时刻、配气相位和空燃比也基本符合要求。所以，进气管真空度是一个综合性很强的发动机技术指标。

二、进气管真空度失常对发动机性能有哪些影响

1. 导致发动机运转无力

若怠速时进气管的真空度很低，说明有空气从旁路进入了进气管，由于这部分空气没有经过空气流量传感器的计量或未经节气门控制，空气流量传感器的测量值必然低于实际进气量，而电控单元（ECU）是根据空气流量传感器等的信号决定基本喷油量的，这样就导致喷油量偏少，由于"油少气多"，即混合气过稀，因此发动机运转无力。

2. 造成发动机起动困难

一辆瑞风 HFC6470A 车，装备韩国原装 G4JS 2.4L 发动机和手动变速器，行驶里程 16

万km，起动机运转有力，但是发动机就是无法起动着车。检查燃油压力，正常。检查火花塞跳火情况，火花强烈。拆下发动机的正时罩盖，正时记号无误。用二极管试灯检查喷油器线束，能够正常闪烁。最后发现进气歧管上部稳压箱末端的一个圆形堵盖已经脱落，由于空气量过多，造成混合气太稀。将该堵盖固定牢靠，上述故障不再出现。

3. 导致怠速不稳

若进气管漏气，进气量与节气门的开度将不遵循原来的函数关系，空气流量传感器无法测出真实的进气量，造成ECU对进气量的控制不准确，导致发动机怠速不稳定。

4. 增加尾气中污染物的排放

进气管真空度降低，意味着发动机的负荷和燃烧室温度增加，从而提高每循环废气的最高温度，因而导致尾气中的NO_X含量增加。

技巧点拨 进气管真空度是我们诊断发动机工作状况的重要依据，进气管真空度异常将表现出多种故障现象。

三、进气管真空度失常诊断要领有哪些

对于四缸轿车发动机来说，在怠速工况下，如果真空表指针在3/4时间内都指示在正常范围内，只有1/4时间指示在正常范围以外，就意味着有3个气缸工作正常，另外一个气缸有故障。另外，若某一缸火花塞不跳火，进气管的真空度大约减少6.8kPa；若某一缸气门漏气，真空度大约减少13.5kPa；若点火时刻提前3°，真空度大约增加3.4kPa。

怠速不稳是电喷发动机的一种常见故障，在一般情况下应当首先检查进气系统。按照故障出现概率高低，引起发动机怠速不稳的原因依次是：节气门体及真空软管漏气、怠速控制阀被脏物堵塞、空气流量传感器或节气门位置传感器损坏。这是因为若进气管漏气，将导致进气管的真空度降低，ECU会发出加浓混合气的指令，造成发动机怠速提高，但是多喷的燃油与漏进去的空气无法达到理想的比例，所以发动机在高怠速状态下会产生抖动。

另外，可以观察故障诊断仪上的怠速空气控制（IAC）值进行验证，若IAC值低，通常表明进气系统存在真空泄漏，因为真空泄漏将使进气歧管内的压力降低，ECU会增加喷油量，使怠速转速上升。ECU检测到该情况后，又会通过断开IAC阀工作来降低怠速转速，最终导致怠速不稳定。

引起尾气排放不合格的原因很多（包括点火系统、供油系统、真空泄漏、气门不密封、气缸盖有裂纹、活塞或活塞环磨损等），但是真空泄漏是比较常见而且隐蔽的原因。当电喷发动机尾气排放超标时，应当注意检查空气流量传感器（或进气歧管绝对压力传感器）、辅助空气阀、怠速空气控制阀、排气再循环（EGR）阀、炭罐等装置的真空软管及其连接处有无松动、破损或漏气等，因为这些地方漏气都会引起发动机的空燃比异常。

一般来说，若进气管真空度不足，在气缸压力、配气相位及点火时间正常的情况下，就是进气管漏气。要注意检查节气门体与安装底座之间的密封垫是否密封，该密封垫的材料是纸质或石棉，经过长时间使用后，由于高温的作用，容易出现损坏和漏气等现象。若踩住加速踏板才能起动发动机，松开加速踏板发动机就熄火，说明故障原因是进气量过少，基本可以排除进气系统漏气的可能。

电控汽车发动机的故障自诊断系统一般不直接记录有关进气管漏气的故障码，进气管漏气引起的故障往往以氧传感器故障的形式出现，要注意甄别这种故障码"张冠李戴"的现象。如一辆切诺基2.5L吉普车，发动机在加速时容易熄火，故障指示灯点亮，用故障诊断仪读取故障码，显示为"氧传感器故障"，但是更换氧传感器后故障依旧。经过反复检查，发现真正的故障是进气歧管与气缸盖的结合处漏气。进气歧管绝对压力传感器没有检测到这部分进气，因此电控单元（ECU）控制的喷油量相对较少，导致混合气过稀，发动机容易熄火，而氧传感器是专门为修正发动机空燃比设置的，所以此时ECU判断氧传感器失效。

若检测到进气管的真空度比标准值低，而气缸压力比标准值高，往往是由于配气相位提前了；若气缸压力也比标准值低，往往是由于配气相位推迟了。要注意检查曲轴箱内空气泄漏的可能性（例如机油尺导管以及机油滤清器盖周围），所有经过曲轴箱强制通风（PCV）系统进入进气歧管的额外空气都未经计量，在怠速时，这部分空气会扰乱可燃混合气的微妙平衡。

进气管真空度过低的另外一个重要原因是排气管堵塞，如果排气管（通常是三元催化转化器）时通时堵，则排气时的反压力增大，使进气管的真空度降低，引起排气不充分、转速不稳定、加速无力以及进气管"回火"等现象。

技巧点拨　进气管真空度失常的原因多种多样，在实际诊断中，要具体情况具体分析，找准切入点，找出故障原因所在。

四、发动机进气管路漏气故障的诊断

在进行发动机故障诊断的时候，首先要尽可能通过各种方法、现象确定发动机的故障是否是由于进气管路漏气引起的，然后再一个地方一个地方地仔细查找漏气的部位，最后找出故障点并排除故障。

1. 发动机进气管路漏气现象的确认

虽然发动机进气管路漏气引发的故障现象和其他因素（如油、电路故障）引发的故障现象有着极大的相似之处，但还是有着自身的特点，有一定的规律可循。

1）发动机进气管路漏气对发动机怠速影响很大，但对中高速、大负荷工况影响不大，这也是发动机漏气故障有别于其他故障的一个最大特点。形成这一特点的原因是怠速时正常的进气量很小而漏气量却最大，而中高速、大负荷工况正常进气量很大而漏气量反而相对较小。

2）在怠速时通过解码器读取数据流，经常可以看到节气门开度不正常（甚至处于完全关闭状态），或怠速调整阀步进数值的异常（如0步）。这主要是因为进气管路的漏气导致发动机ECU不能将怠速时的进气量控制在正常值。

另外，还经常可以看到氧传感器信号和混合气的λ调节值异常，这是因为进气管路漏入的气体空气流量传感器检测不到，而ECU根据空气流量传感器送来的信号控制喷油，自然得到的混合气浓度就不合适，又因漏气量较大，ECU虽然根据氧传感器反馈的信号做出修正，但因修正幅度有限，始终不能把混合气浓度调整合适。

3）可能对其他系统产生影响，如制动踏板变硬、燃油压力过高、空调系统异常等，这

是因为与这些系统相连接真空管破裂或松脱导致应有的真空吸引力消失所致。

4）当环境相对安静时，仔细倾听，有时能听到进气泄漏部位发出的"咝咝"声。

5）怠速时用真空表测量歧管内真空度会比正常值低（正常值一般为60～70kPa）。

2. 发动机进气管路漏气部位的查找

当确认故障是由于发动机进气管路漏气所致之后，接下来就要快速、准确地查找漏气的具体部位。查找具体漏气部位首先就是直观检查，应仔细查看各连接处是否有脱落、松动现象，各个真空管是否有断裂、破损的地方。但很多时候漏气的缺陷部位都较为隐蔽，不易直接观察到。这时就需要我们采取一些辅助手段了。

1）我们可以逐一拔掉各个真空软管，然后用手堵住进气管路一侧。当拔掉某一软管用手堵住后，发动机工作性能有明显提升，就说明是该软管或与之相连的部件处有漏气现象。

2）我们可以向进气管路的各连接处以及其他怀疑漏气的部位喷射节气门体清洗剂，如果某处漏气，则喷射到该处时我们可以看到液体会很快被吸入，并能感到发动机转速的提升。

> **技巧点拨**　发动机进气管路可能引发漏气的部位众多且相对隐蔽。同时发动机进气管路漏气主要是引起进气量和混合气浓度的失控，进而导致发动机工作性能的下降，这又易与一些油路、电路故障引发的故障现象相混淆。

五、电控发动机进气系统真空泄漏对发动机的影响

对于自然吸气多缸发动机，各缸活塞在进气行程快速移动，加上进气系统不通畅，空气不能在有限时间内完全充入气缸，进气系统的真空环境就是这样形成的。

空气滤清器对空气流有阻力，空气滤清器之后已形成一定的真空度，节气门对空气流的阻力更大，节气门之后的真空度就更高，进气门对空气流的阻力最大，气缸内的真空度最高。进气系统的真空度就是这样"顺流而上，步步高"。通常如果没有特别说明，发动机真空度指的是节气门之后进气门之前这一段内的真空度，即进气歧管真空度。这里进气系统真空泄漏指的是整个进气系统，包括气缸的泄漏。

凡是进入气缸内的空气，必须是经过空气滤清器滤清、AFS或MAP计量和节气门控制三个环节才"合法"，缺少任一环节而进入气缸内的空气或气体都为"非法"气体。至于EGR系统、曲轴箱强制通风（PCV）系统、燃油蒸发排放控制（EVAP）系统引入进气系统的气体，已纳入ECU控制系统予以补偿，另当别论，不在此列。在发动机实际运用中，因进气管道破裂、真空软管破损、密封件老化等问题，导致部分气体不经滤清或不经计量，或不受控制甚至直入气缸，种种进气系统真空泄漏，都会影响发动机的正常运行，严重时会使发动机无法工作。

为了论述方便，如图2-12、图2-13所标注，将进气系统分为A、B、C、D四段。空气滤清器之后到AFS为A段，AFS之后到节气门为B段，节气门之后到进气门为C段，进气门之后到活塞平面之上为D段。显然，D型系统没有B段，只有A、C、D三段。

1. A段真空泄漏对发动机的影响

A段真空泄漏，"非法"气体既受节气门控制又经AFS或MAP计量，对L型系统和D

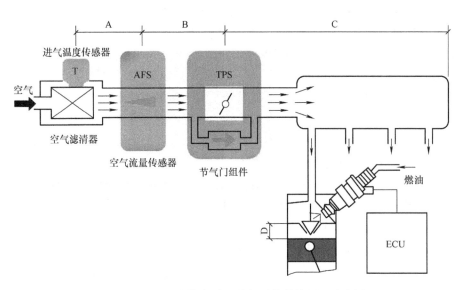

图 2-12　L 型电控发动机进气系统结构原理示意图

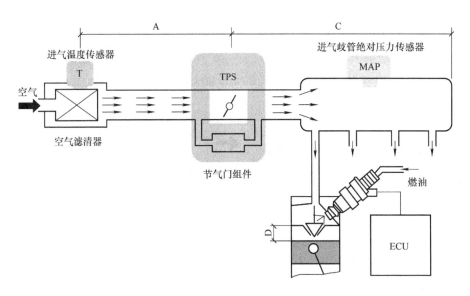

图 2-13　D 型电控发动机进气系统结构原理示意图

型系统（空气滤清器之后到节气门为 A 段）的影响是相同的。在前期不会对发动机运行产生明显故障性影响，长期运行危害极大。其危害体现在两个方面。

一方面，未经滤清的空气携带着粉尘被吸入进气系统，污染节气门和燃烧室，加快气缸磨损，加速排气道阻塞，如三元催化器阻塞。显然，这是一个由量变到质变的过程。前期可能悄无声息，无异常现象，随着日积月累，节气门被异物覆盖，节气门开度与 TPS 信号严重失调，燃烧室异物占位使实际压缩比大于设计压缩比，气缸密封性下降，三元催化器堵塞。可见，无论哪一条，发动机都无法正常运行。B、C、D 段真空泄漏也会带来如此危害。

另一方面，这部分"非法"气体不经空气滤清器的滤芯而轻易进入进气系统，因其没有受到既定必要的阻力，从理论上讲，一定会打破发动机控制系统原有的最佳平衡控制点，通常 A/F 闭环控制系统能予以补偿，对发动机正常运行影响很小。有案例表明，当 A 段真空泄漏达到一程度时，有的发动机会产生怠速周期性抖动，其他起动、加速、运行工况都正常。

2. B 段真空泄漏对发动机的影响

对于 L 型系统，"非法"气体未经 AFS 计量但受节气门控制。B 段真空泄漏，AFS 信号对应的空气流量相对当下 B 段的实际真空度为小。目前，ECU 对此 AFS 信号为小的失真信号，未设置诊断及补偿机制，ECU 对此毫无所知，仍以 AFS 的失真信号按既定程序予以燃油定量。显然，A/F 配制过稀。若真空泄漏量小，A/F 闭环控制系统能予以补偿，若真空泄漏量较大，出了 A/F 闭环控制系统的调节范围，就不能将过稀的 A/F 调回来。过稀的 A/F 导致发动机怠速不稳、加速无力、起步熄火、回火等故障。自诊断系统有故障码生成，通常报 A/F 过稀、AFS 信号不良等故障码。

3. C 段真空泄漏对发动机的影响

对 L 型系统，C 段真空泄漏，非法气体既不受节气门控制又未经 AFS 计量。直接导致混合气过稀，其危害如前所述。对 D 型系统，C 段真空泄漏，"非法"气体不受节气门控制但经 MAP 计量，与节气门之前真空泄漏相比，给发动机带来更为严重的危害，其危害体现在两个方面。

一方面，TPS 和 MAP 信号失去原有既定的一一对应关系，从根本上破坏了 ECU 的基本控制，导致发动机偏离最佳工况点运行，表现为动力下降、油耗上升等不危及汽车行驶的较为隐性故障。

另一方面，怠速失控。"非法"气体未被怠速控制系统控制（以下简称为怠控系统），而被 MAP 正常计量，ECU 对于 MAP 的失真信号毫不知情，仍以 MAP 的失真信号按既定程序予以燃油定量。显然，A/F 配制本身无可挑剔，但混合气量的增大，使怠速升高。若真空泄漏量小，怠控系统可调回正常怠速。随着真空泄漏量增大，怠控系统调到最小仍调不回来，怠速继续升高。若 ECU 无减速断油功能，怠速随真空泄漏量增大而继续升高，以至于出现飞车现象。若 ECU 有减速断油功能，当怠速升高到断油转速时，怠速因断油而下降，当怠速下降到恢复供油转速时，怠速因供油而上升，如此循环，产生游车现象。

4. D 段真空泄漏对发动机的影响

D 段真空泄漏对发动机的影响最致命。"非法"气体无滤清、无计量、无控制直接侵入气缸，其途径有三。其一，活塞与气缸间隙处。活塞环和气缸严重磨损、活塞环黏结以及拉缸，都会造成在吸气行程中曲轴箱内气体被直接吸入气缸。其二，气缸垫密封处。气缸垫松动、烧损、冲损，都会造成吸气行程空气被直接吸入气缸。其三，排气门密封面。排气门密封面因积炭、严重磨损等，都会造成吸气行程废气回流被吸入气缸。发动机技术状况一旦恶化到如此程度，就根本无法运行。

5. 真空泄漏的影响总结

1）建立进气系统大物理空间的概念。自空气滤清器入口一路顺流而下直至燃烧室为纵向空间，横向空间为取用发动机真空度的那些真空软管管道，真空软管走到何处，则横向空间就延伸到何处。

2）纵向空间真空泄漏主要部位。管道破裂或破损、管道连接处、进气歧管与缸盖结合面、气缸垫密封面、活塞与气缸摩擦面。

3）横向空间真空泄漏情况。真空软管无论延伸到哪里，必须是条"死胡同"，通常其尽头连接真空执行器（装置）。真空软管和真空执行器膜片破损导致真空泄漏较为常见。另外，PCV、EGR 和 EVAP 三个系统都有管道与进气歧管相连接，三个系统出现相关故障或真空管道破损都会导致真空泄漏。

4）发动机在运行中，凡是进入进气系统的空气或其他气体，都必须是发动机预先设计的，即 ECU 可以控制的。否则，都是本文所探讨的进气系统真空泄漏或"非法"气体。

5）进气系统真空泄漏对发动机的主要影响。对 L 型系统，使混合气过稀，主要故障现象：急速不稳，加速无力，起步时易熄火。对 D 型系统，A/F 配制无误，混合气量与急速工况不匹配，主要故障现象：急速过高或急速游车。

技巧点拨 进气系统真空泄漏对发动机影响的程度，因泄漏部位和泄漏量以及发动机电控系统类型而异。

第三节 发动机积炭

一、发动机的积炭是怎样形成的

发动机积炭大多出现在气缸盖、气缸上部、活塞、活塞环、气门（图 2-14）、进气歧管、喷油器以及火花塞上。

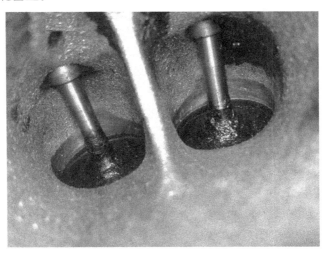

图 2-14 气门背面的积炭

1. 发动机积炭形成的机理

发动机的积炭是燃油和机油在高温及氧化作用下的生成物。当燃油及窜入燃烧室的机油不能完全燃烧时，未燃部分的胶质黏附在零件表面，被高温灼烤及氧化成为沥青质、油焦质和炭青质等复杂混合物，于是形成了积炭。气缸内发生不完全燃烧是积炭形成的主因。

对于喷油器来说，在发动机停转时，喷油器的头部残存着少量的燃油，这些燃油在高温作用下，在喷孔附近形成很薄的一层膜，日积月累后，将导致喷油量减少，雾化能力下降。

从使用角度看,汽车长时间低速、深踏加速踏板运行容易产生积炭。有的车主住在城里,又在市内上班,所以爱车大部分时间在市内短距离低速行驶,他们认为低速行驶对延长轿车的使用寿命有好处。实际上,长期在市内低速行驶的汽车,发动机气缸内燃油燃烧不完全,所以很容易积炭。如果积炭从气门的背面脱离,可能落在气门与气门座之间,而气门需要不停地关闭和开启,因此容易加速气门磨损,导致气缸密封不严,表现为气缸压缩压力下降,发动机抖动严重。

采用电子节气门的轿车经常在中低转速下运行,也容易在节气门的周围积聚灰尘和积炭,节气门被迫开大点,导致发动机冷车时怠速偏高、热车时怠速偏低的现象。发动机熄火的次数越多,怠速运转的时间越长,积炭会越严重。

另外,燃油和机油的品质不良,也会加快积炭的形成。

2. 发动机积炭故障的排查

积炭的常见故障现象是冷起动困难、怠速抖动、加速不良、噪声较大、油耗过高以及故障指示灯点亮,发动机运行于故障模式(图2-15)。

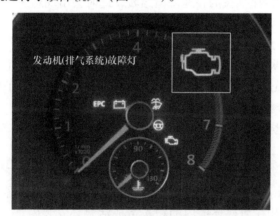

图2-15 积炭导致发动机故障指示灯点亮,汽车无法加速

有的汽车冷车时无法行驶,不踩加速踏板就熄火,非要等到发动机完全热起来后才能恢复正常,这往往是积炭惹的祸。有的发动机在不解体清洗喷油器后,发生爆燃现象,可能是因为气门处粘有积炭,引起气门异响。有时检测气缸的压缩压力明显高于标准值,说明燃烧室的容积变小了,往往是积炭的原因,将造成点火时间过早。此时如果不采用高标号的汽油,汽车加速行驶中总有异响,越是急加速越响,车速提高以后又不响了,这是典型的"火头响"。

有的发动机出现怠速抖动、踩加速踏板抖动、放松加速踏板抖动、无缘无故的偶发性抖动之类的故障现象。送到修理厂检查,电控系统没有故障码,反复维修不见好转。但是,清除进气道的积炭,或者拆卸气缸盖,清除气门与燃烧室的积炭后,发动机恢复正常。究其原因,是因为进气道中的积炭吸附了部分汽油,引起混合比失调,从而出现上述故障。

对于气缸缺火故障,如果常规维修不好,清洗进气道上的积炭也无效,可能是进气门变形和漏气所致,需要拆卸气缸盖和更换气门。

有一辆POLO轿车,才行驶2万km,就出现怪毛病——EPC灯经常点亮,在亮灯之前发动机要抖动一两下。清洗节气门,更换曲轴位置传感器都无效。对于这种故障,可以从发动机积炭方面找原因,检查添加的汽油是否质量不好,驾驶中是否经常采用高档低速,这些都容易在气缸中形成积炭。

> **技巧点拨** 发动机积炭的形成有汽车使用方面的问题,了解到这些原因有助于在日常用车过程中避免这些因素,减少发动机积炭的产生。

二、积炭对发动机有哪些危害

积炭不仅是一种有毒、有害的物质,而且积炭在冷车时吸附汽油,造成混合气过稀;在热车以后,这些被吸附的汽油蒸发出来,又造成混合气过浓。因此,积炭可能引起混合气过稀与过浓两个相互矛盾的故障码。

节气门积炭的发动机其节气门的开度往往偏大,发动机 ECU 在比较节气门开度信号的同时,一般判定空气流量传感器失常。一旦设置了空气流量传感器的故障码,电控系统便进入失效保护状态,自动按照预设的转速限值运转,此时会出现怠速抖动、加速不良、熄火重新起动后又暂时恢复正常等现象。

除此以外,积炭的危害性还体现在以下几方面。

1)导致早燃。积炭粘附在燃烧室的各零件(特别是活塞环、气缸上部、气门头、喷油器孔)表面,缩小了燃烧室的容积,增大了压缩比,不但恶化发动机的工作性能,而且积炭形成许多炽热点,容易诱发燃烧室早燃。

2)影响散热。燃烧室表面厚厚的一层积炭,必然影响散热,容易使发动机产生过热现象。

3)增加磨损。积炭的硬度很高,如果脱落的积炭进入摩擦副之间,将产生磨料磨损,加剧零件的损坏。另外,积炭容易污染机油,甚至堵塞润滑油道,导致润滑性能变差。

4)妨碍拆装。聚积在活塞环槽内的积炭造成活塞环安装困难,或者引起卡住和断裂;聚积在气缸盖螺栓上及螺孔之间的积炭,使气缸盖难以拆卸。

> **技巧点拨** 积炭对发动机造成的危害多种多样,预防发动机积炭是日常维护保养中首先要做到的。

三、发动机积炭的预防措施是怎样的

1. 掌握正确的驾驶方法

为了减少气缸积炭的生成,行车中发动机的转速尽可能保持在 2500~4000r/min 之间,避免高档低速。对于长期在市内行驶的汽车(其特点是经常怠速行驶),最好 10 天半个月抽空到郊外跑一跑,使发动机的转速达到 3000r/min 左右,并且在高档位行驶 15min 以上,其目的是利用进气管的高速气流,让发动机自己清洁一下进气歧管以及气门背面等处的积炭。

有时发动机出现间歇性难以起动的现象,在清洗喷油器积炭后,如果发动机的状况没有明显改善,可以原地踩下加速踏板,让发动机在高转速下运转 10~20min,一部分积炭可能会消失。

另外，提高换档转速也有与"跑高速"同样的效果。例如，把原来在2000r/min时换档变成在3000r/min时换档，这样不但能有效地预防积炭的生成，提高发动机的动力性，而且可以避免因换档转速偏低带来的爆燃，从而延长发动机的使用寿命。

2. 使发动机处于良好的技术状态

这是减少积炭形成的关键，为此需要做到"四保持"和"四避免"。

（1）"四保持"

1）保持气缸压缩良好。包括正确调整配气相位和气门间隙，搞好空气滤清器的维护保养，减少气缸、活塞、活塞环、气门及气门座等零件的磨损。另外，要正确装配活塞连杆组，使活塞始终处于气缸的中心位置，不发生"偏缸"现象。

2）保持燃油系统工作正常。包括保证燃油供应适量和畅通，正确调整喷油时刻和喷油压力，使喷油器雾化良好。

3）保持合适的发动机温度。发动机冷却液的温度应当经常维持在95℃左右，禁止在60℃以下带负载运转。

4）保持氧传感器工作正常。

（2）"四避免"

1）避免使用不合格的燃油和机油。

2）避免发动机超载运行。

3）避免汽车长时间低速行驶和怠速运转。

4）避免不正确的操作，例如低温时深踏加速踏板、长期不保养排气管等。

技巧点拨 掌握正确的驾驶方法，并且使发动机处于良好的技术状态，是预防发动机积炭的主要措施。

四、怎样正确使用维护汽车燃油系统

汽车在给车主的生活带来诸多便利的同时，也给车主增加了些许烦恼。例如，很多车主发现爱车在使用一段时间后，总会出现噪声变大、油耗增加、加速无力、怠速抖动等情况，究其原因，这和驾驶习惯、燃油品质及空气质量等都有很大的关系。

1. 积炭产生的原因

众所周知，无论是汽油还是柴油，其主要成分都是碳氢化合物，它们在燃烧室燃烧后释放出能量驱动车辆行驶，但是，如果燃料在气缸中燃烧不完全，就会生成积炭。此外，由于燃油品质等原因，还会产生胶质、杂质等。这些积炭和胶质的存在会对车辆的技术状态产生不良影响（图2-16）。如果喷油器受到污染，其雾化性能就会变差，造成燃烧不充分，从而导致发动机动力下降、油耗增加等，当然喷油器的寿命也会缩短。如果油泥和积炭堆积在节气门及进气道内，进入燃烧室的空气量便会减少，使得燃烧效率降低，从而导致发动机动力下降、油耗增加等。长期行驶在城市拥挤道路的车辆或使用的燃油品质不好，沉积物会快速形成，造成加速反应迟钝（实际进气量减少）和怠速不稳等问题。由于积炭的结构类似海绵状，喷油器喷油时，气门头部的积炭便会吸附部分燃油，使得真正进入气缸的混合气浓度变稀，导致发动机起动困难、怠速抖动、加速不良、急加油回火、尾气超标、油耗增多等异常现象。如果积炭严重的话还会造成气门密封不严，使气缸因没有气缸压力而彻底不工作，甚至造成气门粘连，气门无法回位，使气门与活塞产生运动干涉，最终损坏发动机。

图 2-16　积炭的危害

三元催化转化器容易出现的问题是堵塞，其内在因素是三元催化转化器载体上的贵金属催化剂对硫、磷、一氧化碳、未完全燃烧物、铅、锰等有强烈的吸附作用，很容易形成复杂的化学络合物，同时贵金属催化剂强烈的氧化催化作用，使吸附的不完全燃烧物更容易氧化，从而形成胶质或积炭，造成三元催化转化器堵塞；其外在因素主要有使用了含硫量高的燃油，使用了含铅或锰抗爆剂、品质差、胶质多的汽油等，容易造成三元催化转化器因积炭而堵塞。另外，长期使用含硫、磷抗氧化剂的机油也容易造成三元催化转化器堵塞。汽车在加速、减速状况下产生不完全燃烧物最多，因此长期在拥堵道路上行驶也容易造成三元催化器堵塞。带涡轮增压器的车辆容易发生三元催化转化器堵塞问题，往往是由于驾驶人对涡轮增压车辆操作方法不正确造成的。

2. 怎样避免积炭的产生

（1）使用清洁的燃油　燃油中的杂质是形成积炭的主要成分，所以清洁度高的燃油形成积炭的趋势就弱一些。为了保证燃油的清洁度，可采用在燃油里添加汽油清洁剂或超级柴油添加剂的做法，这样可有效地防止在金属表面形成积炭，且能逐渐活化原有的积炭颗粒并慢慢去除，从而保护发动机免受伤害。不过燃油清洁剂的添加一定要慎重，如果加入了伪劣的产品会起到相反的效果。

（2）养成良好的驾驶习惯　不要长时间怠速或低速行驶，发动机冷起动后，怠速时间长，发动机达到正常温度所需的时间也就变长，燃油被喷到气门背面后蒸发的速度就慢，容易产生积炭。同时，经常怠速行驶，进入发动机的空气流量也小，这样对积炭的冲刷作用也变得很弱，会促进积炭的沉积。长时间低转速行驶或低转速换档，燃油燃烧不充分，也容易产生积炭。对于经常在城市道路行驶的车辆，最好隔一段时间让车辆跑跑高速，以便让积炭烧掉。另外，对于装有涡轮增压器的车辆，在高速行驶或爬坡后不要立即熄灭发动机，要让发动机怠速运转一段时间后再熄火，这样不但可以保护涡轮增压器，而且可以减少积炭的形成。一般来说，装有涡轮增压器的车辆其积炭形成的速度比自然吸气式车辆要快数倍。

（3）要加强车辆的定期维护工作　建议车主在常规维护都满足的条件下，每2万km～4万km要做一次燃油供给系统的免拆清洗，也就是在发动机不解体的前提下用专用设备对发动机的进气道、气门、油路等容易形成积炭的部位进行清积炭的操作。喷油器和进气道的清洗可以清除部分积炭，并能够软化深层的积炭；燃油添加剂加到燃油箱中可以持续清洗积炭，恢复喷油器的雾化效果，保持油路畅通，恢复发动机的动力，消除发动机冷起动困难、怠速不稳等故障，提高燃油经济性，延长火花塞、氧传感器、三元催化转化器和发动机的使用寿命。

技巧点拨　如果系统产生的积炭不太严重，可以采用免拆清洗的方法进行清除；如果积炭严重，则需要采用拆解气缸盖清洁气门和气缸壁的方法进行清除。其实，最关键的是如何加强车辆的日常维护，避免积炭的生成。

五、怎样清除发动机的积炭

1. 机械清除积炭的方法

1）使用刮刀，用手工直接刮除零件上的积炭。

2）根据零件的不同形状，制成专门的金属丝刷子，然后安装在手电钻上进行清除。

3）拆卸进气歧管，将进气道和进气门上的积炭清理干净，并且用钢丝刷清理火花塞，用旋转钢丝清除燃烧室里的积炭。

2. 化学清除积炭的方法

（1）喷积炭清除剂　其方法是拆卸喷油器或火花塞，从喷油器安装孔将积炭清除剂（图2-17）泡沫喷入气门及进气道上，或者从火花塞安装孔将积炭清除剂喷入燃烧室，并且浸润15min，然后使用真空抽掉燃烧室内的积炭清洗剂，最后用压缩空气吹干净。

（2）使用溶剂清除

图2-17　积炭清除剂

1）工作原理。化学溶剂与积炭发生物理、化学反应，改变积炭的结构，使之逐渐松散、软化。

2）溶剂配方。清除发动机积炭的溶剂配方有许多种，可以采用以下配方（铜质零件不适宜）：醋酸乙酯4.5%（质量分数，后同）、丙酮1.5%、乙醇22%、苯40.8%、石蜡1.2%、氨30%。

3）操作方法。将积炭的零件放入化学溶剂中，浸泡2～3h，必要时加热至90℃，然后用毛刷沾汽油，将积炭刷掉。

注意：铝合金零件不可采用含氢氧化钠的化学溶剂清除积炭。

（3）添加剂　向燃油箱中加入两瓶燃油添加剂，然后将汽车开到高速公路上行驶一段路程，一边行驶一边清除积炭。

3. 使用专用设备清除

以采用清洗仪清除喷油器积炭为例，将主机的脉冲线与待清洗的喷油器连接，把喷油器放在超声波清洗架上，向槽内加注清洗剂，再接通电源，按主机面板上的"选择"键，选择需要的清洗参数，设置转速为50r/min，脉宽为20ms，喷油次数为500次，然后按"测试"键，提供脉冲电源给喷油器，并打开超声波开关，即可开始清洗（图2-18）。

4. 原地清除积炭的步骤（吊瓶式）

1）起动发动机，运转到正常工作温度，然后在节气门后方的进气管上（靠近节气门）找到真空吸入管口。注意观察发动机节气门和进气歧管的布置，是上吸式还是下吸式，以确定清除积炭的方法。

2）将除炭剂罐或者专用设备连接到真空吸入管口。操作人员进入驾驶室，控制发动机转速在2000r/min左右。

图2-18 使用喷油器清洗检测仪清除积炭

3）急踩、快松加速踏板，控制转速在1500～2500r/min之间。再调节微调开关，可以看到透明管内有生成的泡沫状除炭剂缓缓进入进气歧管，以连续不断进入为宜。

4）调整流量，以20min流完1罐除炭剂为合适。注意：由下向上吸（下吸式）的，流量要调小，以防机件被挤压损坏。

5）在正常情况下，除炭5min后，进气歧管整体由热变凉。如果进气歧管底部不冰凉，说明未清洗到位，需要寻找另外的接入管口。

6）除炭完成后，分离除炭剂罐口或专用工具的连接，使发动机以2000r/min的转速运转10～15min，等待进气歧管整体由凉变热，即恢复正常的工作温度。

7）开始排炭。从怠速运转开始，每10s慢慢增加500r/min，直到转速达到3500r/min，发动机进气和排气的声音比较顺畅。再在0.5s内加速到4000r/min，然后缓慢降低到怠速，如此从高速到怠速重复3次以上，直到一切正常以后，才可熄火。

8）拆除除炭剂罐或专用设备的接头，恢复原车的模样，然后路试。

注意：向客户说明：交车后，不可立即跑长途。

5. 清除积炭的注意事项

1）对发动机进行免拆清洗积炭，如果转速和流量控制不好，容易造成三元催化转化器损坏（具体表现为CHECK灯点亮）。因此，建议向燃油箱中加入除炭剂，然后进行原地除炭，这样既安全又可靠。

2）喷油器经过清洗积炭之后，其喷油器可以增大约1倍，如果此时检测发动机尾气的CO含量，可能暂时不达标。

3）有的汽车（如东风本田CRV轿车）在节气门阀板边缘有一层黑色的物质，它起密封作用。在清洗时，不要当成积炭清洗掉，否则会造成节气门漏气，并引起怠速不稳。

> **技巧点拨** 清除发动机积炭的方法有多种，可以根据发动机的不同状况选择相应的一种或几种使用，以保持汽车的良好运行状态。

六、发动机积炭过多会出现哪些现象和危害

汽车故障中50%是油路故障，油路故障中80%是积炭故障，对于初学者来讲并不能很好地判断积炭过多故障，现分析积炭的几种故障现象和危害。

1. 发动机冷起动困难

发动机冷起动时需要多而浓的混合气，如果进气道、燃烧室积炭过多，会吸附喷入的汽油，造成混合气过稀，引起起动困难，起动时间必然延长。直到积炭接近"吃饱"，待进入气缸的混合气满足了点火条件后起动才能成功。由于起动时间延长，起动机与蓄电池的寿命也将缩短。

2. 发动机冷起动后怠速偏低、不稳、抖动、加速熄火、减速熄火

发动机冷车起动后，如果积炭还没有"吃饱"汽油，在暖车阶段会继续吸附汽油，混合气依然会稀，怠速就会出现不稳定状态而抖动。如果喷油器被积炭堵塞，怠速转速也会降低。虽然电脑检测到转速偏离就会进行调整，可是一旦怠速通道和节气门受到积炭污染，气流通过数量被限制，需要怠速电动机和节气门不断进行调整才能维持发动机的正常工作。

随着积炭污染不断加重，怠速电动机和节气门自身的积炭污染使调节功能受到了限制，怠速系统的调节功能也会达到临界值，因无法进行调节而产生怠速不稳、抖动、加速熄火、收油熄火的现象。此时，ECU会认定节气门位置传感器出现了故障，实际上只是发动机中积炭过多的缘故。

3. 发动机动力下降、加速不良、加速抖动、减速抖动、喘振

发动机急加速时反应迟钝、响应滞后，加速行驶时会感觉动力不足，想要超车反而会被别人超过。产生这种故障现象的原因主要是以下部位受到了积炭的污染。

(1) 进气歧管积炭污染　当进气道内表面的积炭形成覆盖层时，由于表面粗糙，使进气气流运动形式发生改变，产生"涡旋效应"，导致流速降低、进气量不足。另外，积炭沉积还造成发动机缸盖进气口的截面积减小，加剧进气量不足的现象，进气不充分使发动机动力受到影响。现代轿车多采用长短进气管结构。积炭中汽油蒸发时会引起混合气变浓，氧传感器向电脑报告后，电脑会进行修正调整。一旦积炭开始吸附汽油，混合气变稀，此时如果急加速，就会感觉"不应脚"，加速没有反应或反应迟缓。过稀的混合气燃烧迟缓，发动机进入下一个工作循环时还在燃烧，进气门打开时就会出现回火故障，长时间回火，积炭会大量积聚在进气歧管中，引起加速不良。积炭引起混合气失调，稀时加速"锉车"；浓时松加速踏板"锉车"，因为减速不能断油，反复维修不能解决问题，此时除掉积炭即可排除故障。

(2) 喷油器积炭污染　喷油器被积炭污染后使喷油器头部的喷油孔部分堵塞，导致喷射角度变小、雾化不良、燃烧不完全，燃料转化成热能的效率下降，发动机动力受到影响。由于冷起动有加浓调节，喷油器被积炭堵塞会造成冷车起动困难，起动时间延长；热车没有加浓调节，积炭造成热车起动困难，电脑修正喷油脉宽时间越来越长。喷油器严重堵塞时还造成加速反而出现减速的故障。如果积炭卡滞关闭不严，油耗高的同时还会出现热车易熄火、熄火后热车无法起动的故障。

(3) 进气门积炭污染　当进气门上积炭较多时，积炭占用了一部分进气通道空间，导致进气量不足，更为严重的是，由于积炭有吸附燃油的特性，当发动机急加速时，浓混合比

的混合气经过积炭时燃油被吸收了一部分，实际上进入气缸内做功的是稀混合气，所以急加速时会产生滞后的感觉。一旦进气门被积炭包裹过热变形，将引起热车怠速抖动、起步熄火甚至火花塞断裂"捣缸"的故障。

（4）燃烧室积炭污染　燃烧室积炭过多，燃烧室容积变小，发动机压缩比变高。高转速的汽车发动机对压缩比的变化比较敏感，当压缩比升高时会出现爆燃现象。爆燃传感器将爆燃信号传给ECU，ECU会推迟点火时间，这样就直接导致了发动机功率下降。由于积炭在燃烧室内的分布不均匀，发动机工作时，气缸内会产生多点燃烧现象，使发动机不能正常工作，多点爆发在增加噪声的同时也加快了积炭的生成速度。

发动机工作时产生爆燃，轻则加速出现敲击异响，车速上去后异响消失；中则出现早燃，加速无反应，多踩几下加速踏板才能行走，ECU会认为是气缸没有工作，报出故障码是气缸失火，检查气缸压缩压力正常，更换火花塞、点火线圈、喷油器后故障依旧，实际是积炭引起的气缸失火；重则爆燃高温引起活塞顶部熔化、破裂，出现异响甚至出现"捣缸"故障。

发动机内部的积炭类似于炭罐中的活性炭，既可以吸附汽油，也可以释放汽油，随着每一次加速、减速，积炭内的燃油有一个吸收、释放的过程，造成了ECU调配的空燃比和气缸内实际存在的空燃比有误差。氧传感器将实际检测到的忽浓忽稀的空燃比信号回馈给ECU，ECU就只能不断地调整空燃比。反映到车上，就是发动机加速后喘振。由于反复调整空燃比，ECU会认为是氧传感器出现故障，所以很多车辆发动机故障灯点亮，存储氧传感器的故障码，但是更换氧传感器后故障依旧，ECU再一次显示氧传感器故障，实际上就是积炭干扰了氧传感器的正常工作。

4. 汽车尾气排放超标、油耗增大、噪声增大

影响发动机动力或者影响发动机排放，其实质就是混合比没有控制好。由于积炭在需要浓混合气的时候吸附汽油，造成混合气过稀，电脑必然要加浓混合气，一旦电脑在加浓混合气时，积炭也蒸发加浓混合气。这时电脑控制都来不及，必然造成混合比失调。

大家知道，发动机有害气体排放主要有三种，分别是一氧化碳（CO）、碳氢化合物（HC）和氮氧化物（NO_X）。其中一氧化碳和碳氢化合物的排放均与燃料的不完全燃烧和不燃烧有关。发动机内部积炭的产生，影响了发动机进气、喷油、雾化、点火、燃烧等各个部位正常协调的工作，干扰了ECU的信息采集功能，使之误判。由于燃料的燃烧质量下降，不但使发动机动力下降、油耗增加，而且使废气中有害气体的排放也大为增加，造成了环境的严重污染。

即使喷油器积炭引起的堵塞，表面看喷油量会减少，实质上电脑会不停地进行修正，喷油脉宽即喷油时间会越来越长，燃油雾化质量下降的同时，喷油量越来越大，油耗明显增大。

积炭一旦堵塞三元催化转化器的小孔，使之部分堵塞，会出现吹口哨声，加速出现回气声、共振声，噪声明显变大。严重堵塞时发动机无法起动，起动就熄火。重则出现阵发性加速不良或无法加速，熄火休息一阵子又可恢复加速性能；轻则出现无法跑高速，油耗增大的故障。

5. 发动机机油易变质、机油消耗增大，加机油盖子上出现白垢

正常情况下，机油在发动机保养期间隔时间内应该比较干净，接近换油周期时颜色略黑，黏稠度基本正常，无明显杂质。但如果出现机油早期变脏变质、黏度增加、有金属沫等现象，则可以断定发动机曲轴箱内有了积炭（俗称油泥），曲轴箱内的积炭主要有四个来源。

1) 机油本身润滑时因温度和氧化作用产生的胶质、漆质物质。
2) 发动机工作时经缸壁窜到曲轴箱的炭烟。
3) 曲轴箱进入的灰尘。
4) 发动机零件磨损的金属碎屑。

这些物质黏度较大，沉积在曲轴箱和油底壳内表面以及润滑油道、润滑部位等处，更换机油时不能将其一起放出来，这些积炭很快污染新机油，使机油变质。当沉积物过多时，还可能堵塞机油滤清器和部分细小油道，导致整个发动机机油循环量不足、机油压力降低，加剧发动机磨损。被堵塞的部分细小油道还会使相应的润滑点位处于干摩擦的状态，引发机械事故。

积炭卡滞活塞环会引起烧机油，硬质积炭拉伤缸壁也会引起烧机油。积炭一旦将曲轴箱强制通风阀堵死在开度最大的地方，会引起严重的怠速烧机油故障，甚至过量机油进入某一气缸，出现将活塞顶弯甚至捣缸的故障。积炭一旦将曲轴箱强制通风阀堵死在开度最小的地方，或者将通风口堵死，机油将很快变质，甚至出现严重漏机油故障。机油盖口的积炭在机油蒸气、汽油蒸气、水蒸气及机油中的添加剂、硫酸盐及高温的作用下会形成碳酸钙，出现白垢。

> **技巧点拨** 发动机的积炭是发动机的一种顽疾，预防积炭要从根本做起，要从日常维护的一点一滴做起。

七、怎样通过案例来说明积炭引起的疑难故障

1. 金杯加速不良

故障现象 一辆2012款金杯2.0面包车，行驶3000km，出现加速不良故障，发动机动力明显不足，加速到2000r/min以上后就出现无法再加速的现象，电控系统无故障码，传感器、执行器统统试换过无效。检查三元催化转化器无堵塞，点火系统、喷油系统零部件都试换过无效。

故障诊断与排除 用内窥镜检查发现进气歧管中有大量黑色沉积物，拆开发现类似沥青的胶质积炭，分析可能是积炭在进气道中与空气中的水分及回火中汽油蒸气中的胶质逐渐氧化形成类似于沥青状的积炭沉积物，堵塞进气通道，引起动力下降故障。拆卸进气歧管，清洗干净后装复试车，故障排除，加速恢复正常。

2. 宝马740Li加速出现电流声

故障现象 一辆2012款宝马740Li轿车，累计行驶20000km。车主反映加速中经常出现"电流声"，其他尚好。

故障诊断与排除 试车没有听到"电流声"，于是要求车主自己驾驶试车，在转弯后加速时出现了异响，仔细听诊是一种类似点火时间过早，发动机感觉加速动力不足时出现的共振声，车主将其形容为"电流声"（我们理解的"电流声"一般是收音机中发出的异常声

音,而车主是将一种机械的共振声描述为"电流声")。考虑到该车仅行驶20000km,在4S店多次检测没有任何故障,分析可能还是积炭所致。积炭引起动力不足或者积炭引起爆燃、点火时间提前,造成共振异响,建议向燃油中添加除炭清洗剂。车主用后反馈"电流声"消失。

3. 凯旋烧天然气怠速抖动

故障现象 一辆2011款的凯旋出租车,属于汽油与天然气双燃料汽车,行驶150000km,出现发动机故障灯点亮、风扇高速运转、加速无力的现象,熄火后重新起动故障暂时消失,但是等信号灯时经常出现怠速严重抖动、起步熄火故障,转烧汽油后正常。

故障诊断与排除 用电脑调故障码,有个别气缸失火故障。用内窥镜检查进气门杆上积炭严重。分析虽然是烧天然气为主的出租车,但是由于需要用汽油起动,起动次数与积炭成正比,加之城市拥堵、怠速等待时间过长、低速行车时间过长,积炭依旧是主要危害。积炭已经将进气门杆包裹,造成进气门关闭不严。烧汽油时,潮湿的混合气还可以增加进气门的密封,烧汽油即使压缩比低一些对性能影响不是很大。而烧天然气时的理论空燃比为16.7:1,在进入发动机时,天然气将占有约6%的体积空间,导致吸入发动机的空气量减少约6%,进气效率下降,从而引起动力性的下降;天然气性质稳定,燃烧速度慢,点燃需要更多的能量;与使用汽油相比,使用天然气时的动力性下降在10%以内。如果进气门密封不严,发动机吸气更不足,必然怠速抖动,甚至起步熄火或怠速自行熄火。

考虑到出租车的经济性及维修的快速性,于是拆卸进气歧管,采用人工方法(就是用清洗剂喷射并人工铲刮的方法)将进气门杆上的积炭清理干净,试车故障排除(注意:该故障如果长期带病用车,一旦气门口烧损,人工方法解决不了,只有拆卸气缸盖清除积炭,更换新气门才能恢复正常)。

4. 标志308冷起动困难、怠速抖动

故障现象 一辆2012款1.6L标志308轿车,行驶里程10000km,出现冷车起动困难、怠速抖动的故障,在4S店没有找出故障原因。

故障诊断与排除 考虑该车只行驶10000km,发动机悬置不可能损坏,积炭的可能性最大。用内窥镜检查,发现燃烧室及进气道积炭较多(图2-19)。

建议车主使用可以溶解积炭的燃油添加剂除炭(图2-20),车主使用一瓶并行驶烧完一箱汽油后故障排除。

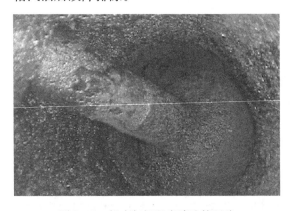
图2-19 标志气门积炭清洗前照片

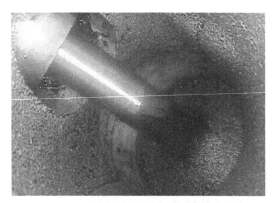
图2-20 标志气门积炭清洗后照片

技巧点拨 发动机积炭后会造成各种不同的故障，在诊断发动机相应故障时，应注意识别。

第四节 发动机负荷

一、怎样正确理解发动机负荷率的概念

对于汽油机来讲，负荷率的一个通俗的表达为：某个发动机转速下，部分节气门开度下的进气量与节气门全开时的进气量，可以代表负荷率。由于汽油机燃烧系统一般看成是过量空气系数为1的均质燃烧系统，其转矩输出模式为进气充量调节。丰田或本田等日企更倾向于使用进气量表达负荷率，而欧美更多采用转矩表达负荷率。

节气门开度与转矩不呈线性关系，并不能准确表达负荷率的概念。但仍有部分公司在开发试验中沿用这个概念，比如PSA及国内一些企业。

对于柴油机来讲，其燃烧系统工作原理是调质，即在额定转速以下，喷油量与转矩输出呈线性关系。因此某转速下，部分油门开度下的喷油量与全油门时喷油量之比，可以准确表达负荷率的概念。但有一个例外，如果转速超出额定转速，进入超转速区域（如在高怠速时），喷入燃烧室的油全部用来克服发动机的摩擦功，对外输出转矩为零。这个时刻，发动机就没有负荷。

在发动机负荷这一概念产生的初期，是用部分节气门开度所产生的发动机转矩与节气门全开时发出的最大转矩之比来进行定义的。在发动机研发阶段用这个概念来进行定义应该是非常正确的。但用于实际运行一定时间后的发动机，尤其是带有故障的发动机来说，则很容易让我们产生迷惑，这主要是由于发动机负荷参数的数据值在较大值时，并不是有同样大的发动机转矩输出，这与常规意义上的负荷的概念出现了差异。发动机负荷增大了，发动机的输出功率、转矩并没有显著增加，仍然与当时的发动机运行阻力相同。

比如当发动机在怠速出现1缸失火故障时，由于1缸工作不良导致发动机输出转矩下降，导致发动机出现转速降低的情况。此时发动机ECM会起动怠速转速控制，通过开大节气门，提高进气量、喷油量来弥补1缸失火导致的输出转矩下降情况，从而起到怠速转速稳定的作用。因此，从发动机负荷的角度看，发动机的负荷数值是增大的，但发动机本身的运转阻力并没有发生变化，输出转矩也没有变化。

技巧点拨 负荷率是一个在某特定发动机转速下转矩的百分比相对概念，它的严格定义是指同发动机转速下，部分节气门下发出的转矩与节气门全开时发出的最大转矩之比值。

二、发动机怠速工况与负荷存在什么关系

发动机怠速时，由于没有对外的功率输出，只需要克服本身机械运转的阻力即可。这样怠速时进入气缸的混合气，只需要满足燃烧后输出的 F 作用力与机械阻力 f 相同，即能保证

发动机以稳定的转速运转（图2-21）。

如果此时增加外界的负荷，如打开空调、转动转向盘、打开前照灯，都会导致发动机的负荷增大，急速时进入气缸的混合气所做的功（F驱动力），已不足以克服此f阻力。这将导致发动机的转速降低。因此，发动机ECU会根据此外界负荷增加的情况增加进气量，以提高作用在活塞上方的F驱动力（图2-22）。

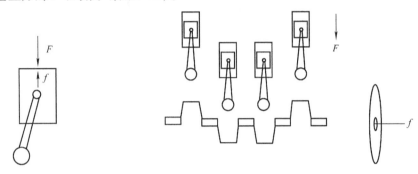

图2-21 急速时的受力分析　　图2-22 增加外界负荷时的受力分析

急速工况下，发动机没有对外输出转矩。气缸内混合气燃烧做功产生的转矩只是用来维持活塞的吸气、压缩、做功、排气行程，以及水泵和发电机的运转。

平常提到的急速实际上是指发动机平稳运转的最低急速。习惯上维修人员常将不踩加速踏板或节气门急速触点接通的状态视为急速，这偏离了急速的外部负载转矩为零的本质属性。如上面提到的空调开启、转向助力泵工作或带档滑行等。即使未踩下加速踏板，只要外部负载转矩不为零，仍然不能将发动机转速视为急速。相反，踩下加速踏板，无论发动机转速有多高，只要外部负载转矩为零，仍可将发动机转速视为急速。但此时的急速应该称之为"高急速"。

在实际维修作业中，维修人员常会采用急加速的方式来观察发动机的转矩输出能力。这实际上是利用曲轴加速所产生的额外负荷来模拟发动机的外部负载转矩。在这种情况下发动机外部负载转矩虽然为零，但急加速时由于气体运动的惯性和摩擦力会通过活塞传给曲轴，瞬间产生较大的内部负载转矩。维修人员把这个较大的瞬间内部转矩以外部负载转矩来看待，这样在某种程度上不必通过路试，便可以间接地观察到发动机转矩增加的潜力。

但是由于该内部转矩增加的量有限，无法完全模拟发动机大负荷或全负荷工况下的外部负载，所以常会出现实际车辆加速无力或无高速，但原地空负荷急加速正常的情况。在传统化油器的发动机上，我们见过400~500r/min左右的急速，发动机一样能够稳定地工作，但此时由于发动机转速较低，气缸内的混合气量相对较少，燃烧速度较低，混合气偏浓，尾气排放的CO、HC化合物的生成量较高。所以手动档汽车发动机的急速转速一般在（700±50）r/min。自动档汽车急速转速多在（750±50）r/min。

由于车辆在原地不动的过程中，可能会由于打开空调、打开前照灯等大负荷电器设备，导致发动机的负载增大。此时，如果发动机没有进行相应的急速转速控制，增大进气量来补偿外部附件带来的运转阻力的话，就会由于发动机输出转矩小于负载的增加量，导致发动机运转速度降低、出现发动机抖动甚至熄火的故障。

为了维持发动机运转的稳定性，当打开空调、打开大负荷用电器时，需要及时向发动机控制电脑发出负载信号,甚至在某些车型中空调的压缩机运转是受发动机电脑控制的,发动机电脑在发出允许压缩机工作信号(或者直接控制压缩机继电器)的同时,通过增加进气量来提高发动机的转速以适应发动机负荷的增大,这样就起到了维持发动机怠速稳定运转的作用。此时,我们从数据流中可以明显看到发动机负荷数值增大的情况。

从数据流中可以看出,怠速时发动机的转速为647r/min,进气量为1.65g/s,计算负荷数值为32.5%,打开空调后发动机的转速为861r/min,进气量为3.45g/s,发动机计算负荷数值变为44.7%。

当发动机由于某种情况出现空调开关信号,或电负荷信号,或者转向助力信号无法输入的情况,就可能会导致发动机无法及时进行怠速(负荷)补偿,弥补功率的提升需求。此时,会出现发动机怠速抖动的故障。

反之,如果出现上述信号异常输入发动机电脑的情况,则可能导致发动机转速异常升高,怠速转速过高,甚至出现发动机转速忽高忽低的故障。此时观察数据流,可以看到发动机负荷增大的数据。另外,可以观察到相应负荷请求信号的接入。如转向助力信号处于ON、电负荷为ON等。

如果发动机机械、点火、燃油系统发生故障,则会由于发动机功率、转矩的降低,在一定节气门开度下,输出转矩无法克服发动机运转的机械阻力,导致发动机转速降低,出现抖动甚至熄火的故障。

> **技巧点拨** 发动机的怠速,指的是在没有对外动力输出时的最低平稳运转速度。实际上为了控制尾气排放、为了车辆起步时的平稳性,通常意义上的怠速转速已经高于实际理论意义上的怠速值。

三、发动机怠速抖动的原因有哪些

发动机怠速时抖动,常是混合气过稀所致,而造成混合气过稀的主要原因是各缸做功不一致,造成各缸做功不一致的原因主要有以下几种。

1. 进气系统故障

(1) 进气管及各种阀泄漏 空气、汽油蒸气或燃烧废气从泄漏处进入进气管,会造成混合气过浓或过稀,使发动机燃烧不正常。当漏气位置只影响个别气缸时,发动机出现较剧烈的抖动,此故障对冷车怠速的影响极为明显。常见原因有:进气总管卡子松动或胶管破裂;进气歧管衬垫漏气;进气歧管破裂或被其他部件磨出孔洞;喷油器密封圈漏气;真空管插头脱落、破裂;PCV阀开度大;活性炭罐阀常开;EGR阀关闭不严等。

(2) 节气门和进气道积垢过多 节气门和周围进气道的积炭、积垢过多,空气通道截面积发生变化,使控制单元无法精确控制怠速进气量,造成混合气过浓或过稀,使燃烧不正常。常见原因有:节气门有油污或积炭;节气门周围的进气道有油污、积炭;怠速步进电动机、占空比电磁阀、旋转电磁阀有油污、积炭。

(3) 进气量失准 各种传感器及其电路故障,属于引起怠速不稳的间接原因,控制单元将发出错误的指令,引起发动机怠速进气量控制失准,使发动机燃烧不正常。常见原因有:节气门位置传感器故障;节气门怠速开关故障;冷却液温度传感器故障;进气温度传感器故障；空气流量传感器或进气压力传感器故障；以上传感器的线路有断路、短路、接地故障；发动机控制单元因进水引起插头接触不良或内部电路损坏；节气门电动机损坏或发卡。

2. 燃油系统故障

（1）喷油器故障　喷油器的喷油量不均、雾状不好，造成各气缸发出的功率不平衡。常见原因有：喷油器堵塞、密封不良、喷出的燃油呈线状等。

（2）燃油压力故障　油压过低，从喷油器喷出的燃油雾化状态不良或者喷出的燃油呈线状，严重时只喷出油滴，喷油量减少，使混合气过稀。油压过高，实际喷油量增加，使混合气过浓。常见原因有：燃油滤清器堵塞；燃油泵滤网堵塞；燃油泵的泵油能力不足；燃油泵安全阀弹簧弹力过小；进油管变形；燃油压力调节器有故障；回油管压瘪、堵塞。

（3）喷油量失准　各传感器及线路故障，属于引起怠速不稳的间接原因，导致控制单元发出错误指令，使喷油量不正确，造成混合气过浓或过稀。具体原因有：空气流量传感器（或进气歧管压力传感器）故障；节气门位置传感器故障；节气门怠速开关故障；冷却液温度传感器故障；进气温度传感器故障；氧传感器失效；以上传感器的线路有断路、短路、接地故障；发动机控制单元因进水引起插头接触不良或内部电路损坏等。

3. 点火系统故障

（1）点火模块与点火线圈故障　近些年来，各车型多将点火模块与点火线圈制成一体，点火模块或点火线圈的故障主要表现为高压火花弱或火花塞不点火。

常见原因有：点火触发信号缺失；点火模块有故障；点火模块供电或接地线的连接松动、接触不良；初级线圈或次级线圈有故障等。

（2）火花塞与高压线故障　火花塞、高压线故障导致火花能量下降或失火。

常见原因有：火花塞间隙不正确；火花塞电极烧蚀或损坏；火花塞电极有积炭；火花塞绝缘体有裂纹；高压线电阻过大；高压线绝缘外皮或插头漏电；分火头电极烧蚀或绝缘不良。

（3）点火提前角失准　传感器及线路故障属于引起怠速不稳的间接原因，控制单元发出错误指令，使点火提前角不正确，或造成点火提前角大范围波动。

常见原因有：空气流量传感器或进气压力信号故障；霍尔传感器故障；冷却液温度传感器故障；进气温度传感器故障；爆燃传感器故障；以上传感器的线路故障包括：断路、短路、接地故障；发动机控制单元因进水引起插头接触不良或内部电路损坏。

（4）其他原因　三元催化转化器堵塞引起怠速不稳，这种故障在高速行驶时最易出现。自动变速器、空调、转向助力器有故障会增加怠速负荷引起怠速不稳。发动机控制单元与空调、自动变速器控制单元之间的怠速提升信号中断，使安装 CAN – BUS 的车辆存在总线系统故障。

4. 机械结构故障

（1）配气机构故障　配气机构故障导致个别气缸的功率下降过多，从而使各气缸功率不平衡。常见原因有：正时传动带安装位置错误，使各缸气门的开闭时间发生变化，导致配气相位失准，各气缸燃烧不正常。气门工作面与气门座圈积炭过多，气门密封不严，使各气缸压缩压力不一致。凸轮轴的凸轮磨损，各缸凸轮的磨损不一致，导致各气缸进入空气量不一致。气门相关件有故障，如气门推杆磨损或弯曲，摇臂磨损，气门卡住或漏气，气门弹簧折断等。装备液压的发动机，在通往气缸盖的机油中安装一个泄压阀，一般液压挺杆的机油压力被控制为300kPa，如果泄压阀堵塞，由于压力过高会使液压挺杆伸长过多，导致气门关闭不严。进气门背部存在大量积炭，使冷车时吸附刚喷入的燃油而不能进入气缸，使混合气过稀导致冷车怠速不稳。

（2）发动机体、活塞连杆机构故障　这些故障都会使个别气缸功率下降过多，从而使各气缸功率不平衡。常见原因有：气缸衬垫烧蚀或损坏，造成单缸漏气或两缸之间漏气；活塞环端隙过大、对口或断裂，活塞环失去弹性；活塞环槽内积炭过多；活塞与气缸磨损，气缸圆度、圆柱度超差；因气缸进水后导致的连杆弯曲，改变压缩比。燃烧室积炭会改变压缩比，积炭严重导致怠速不稳，经常长距离高速行驶可以避免形成积炭。

（3）其他原因　曲轴、飞轮、曲轴传动带轮等传动部件动平衡不合乎规定，发动机支脚垫断裂损坏，这两种原因不影响发动机转速，但会造成发动机剧烈振动。

> **技巧点拨**　怠速时发动机抖动是维修中常遇到的故障，如果诊断思路不正确，有时要走很多弯路，花很多时间，换很多不该换的零部件才能修好。

四、怠速不稳的诊断方法是怎样的

怠速不稳故障的原因有很多，应根据检测结果、理论分析、维修经验才能给出正确判断，所以说诊断工作是有规律可循的。

1. 询问车主

接到怠速不稳的车后询问车主：①第一次出现怠速不稳的时间；②怠速不稳与行车情况；③怠速不稳与发动机温度；④该车行驶里程；⑤该车保养情况；⑥该车此故障的维修历史；⑦该车的配置情况。通过以上问题的答案可以对怠速不稳有个初步判断，可缩短检查时间，避免在维修时作无用功。

2. 外观检查

打开发动机罩观察发动机运转情况、抖动程度，同时观察发动机转速表指针的摆动幅度，是否偏离怠速期望值；观察是正常怠速抖动，还是负荷怠速抖动（打开空调、灯光、挂入档位、打方向盘时等）；发动机外部件是否有异常；真空管有无脱落、破损；电线插接器有无松脱；是否存在漏油、漏水、漏气、漏电现象；排气管是否"突、突"排气、冒黑烟、有汽油味等不正常现象；节气门拉线是否调整合适。

3. 阅读分析故障码

读故障码（永久性、偶发性故障码都要记录）→清码→运行（此时要再现故障发生的条件）→再读码。阅读维修手册中的故障码列表，查阅故障码发生的原因、影响和排除方法。分析偶发性故障码也很重要，往往怠速不稳时刻正是偶发故障码出现之时。经过分析制定下一步工作计划。如果未记忆故障码，要考虑控制单元不能监视故障的元件，例如桑塔纳时代超人、捷达车的控制单元不能对点火系统、燃油泵进行监控，应采用测量方法检查。

4. 阅读分析数据块

数据块可以提供发动机运转中的实时数据，能否正确分析数据块代表着诊断者的技术水平，对那些不正确的数据要分析其原因。怠速不稳要读发动机转速、节气门开度、发动机工况、怠速空气流量学习值、怠速空气调节值、怠速λ学习值、怠速λ调节、空气流量、点火角、氧传感器电压、冷却液温度、进气温度等数据。以上的实时值和学习值都以物理量显示，调节值以百分率表示，工况以文字表示。

5. 测量检查

根据故障现象、故障码内容、数据块数值确定测量内容，根据测量对象选择万用表、二极管测试笔、尾气检测仪、燃油压力表、气缸压力表、示波器、模拟信号发生器、喷油器检测清洗仪等，选择哪一种仪器应视具体情况来定，出发点是能迅速、准确判断故障。尾气检测和波形分析很重要，也可以用断缸方法迅速找到输出功率小的气缸，使用真空表可以分析影响真空度的具体原因。

检查测量的原则是从电到机、从简到繁。可以按电控系统、点火系统、进气系统、燃油系统、发动机机械部分的顺序进行。

6. 故障排除

诊断者根据上述检查结果和维修手册中的故障排除指南，制定适合本车的故障排除方法。排除方法一般有：清洗节气门与进气道、清洗检查喷油器、更换电气元件、检查线束的故障点、清洁接地点、修理发动机机械结构等。

> **技巧点拨** 进气系统、燃油系统、点火系统、发动机机械结构故障均会导致发动机怠速不稳，因此诊断发动机怠速不稳现象的原因是一项涉及面较广、难度较大的工作，轻易换件的方法是不可取的。

五、怎样正确理解曲轴位置信号

目前，大多数发动机采用 60 - 2 齿（60 个信号齿的位置只有 58 个齿，还有 1 个大齿缺）的曲轴信号盘（图 2-23）。一般定义在曲轴信号盘大缺齿后的第 1 个齿为信号起始点。

发动机的运转靠活塞的上下运动转化为曲轴的旋转运动。发动机 1 个循环有 4 个行程，曲轴旋转 2 圈，经过 120 个齿，每个行程要经历 30 个齿。其中做功行程是发动机的动力来源，发动机在每次做功行程时对曲轴进行加速，使发动机持续运转，就像陀螺，抽 1 次加速 1 次，但在车上，人却感觉不到这种变化的加速度，这是由于飞轮的存在。飞轮一般具有较大的旋转惯量，可以将每次速度变化平稳地转化成曲轴的定速旋转。对于乘用车，为了有较好的舒适性，飞轮的质量较大，但对于跑车，飞轮的质量相对较小，怠速时发动机转速会上下游动，这是为了更好地响应节气门操作。

图 2-23　曲轴信号盘

假设气缸的点火信号为做功信号，如图 2-24 所示，对于 4 缸发动机（点火顺序为 1 - 3 - 4 - 2），曲轴旋转 2 圈有 4 个做功行程，每个做功行程经历 30 个齿，曲轴在 2 个点上各得到 2 次加速。如图 2-25 所示，对于 6 缸发动机（点火顺序为 1 - 5 - 3 - 6 - 2 - 4），曲轴旋转 2 圈有 6 个做功行程，每个做功行程经历 20

个齿,曲轴在3个点上各得到2次加速;每个做功行程为180°,这个是不会改变的,如1缸的做功行程,在还未结束的时候,5缸又开始做功了,使2次做功间隔120°。如图2-26所示,对于8缸发动机(点火顺序为1-3-7-2-6-5-4-8),曲轴旋转2圈有8个做功行程,每个做功行程经历15个齿,曲轴在4个点上各得到2次加速。

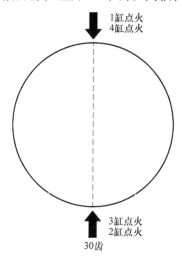

图2-24 4缸发动机曲轴加速点的分布

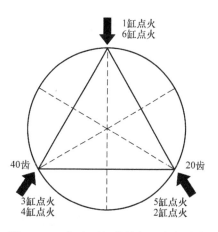

图2-25 6缸发动机曲轴加速点的分布

一般6缸和8缸发动机出现单缸失火故障时,发动机控制单元会报多缸失火故障,因为在一个气缸加速还没完全结束时,另一个气缸就开始介入了,因此比较难判断是哪个气缸所对应的加速度没有到位。

大多数发动机控制单元通过曲轴的加速度来判断气缸是否做功良好,如果某个气缸的功率下降,意味着某加速点没有提供加速度,曲轴的转速会下降。图2-27为断开4缸发动机某气缸喷油器导线插接器时采集到的曲轴位置传感器信号波形,假设点火信号触发的那一刻即为做功行程的开始,做功行程需要经过30个齿,从波形中可以看出该做功行程持续的时间为44.09ms。如图2-28所示,

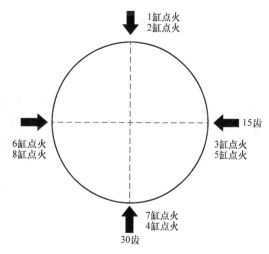

图2-26 8缸发动机加速点的分布

正常情况下,该做功行程持续的时间为42.32ms。这个测试只是断了这个气缸的喷油,气缸本身并不存在泄漏,压缩的空气还可以有空气弹簧的作用,所以只差了1.77ms,如果气缸是因为泄漏导致的功率下降,则这个时间将会更长。

曲轴旋转1圈经过60个齿,已知经过30个齿的时间为44.09ms,那么曲轴旋转1圈的时间为88.18ms,1min曲轴旋转约680圈,此时的发动机转速即为680r/min。同理可知,若曲轴经过30个齿的时间为42.32ms,则对应的发动机转速约为709r/min。由此可以看出气缸失火对发动机转速的影响。

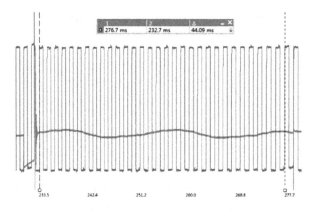

图 2-27　断开某气缸喷油器导线插接器时采集到的曲轴位置传感器信号波形

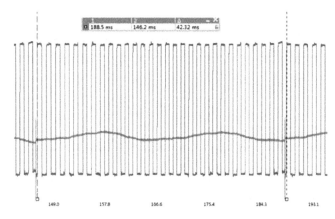

图 2-28　正常车的曲轴位置传感器信号波形

图 2-29 为 VVT（可变气门正时系统）调节前后的相关波形对比，其中红色线为曲轴位置传感器波形，绿色线为进气凸轮轴位置传感器波形，蓝色线为排气凸轮轴位置传感器波形。曲轴旋转 1 圈经过 60 个齿，每个凸齿加凹齿对应 6°，单独 1 个凸齿对应 3°。由图 2-29 可知，进气凸轮轴位置传感器信号向左移动了 3.5 个齿，也就是进气凸轮轴位置滞后了 21° 的曲轴转角；排气凸轮轴位置传感器信号向左移动了 2 个齿，也就是排气凸轮轴提前了 12° 的曲轴转角。

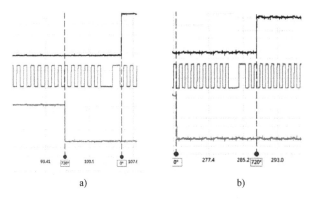

图 2-29　VVT 调节前后的相关波形对比
a）调节前　b）调节后

第二章 发动机机械系统维修技能与技巧

> **技巧点拨** 大多数发动机控制单元通过曲轴的加速度来判断气缸是否做功良好,如果某个气缸的功率下降,意味着某加速点没有提供加速度,曲轴的转速会下降。

第五节 排气堵塞

一、为什么会发生发动机排气堵塞的故障

要诊断汽车发动机排气堵塞的故障,首先要清楚排气堵塞的原因。在20世纪80~90年代,尽管汽车的整体技术水平不高,但鲜有听说排气堵塞的情况发生。但是进入21世纪,汽车发动机排气堵塞的故障却时常出现,其原因很简单,主要是先前的汽车在排气管路上只装有消声器,而进入21世纪,由于汽车排放法规的日益严格,汽车的排气管路上不仅装有用于消声的消声器,还都安装了控制尾气排放的三元催化器,也正是由于三元催化器的安装,才使得汽车发动机发生排气堵塞的概率大幅增加。

为什么安装了三元催化器就容易造成发动机排气堵塞?这还要从三元催化器的结构说起。目前大多汽车的三元催化器都使用陶瓷载体,陶瓷载体的横截面上通常按照600目(每in^2表面分布600个孔眼,$1in = 25.4mm$)的规格布满了直径不足1mm的孔眼,发动机燃烧的废气都要通过这些孔眼排到体外。由于混合气燃烧不完全产生的积炭、机油窜入气缸燃烧后其含有的磷、锌等抗氧剂、排气歧管的锈蚀物等各种物质都会附着在三元催化器的陶瓷载体的表面,造成其孔眼堵塞,从而呈现出了排气堵塞的故障。

> **技巧点拨** 汽车发动机排气堵塞主要就是三元催化器的堵塞,掌握了三元催化器堵塞的故障诊断方法,也就学会了诊断汽车发动机排气堵塞的方法。

二、怎样通过症状诊断发动机排气堵塞的故障

发动机排气堵塞时,往往会出现如下的故障症状。

1)汽车加速无力,发动机转速和车速提升困难。这是因为排气不畅致使进气量变少,发动机功率下降。

2)自动变速器车辆强制降档频繁。由于排气堵塞导致发动机功率下降,驾驶人为使汽车有更多的动力输出,就必须要深踩加速踏板,使得节气门大开,于是,ECU根据节气门的开启状态控制自动变速器强制降档。

3)在发动机急加速时有轻微回火现象。当发动机排气不畅时,会有部分的废气滞留在气缸中,使混合气变稀,燃烧速度变慢。在进气门开启时,混合气还在燃烧,因此,燃烧的混合气会通过开启的进气门反窜至进气管中,从而产生回火现象。

4)在发动机急加速或急收加速踏板时,会听到排气管路"哗啦哗啦"的声音。这多是三元催化器破损的症状,而破碎的三元催化转化器极易造成发动机排气堵塞。

5)发动机缺火时,尾气排放气流均匀,无"突突"声。在发动机排气堵塞较为严重时,进行断缸试验,可以发现发动机抖动明显,但汽车的尾气排放气流却很均匀,没有因发

动机缺缸而呈现出应有的"突突"声。这是因为,堵塞的排气管路已将发动机缺缸产生的废气气流波动进行了极大程度的衰减,从而造成了尾气"温和"流出的假象。

6)发动机既喷油也点火,压缩压力亦很充足,但是发动机就是起动不了,这通常是排气完全堵塞的症状。

上述一系列症状是汽车发动机排气堵塞所呈现出的比较典型的故障现象,准确捕捉这些症状对于诊断和排除排气堵塞故障是十分有帮助的。但是,也需要注意,这些症状虽然是排气堵塞引发的,但汽车的其他故障同样有可能产生这些症状,因此,仔细观察和科学分析、判断才是正确确定故障原因的必要手段。

> **技巧点拨** 当汽车发动机排气发生堵塞时,根据堵塞的严重程度会呈现出相应的故障症状,因此,通过故障症状来判断发动机排气堵塞是科学诊断和排除故障的必要前提。

三、怎样利用检测方法判断排气堵塞故障

可以通过下列方法检测排气是否堵塞:

1. 三元催化转化器破碎情况检查

举升起车辆,观察车辆的三元催化转化器、消声器及排气管是否存在磕碰的外伤(重点查看三元催化转化器),如果有明显磕碰过的痕迹,那么排气堵塞的可能性会大大增加。用橡胶槌轻轻敲打三元催化转化器(避免重击振碎三元催化转化器的芯体),倾听是否有"哗啦哗啦"的声音,如果有此异响,说明三元催化转化器内部的蜂窝陶瓷载体破碎,必须要及时更换三元催化转化器总成。在这种情况下,即便当前排气未堵塞,但堵塞是迟早的事情。并且,随着时间的推移,三元催化转化器的碎渣会被气流不断冲进后节的消声器中,造成消声器也形成堵塞,最终不得不将三元催化转化器和消声器一并更换,会增加不必要的维修成本。

2. 排气背压测量

排气背压测量是针对排气管路是否存在堵塞所进行的一种常用检测方法。所谓排气背压,就是指排气的阻力压力。如果排气背压过高,则说明测量点的后端排气管路存在堵塞。通常,发动机在怠速时,排气背压不高于8kPa;在2500r/min时,排气背压一般不大于13.8kPa。

在汽车的排气管路中,能造成排气堵塞(导致排气背压过高)的最主要部件就是三元催化转化器,因此,在测量排气背压时,通常都是在三元催化转化器之前的排气管路上安装排气背压表。对于装有两个或两个以上三元催化转化器的排气管路,可以根据前期的判断确定在哪个三元催化转化器之前测量排气背压,或者按照由前至后的顺序依次进行测量。测量排气背压的方法如图2-30所示。拆下三元催化转化器前端的氧传感器,在氧传感器的安装座孔处接上排气背压表,

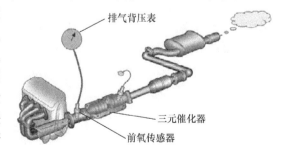

图2-30 发动机排气背压的测量

起动发动机，并使发动机达到正常工作温度，观察怠速和 2500r/min 两种工况下的排气背压值，如果超过了标准值，说明排气系统存在堵塞。

对于装有二次空气喷射系统的车辆，也可以从二次空气喷射管路上脱开空气泵止回阀的接头，在二次空气喷射管路中接入排气背压表进行测量。

当没有排气背压表的时候，在保证安全的前提下，有时也可以直接拆下最前端的氧传感器，使废气不通过三元催化转化器，直接从氧传感器安装座孔排入大气，以此来测试排气管路是否堵塞。具体做法是：起动发动机，加速，进行经验测试，如果加速效果明显改善，就说明排气堵塞了。

3. 真空度测试

一台性能正常的自然吸气式汽油发动机，在正常怠速工况下，其进气歧管的真空度通常都会稳定在 70kPa 附近，当从怠速均匀加速至 3000r/min 时，这期间的真空度也不会发生明显的波动。

对于排气发生堵塞的发动机而言，在怠速时，由于废气量少、气流速度缓慢，废气基本能够被排出体外，但当发动机加速时，废气量和气流速度都快速增加，堵塞的排气管路无法满足排气的需求，因而只能使废气受到阻挡，被迫反冲至进气管路，从而出现加速时进气歧管真空度持续下降的现象。所以，当排气发生堵塞时，所测得的发动机进气歧管的真空度情况是：在怠速工况下，进气歧管的真空度基本会稳定在 70kPa 附近；随着发动机转速的持续升高，真空度则不断下降。

按照这一测试依据，将真空压力表接到发动机的进气歧管上（节气门之后）即可进行相应的测试。

需要注意的是，利用真空度测试排气堵塞的方法一般仅适用于自然吸气式的汽油发动机，涡轮增压发动机和柴油发动机要进行排气堵塞的检测，最好还是采用排气背压测试方法。

4. 数据流分析

（1）利用燃油修正值的变化判断排气堵塞故障　对于一台性能正常的发动机实施急加速，短期燃油修正值会向正值方向变化（燃油加浓）。这是因为，随着加速的进行，进气量增加，瞬间的混合气浓度变稀，氧传感器检测到这一浓度变化后，会将该信息反馈给 ECU，ECU 于是会做出燃油加浓的决定，呈现出的数据流为短期燃油修正值向正值方向增加。而当发动机排气堵塞时急加速，由于废气的反窜使进入气缸的新鲜空气减少，氧传感器检测到的废气氧浓度随之降低，导致短期燃油修正值向负值方向变化。利用这一特点，通过对短期燃油修正值变化情况的观测，就可以判断出发动机是否存在排气堵塞的情况。

（2）利用尾气分析仪检测排气堵塞故障　将尾气分析仪的探头插入排气管口，读取废气中的 HC 值。然后将发动机加速到 2500r/min，再次读取 HC 值，如果 HC 值升高，则表示排气阻力过大。

5. 断缸测试

对于一辆被怀疑发动机排气堵塞严重的汽车，正如我们前面所提到的症状观察那样，可以在发动机怠速运行平稳的条件下，人为进行发动机某一气缸的断缸测试。此时，发动机的运行一定是均匀抖动的，如果尾气气流没有"突突"的缺缸声音，而是与断缸前的状态同样均匀，这就足以表明排气严重堵塞。

技巧点拨 对故障症状的捕捉和观察，只是确定故障原因的基础，要确定汽车发动机是否发生排气堵塞，以及堵塞的具体原因，则必须采用上面所列的具体检测方法。

四、怎样预防排气堵塞故障的发生

预防排气堵塞故障的发生，提出如下必要的建议。

1）应在正规加油站加油，保证燃油品质。

2）谨慎使用燃油添加剂和机油添加剂，如果一定要用，其产品应得到汽车制造厂和相关技术部门的认可。

3）禁止在发动机缺火状态下运行车辆。

4）应避免长时间怠速运转发动机。

5）如果发动机出现异常，应及时检查、排除故障。

6）防止车辆底盘磕碰，以免损坏排气管路和三元催化转化器。

技巧点拨 诊断和检修发动机排气堵塞故障是车辆养护的被动之举，养成良好的车辆使用和保养习惯才能尽可能避免类似故障的发生

第六节　发动机冷却

一、怎样维持电控汽车冷却系统的热平衡

众所周知，发动机的温度直接反映它的工作状态。若温度超出发动机所能承受的极限，会带来灾难性后果；若温度过低（特别是在冷起动时，发动机的温度上升较为缓慢），发动机的效率又会很低。

传统发动机的冷却系统（图2-31）属于被动式的，水泵的转速与发动机曲轴的转速成正比，虽然结构简单和成本低廉，可是这种冷却系统的设计目标是针对满负荷时的散热量。为了防止特殊情况下发生过热现象，冷却系统的容积普遍较大，因而在部分负荷时，过大的散热潜力导致了发动机功率的浪费。这种情况对于轻型汽车尤其明显，因为轻型汽车大多数时间在市区和部分负荷下运行，往往显得冷却过度。由于大部分时间内不能保持热平衡，从而引起燃油的较高损耗。

解决方案是采用可控式冷却方式，并且纳入汽车的热量管理系统。可控式冷却系统由以下几部分组成：一是传感器，其中温度传感器把发动机的热状况信号传递给控制单元。二是执行器，包括电动水泵和节温器。这种水泵的转速可变，而且能够关闭。三是控制单元，它根据发动机的工况以及存储的温度特性曲线来控制电动水泵工作，调节冷却量，使冷却液温度始终维持在正常值，即达到热平衡，因此能降低发动机的功率消耗，节省燃油2%~5%。

在某些情况下（如发动机暖机阶段），需要发动机快速达到工作温度，发动机热量管理系统可能让电子水泵停止运转。而在另外一些情况下，如在发动机长时间高负荷运转后停机，电子水泵可能还会运转一段时间，防止发动机的温度急剧上升。

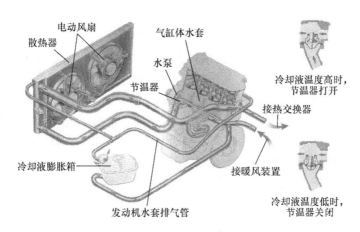

图 2-31 冷却系统的总体布置

由此可见，电子水泵是否工作，并不完全取决于发动机是否运转。即使发动机的转速恒定，电子水泵的转速仍然处于动态变化之中。这样能够准确地为发动机提供不同工况下所需要的冷却量，使发动机的温度状况与行驶工况相匹配。假设某型发动机的经济运行温度是120℃，而当时发动机的实际温度只有105℃，控制单元识别到发动机的温度太低，就指令电子水泵减小转速和流量，使发动机的温度适当提高，以确保发动机处于较低的燃油消耗水平，并且在较低的机械摩擦因数下运行。

以奥迪 A6 V6 TFSI 发动机为例，它采用了可关闭水泵技术，水泵叶片通过电子控制的连接轴阀与带轮连接或断开。在发动机冷起动时，使水泵叶片停转，暂停发动机冷却液循环，所以发动机的升温速度几乎是未配置可变水泵的 2 倍，大大缩短了暖机的时间，减少了燃油的消耗。在发动机升温后，热量管理系统会通过换热器为变速器油液升温，使变速器系统也较快达到最佳工作温度。

热管理技术的原理是在发动机预热阶段通过一个专门的风扇或可调节水泵阻止冷却液循环，从而降低热量流失。这样机油就会迅速上升到运行温度，明显减小摩擦损失。

奥迪 A8 3.0 TDI（V6）柴油发动机的曲轴箱和气缸盖分别拥有自己的冷却循环系统，它们通过一个连接阀相互连通。在发动机预热阶段（通常是在负载较轻的情况下），冷却液停留在曲轴箱内，因此不会从系统中带出能量。通过气缸盖内循环的冷却液给内部空间加热，同时也负责排气再循环系统的冷却。

奥迪 A8 的发动机有一个软件模块控制多个调节器，这些调节器可将热流在动力传动系统与车内空间之间进行最佳分配。只要有足够热的冷却液，8 速 tiptronic 变速器还可通过一个热交换器实现加热。

技巧点拨 无论冷却系统还是空调系统，说到底它们是一种热交换装置。一个工作正常的冷却系统和空调系统，必然处于热平衡状态。

二、发动机上为何要设置冷却系统且要有合适的工作温度

汽车发动机冷却系统，一般采用水冷却方式。通过冷却液循环方式，将发动机燃烧生成

的热进行热交换实现散热，达到热平衡状态，保证发动机正常工作。

1. 发动机冷却系统存在的原因

简单地说，发动机冷却系统是由材料热胀冷缩的物理性质，及发动机工作时会燃烧生成的热所决定的。当外界环境温度改变，以及发动机燃烧产生的热造成发动机温度的改变时，由于材料的热胀冷缩性质，一方面必然改变发动机运动部件之间的配合间隙，例如，发动机活塞与气缸之间配合间隙，间隙或过大或过小，甚至产生过盈而破坏油膜，造成相互运动部件损坏。另一方面，这必然造成部件或零件结构尺寸和形状改变，影响它们的使用性能，例如，燃油雾化变差，冷起动困难。密封性差，造成漏油或漏气等。而发动机燃烧产生的热，如果不进行冷却，会由于过热造成材料力学性能变坏，产生弯曲变形和扭曲变形，以及材料烧熔、烧损，失去应有的力学性能。

2. 发动机的工作温度

为什么发动机的工作温度，一般选择在80~110℃之间呢？物理学告诉我们，高温物质向低温物质放热，而且温差越大，热交换效果越好。这是自然规律。我们知道，外部环境温度一般在-40~60℃以上。那么，只有发动机的工作温度高于环境温度，才能可靠地实现散热，而为了保持良好的热交换效果，发动机工作温度与外部环境温度有一定的温差范围，所以，发动机的工作温度，一般在80~110℃之间。如果把发动机工作温度设计得过高，不仅需选择更好的材料和制造设备和工艺，从而增加发动机的制造成本，也影响发动机的进气效率，因为发动机温度越高，进入发动机的空气温度也越高，空气密度必然下降。进气量就会减少。

在过去，由于发动机材料，制造工艺和冷却液性能的影响，以及考虑经济因素，采用非加压开式的冷却系统，利用水做冷却媒介，而水在常压下100℃即产生沸腾，造成发动机气缸垫损坏，所以以前发动机工作温度偏低，低于100℃以防止沸腾。而现在，采用加压封闭式冷却系统，提高了沸点，并且不再采用水作冷却媒介，而采用冷却液，而冷却液的沸点也提高了，所以，现在发动机工作温度基本在90~110℃以上。很多维修技师往往认为发动机冷却液温度过高，就会造成气缸垫损坏，其实，只要冷却液不产生沸腾，气缸垫就不会损坏。只要冷却系统不缺失冷却液，冷却液品质符合标准，冷却系统加压正常，一般不会产生沸腾现象。

3. 发动机设定工作温度的原因

为什么发动机必须工作在正常工作温度范围内呢？以活塞与气缸配合为例，在设计活塞与气缸配合间隙时，是按发动机正常工作温度范围，活塞与气缸之间的配合间隙能形成良好的油膜达到最佳工作状态进行设计。而发动机的零件制造与组装，基本是在常温下进行的，所以，常温下组装的活塞与气缸之间的配合间隙，并不是正常工作温度下最佳的配合间隙，只是符合装配维修时的检验标准。当符合装配维修时的检验标准，发动机工作达到正常工作温度时，活塞与气缸之间的配合间隙才恰到好处。同样，活塞在常温下，活塞环部和裙部并非是圆形，而是椭圆形。当达到工作温度范围，通过热胀冷缩变形而形成圆形，与圆形气缸形成良好形状配合。

> **技巧点拨** 发动机工作温度过低，必然影响发动机热效率，会浪费大量的燃油，燃油经济性变差。同样，发动机工作温度过高，容易造成进气效率下降，也影响发动机的动力性和经济性。

三、冷却系统的工作过程是怎样的

冷却系统工作包括三个过程，分别是升温过程、保温过程和散热过程。

1. 升温过程

升温过程即冷却系统吸收热量大于冷却系统散发热量的过程，也是冷却系统进行小循环的过程。发动机工作时，燃烧室的热量通过机体传导，把热量传递给发动机水套内的冷却液，水套里的冷却液温度逐渐增加，同时，由于节温器关闭大循环管路，冷却系统的水泵把水套内被加热的冷却液泵入小循环管路内，并通过小循环管路又流回到发动机水套内实现小循环。它不仅可以通过升温保证发动机逐渐达到正常工作温度，而且通过循环，保证发动机各个零部件以及机体受热均匀。升温过程的长短，取决于发动机单位时间内产生的热量，外界的温度，水泵的排水量，节温器的开度，以及冷却液的密度。

2. 保温过程

保温过程即冷却系统吸收热量与冷却系统散发热量达到平衡的过程，也是冷却系统小循环和大循环共同参与循环的过程。随着冷却系统升温过程，控制冷却系统大循环的节温器逐渐打开，当达到发动机正常工作温度时，即节温器所调节的温度时，节温器处于全开状态。冷却系统不仅进行小循环，而且进行大循环。发动机水套内的带有大量热量的冷却液，通过散热器上水管进入散热器，然后从散热器的下水管再流进发动机水套。保证冷却系统吸收的发动机燃烧热量与冷却系统自然散热的热量达到动态平衡。使发动机冷却液温度基本保持不变。保证了发动机正常工作温度时，发动机每个零部件之间的配合和形状达到最佳状态。

3. 散热过程

散热过程即冷却系统散发热量大于冷却系统吸收热量的过程，也是冷却系统小循环和大循环共同参与循环的过程，也是冷却系统的散热器，通过电子风扇的旋转进行强制热交换的过程。当发动机产生热量，并传给水套内的冷却液更多的热量，超出了冷却系统自然散热而散发的热量，或冷却系统的散热器有外来的热负荷（例如，汽车空调压缩机工作产生的额外热负荷），或冷却系统的自然散热效果变差时，都会造成发动机冷却系统的冷却液温度过高，冷却系统通过冷却液温度信号或温控开关，控制电子风扇动作，产生不同（或档位）转速，把散热器内的过热的冷却液，进行强制热交换，降低冷却系统冷却液的温度，冷却系统恢复到保温状态，使发动机处于正常工作温度范围。

> **技巧点拨** 冷却系统工作的三个过程分别代表了发动机工作的不同阶段，升温阶段是发动机快速进入正常工作温度的过程，此时发动机应快速产生热量；而散热阶段是发动机长时间、大负荷工作的阶段，这个时候为了保持发动机正常工作，要将发动机产生的大量热量散发掉。

四、怎样诊断冷却系统的热交换故障

冷却系统的故障，大体分为两类，一类是与热交换有关的故障，另一类是与冷却液泄漏有关的故障。

冷却系统与热交换有关的故障，无外乎表现为冷却系统的温度过高或过低。冷却系统的温度过高或过低，不仅取决于冷却系统本身，也取决于冷却系统吸收发动机产生的热量和散热器所散发的热量。假若冷却系统正常，如果发动机产生的热量，超出了散热器正常所能散发热量的能力，或是如果发动机产生的热量属于正常范围内，而散热器散发热量的能力不足（例如，散热器的电子风扇工作异常），都会造成冷却系统过热，并且使发动机工作温度过高。如果发动机产生的热量属于正常范围内，而散热器散发热量的能力过度（例如，车辆处于北方的冬季，并且散热器前的百叶窗没有有安装或百叶窗没有有效的关闭，或冷却风扇异常旋转，而造成自然散热或强制散热过量，则会造成冷却系统温度过低）。所以，要先确定冷却系统本身是否产生故障，必须考虑发动机燃烧过程，以及散热器散热能力是否正常。

注：冷却系统采用电子节温器可以获得良好的改善，防止冷却系统产生过冷。

下面分别讨论对冷却系统各个功能元件进行诊断。

1. 水泵的泵排量故障诊断

水泵一个重要功能或指标，即是泵排量。它决定冷却系统的循环率，循环率越高，热交换效果越好。所谓的泵排量，也就是大家常说的排水量。冷却系统的水泵一般采用定量泵，即一定转速下的排水量保持不变。而转速越高，其排水量也越多。当转速不变，而排水量下降，则水泵的泵能力下降。经验和实验证明，当水泵的排水量减少三分之一时，和水泵的排水量为零而造成的不良效果等价。

水泵的泵排量的诊断，断开汽车空调暖风的加热器的回水软管，且堵塞加热器侧的管路，起动发动机，观察回水软管现象，回水软管的冷却液全部在怠速时都被泵吸入，并且让回水软管开口朝下，冷却液并不往回倒流。如果踩加速踏板急加速，再快速收加速踏板，回水软管并不产生反水现象，证明水泵的泵能力正常。

2. 节温器的故障诊断

节温器就是温度控制的水阀，应用于在冷却系统中，根据冷却系统冷却液的温度，精确地控制大循环的开度，从而精确地控制冷却系统的升温过程和保温过程。节温器异常的功能表现，无外乎就是一直处于一定的开度，或一直关闭或一直全开（无节温器也属于全开），或开得过早或过晚。

节温器的故障诊断，通过发动机的冷却液温度表，即可以精确地确定节温器是否产生故障。起动发动机，观察冷却液温度表指针变化，冷却液温度表指针逐渐上升，即冷却系统的升温过程。然后停止上升，即冷却系统的保温过程。如果停止点过早，说明节温器早开，如果停止点过晚，说明节温器晚开。如果冷却液温度表指针一直上升，超过正常工作温度，没有保温过程，说明节温器调节失效，开度过小（或者一直关闭），且基本不变。如果升温很慢，指针也低于工作温度，一般是节温器大开或没有安装节温器。

3. 散热器内部管路部分堵塞的故障诊断

如果散热器内部管路部分堵塞，必然造成节流效应，循环率越高，即当提高水泵转速时，散热器入口和散热器出口的冷却液产生的压差越大。而堵塞越严重，产生的压差更大。如果散热器内部管路不堵塞，不产生节流效应，则无论是否改变水泵转速，散热器入口和散热器出口处冷却液的压力基本相同。

那么，诊断散热器内部管路是否产生部分堵塞的方法，起动发动机，并且冷却系统处于保温状态。用手分别握住并感知散热器上下水管的压力大小（当然也可以采用钳式压力表），同时缓慢加大节气门开度，提高发动机转速，当上下水管压力差加大时，说明散热器内部产生堵塞。并且压力差越大，堵塞越严重。

4. 散热器外部散热片部分堵塞故障诊断

对于散热器外部散热片部分堵塞，而造成有效散热面积减小。可以用目视检查方法，观察外部散热片情况，或利用水枪进行清洗，并观察清洗下来的水是否脏污，即可确定散热器外部散热片部分堵塞。或用手感知（或感应温度计）散热器上下水管的温度差，如果温度差很小，说明散热器外部散热片部分堵塞造成散热效果不良。对于冷却系统的泄漏的故障诊断，由于篇幅限制，不再本篇讲解。

技巧点拨 对于冷却系统的故障诊断，一般先检查冷却液液面和冷却液密度是否正常，再观察冷却液温度表的变化状态和数值，然后根据具体故障现象，对散热器的外部清洗，通过热交换效率，检查发动机怠速时，上下水管的压力情况，以及节气门增加时压力的变化状态，从而确定故障的具体部位或故障发生原因。

第三章

燃油控制系统维修技能与技巧

第一节 燃油系统的分析检测

一、用触摸法如何检查燃油系统的工作状况

（1）发动机起动时，手摸燃油分配管前的软管检查燃油泵是否工作 发动机无法起动时，应先确定是燃油系统还是点火系统的故障。起动时手摸燃油分配管前的软管，在发动机起动时如感觉到汽油在流动，说明电动燃油泵已经进入工作状态，无法起动的故障在点火系统。发动机起动时如感觉不到汽油在流动，说明电动燃油泵没有进入工作状态，应进一步检查燃油泵继电器和熔丝。燃油泵继电器除控制燃油泵外，通常还负责控制加热型氧传感器（HO2S）、炭罐电磁阀（CANP）、喷油器（INJ）、怠速步进电动机（IAC）及空气流量传感器（MAF）。发动机上装有进气歧管切换阀和可变气门控制系统的，这两项也由燃油泵继电器负责。燃油泵继电器对正极短路后，发动机熄火，不能起动，会同时出现10多个故障码。所以，如果同时出现燃油系统多个故障码时，应先检查燃油泵继电器。

（2）发动机工作时手摸回油管检查燃油压力调节器 在节气门开度较小时，手摸燃油压力调节器回油管，应感觉到汽油流动。否则应检查燃油压力调节器上的真空软管是否堵塞或有裂纹。在节气门开度较大时，手摸燃油压力调节器回油管，应感觉不到汽油流动，否则说明燃油压力调节器上的回油阀关闭不良。

> **技巧点拨** 触摸法是检查燃油系统工作状况的最常规方法，同时也是最直观和最简单的方法，实用性比较强。

二、如何检测燃油压力

（1）燃油压力检测前的准备工作 先在进油管路上连接燃油压力表。有些汽车在连接

油压表前需先泄压，拆下燃油泵继电器或熔丝，反复起动发动机3次以上，使燃油管路内的燃油耗尽，在管接头下方垫上棉纱，连接燃油压力表。也有些汽车留有测试口，不需泄压，只需关闭管接头，将适配器在压力表与燃油供油管和燃油分配管间连接即可。

（2）怠速燃油压力的检测　用适配器将压力表与燃油供油管和燃油分配管连接，打开压力测试仪的截止阀，手柄指向燃油流动方向，起动发动机，并以怠速运转。

燃油压力调节器是根据发动机负荷（进气歧管压力）的变化，来调节进入喷油器的燃油压力，使两者保持恒定的压力差。这样，怠速和小负荷时燃油系统应有少量回油，大负荷时燃油系统停止回油。

怠速和小负荷燃油系统油压的异常升高，主要是由于回油软管堵塞和燃油压力调节器连接进气道的真空软管漏气等原因造成的。所以，怠速油压高应重点检查调节器与进气道之间的真空软管是否漏气，以及调节器回油软管是否堵塞。

（3）大负荷燃油压力的检测　不同车型燃油压力值略有差别。但怠速和大负荷燃油压力差通常是50kPa。如某车型怠速时燃油压力为350kPa，拔下燃油压力调节器上方的真空软管，或将节气门完全打开，燃油压力如上升到400kPa，说明燃油压力调节器良好，否则必须更换燃油压力调节器。

（4）大负荷燃油压力不足的原因

1）怠速燃油压力正常，大负荷燃油压力不足的原因是燃油压力调节器密封不良。

2）起动发动机路试，试车过程中如油压保持不住，说明燃油管路过脏。

3）跑高速时如感觉跟不上油，行驶当中慢慢地熄火了，熄火后马上起动，无法起动，停一会儿再起动就着车了，说明燃油箱过脏。

（5）残压的检测　残压关系到发动机是否能够正常起动。没有残压，发动机必须连续起动两次。在连接好燃油压力表的前提下，熄火、关闭燃油压力测试仪的截止阀，10min后打开燃油压力测试仪的截止阀，残压应不小于200kPa。如残压过低，应分别检查燃油泵的出油单向阀，喷油器和燃油压力调节器回油孔的密封性。

（6）燃油压力调节器膜片破裂　燃油压力调节器膜片破裂，不改变燃油压力，但怠速和小负荷时进气系统真空度高，部分汽油被直接吸入进气歧管，不经过喷油器直接进入燃烧室造成雾化不良和混合气过浓，导致排气管冒黑烟，怠速转速过高。此故障维修时必须更换燃油压力调节器。

（7）燃油压力调节装置的发展变化　燃油压力调节器发展一共经历了四个阶段：第一个阶段，小负荷时少量回油，大负荷时不回油，二者间有50kPa的压力差；第二个阶段，燃油压力调节器与进气道之间的软管上加装一个电磁阀，在发动机温度超过100℃时停止向燃油箱回油，以防止燃油箱内燃油大量挥发；第三个阶段，燃油压力调节器装在燃油箱内，从根本上防止了燃油箱内燃油的挥发；第四个阶段，用进气压力传感器替代燃油压力调节器，用喷油脉宽的调节替代燃油压力的调节。

> **技巧点拨**　燃油压力的检测包括多种情况下油压的检测，通过检测油压结果的分析，可以得出发动机不同情况下的工作情况。

三、怎样诊断和分析燃油残压过低故障

（1）检查燃油泵出油单向阀的密封性　燃油残压低于标准值，可以用排除法检测。先关闭燃油压力表上的截止阀，使燃油泵到燃油压力表之间处于密封状态。重做 1 次残压检测，如此次残压正常，说明燃油泵出油单向阀和油压表前的管路密封不良，应更换燃油泵。

（2）检查燃油压力调节器的密封性　关闭截止阀后，燃油压力依然低于标准值，说明燃油泵出油单向阀和油压表前的管路密封良好。用夹板夹住燃油压力调节器的回油管，重做 1 次残压检测，如此次残压正常，说明燃油压力调节器回油阀损坏，应更换燃油压力调节器。

（3）检查喷油器的密封性　用夹板夹住燃油压力调节器的回油管后，燃油压力依然低于标准值，则说明喷油器有泄漏。进行 30s 喷油器检测，在 30s 内各喷油器滴漏不许超过 1 滴，否则说明密封不良，应更换喷油器。

燃油残压低于标准值会造成起动困难，需连续两次才能起动。喷油器有泄漏，属于额外供油，还会造成混合气过浓。燃油泵出油单向阀密封不良或燃油压力调节器回油阀损坏，还会造成第一次不起动，第二次虽然可以起动，但由于油压低，容易出现怠速抖动。此故障维修时需要更换燃油泵。

技巧点拨　燃油残压过低故障的主要发生部位分别为燃油泵的出油单向阀、燃油压力调节器以及喷油器三个可能的部位，应注意区别与判断。

四、怎样进行喷油器的检测

以桑塔纳 2000GSi AJR 发动机喷油器的检测为例，喷油器控制电路如图 3-1a 所示。发动机运转时，用手指接触喷油器，应可察觉到喷油的脉动。检查喷油器电阻值、30s 喷油量等性能参数，应符合表 3-1 中规定的标准。用故障诊断仪读取喷油信号的数据流，怠速时，喷油脉宽正常值为 2~5ms。

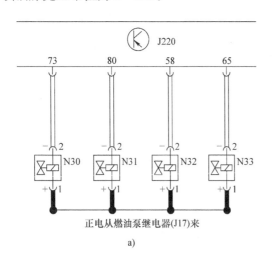
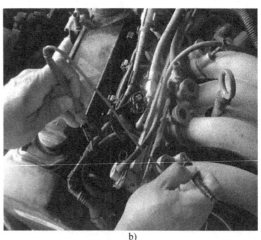

图 3-1　桑塔纳 2000GSi AJR 发动机喷油器连接电路及电压检测
a）连接电路　b）电压检测

表3-1 桑塔纳2000所用AJR发动机喷油器检测标准值

检测项目及条件	2000GLi	2000GSi
室温时电阻/Ω	15.9±0.35	13~18
发动机工作时电阻增量/Ω	4~6	4~6
30s喷油量/mL	78~85	78~85

打开点火开关，用万用表测量喷油器供电电压，即插头端子1与搭铁点之间的电压，应等于蓄电池电压，其检测方法如图3-1b所示。如果电压值不符合要求，则应检查插头端子1到附加熔丝S（30A）之间的线路有无断路或接触不良。喷油器拆下后，通12V电压时，可听到接通和断开的声音

注意：通电时间应不大于4s，再次试验应间隔30s，以防喷油器发热损坏。

在喷油器插头的两端子间接上二极管试灯（先将两只发光二极管并联再串联一只510Ω/0.25W的电阻），起动发动机，试灯应闪烁。

检查喷油器的滴漏，燃油泵运转时，每个喷油器在1min内最多允许滴油1~2滴，否则应更换喷油器。在测试喷油器的喷油速率的同时，可检查喷射形状，所有喷射形状应相同，都是小于35°的圆锥雾状。

技巧点拨 喷油器的检测属于最常规、基本的检测手段，每一名维修人员均应熟练掌握和高效运用。

五、怎样正确使用与维护燃油箱及油箱盖

电控汽车的燃油箱及其油箱盖是燃油蒸发排放控制系统（EVAP）的重要组成部分，其检修主要涉及两方面内容：一是防止燃油蒸气泄入大气；二是防止燃油箱破损或吸瘪。

1. 预防燃油箱被吸瘪的措施

预防燃油箱吸瘪的关键是保证燃油箱内外压力平衡，主要有两个措施：一是保持油箱盖真空阀工作正常；二是保证活性炭罐的进气口不被污物堵塞（图3-2）。

故障实例：一辆赛欧轿车，行驶里程8万km，在行车中发动机突然熄火，试图重新起动，但是无效。检查发现，其燃油箱已经凹陷，说明EVAP系统出了问题。进一步检查活性炭罐，发现其下方进气口被污泥堵住了。进气口堵塞后，外界空气无法补充进入燃油箱内，随着燃油的逐渐消耗，燃油箱内形成负压，大气压力迫使燃油箱凹陷，燃油箱凹陷又导致燃油泵线束（位于燃油泵保持架与燃油箱之间）绝缘层被压破，形成短路，烧断燃油泵熔丝，进而引起发动机熄火并无法重新起动。

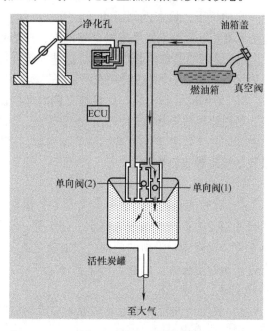

图3-2 EVAP系统结构

赛欧轿车的炭罐安装在右前轮挡泥板的后方，其上的通风管比较短，而且其进气口位于空调出水管口附近，因此炭罐的进气口上很容易粘附污泥，将活性炭罐的通风管堵死，最终造成燃油箱吸瘪。

2. 油箱盖的检测与维护

油箱盖（图3-3）看似一种不起眼的零件，但是它对于控制燃油箱的HC排放具有重要意义。有的车型（如上海别克轿车）的油箱盖还受电子防盗系统的控制，因此在检修中必须予以重视。

（1）油箱盖的工作原理 传统油箱盖的工作原理与散热器盖相似，即采用空气-蒸气阀来平衡燃油箱内外的压力。随着燃油的逐渐消耗，油箱内油面不断下降，在油面上方形成负压，当真空度达到一定程度时，油箱盖的空气阀（即进气阀）被大气压力

图3-3 油箱盖

推开，外界空气进入燃油箱内，使油箱内外的压力达到平衡。若空气阀因故无法开启，燃油泵可能吸不上油，导致发动机怠速不稳，甚至将燃油箱吸瘪。当温度增高，燃油箱内的燃油蒸气增多，油气压力高于大气压力时，油箱盖的蒸气阀被顶开，燃油蒸气（HC）从阀门逸入大气中，使油箱内外的压力达到平衡，可以防止燃油箱被胀裂。

（2）油箱盖的检测方法

1）使用手持式真空泵。以日产汽车的油箱盖为例，它使用的真空减压阀（实质上是进气阀，集成在油箱盖内），可以先将真空减压阀阀体清洗干净，然后连接手持式真空泵，给予一定的负压，检查该阀门的开启压力和真空度，其开启压力应为15.3~20.0kPa，真空度应为6.0~3.3kPa，如果超出上述范围，应当更换油箱盖总成。

2）使用油箱盖检测仪。油箱盖进气阀开启和关闭压力异常是一种隐蔽性的故障，采用专用设备油箱盖检测仪能够较快确定故障原因。

3）使用尾气分析仪。如果在车厢内闻到比较浓重的汽油味，应当检查油箱盖的密封性能。可以将尾气分析仪的探头靠近油箱盖，如果尾气分析仪上的HC读数升高，说明油箱盖的密封不良，需要更换。若更换油箱盖以后还有汽油味，必须检查油箱各油管的连接情况，以及活性炭罐是否失效。

（3）油箱盖检修注意事项

1）有的油箱盖的钥匙与点火开关的钥匙是共用的，因此油箱盖的防盗问题不可忽视。如果油箱盖被盗，窃贼很可能拿去配钥匙，企图偷走汽车，有的汽修店曾经发生此类案件。由于许多汽修店是沿街的门面，没有保安人员看守，维修人员往往埋头检查故障，很少注意进进出出的陌生人。因此，汽车检修完毕后，应当及时将车钥匙从油箱盖上取下来，不给犯罪分子留下可乘之机。

2）要防止油箱盖与电动燃油泵总成的波纹管相互干涉，导致波纹管被磨破，使汽车在行驶中突然熄火。

3）在检修燃油供给系统之前，除了要断开蓄电池的负极电缆外，还要短时间打开油箱

盖，然后再拧紧。

4）不得在油箱盖上钻孔。有的轿车冷车时起动正常，热车时要起动四五次才能成功，而且行车时间一长就烧电动燃油泵的熔丝，只有将油箱盖打开，才不烧燃油泵熔丝，后来又发现燃油箱被吸瘪。维修人员在油箱盖上钻了一个小孔，故障现象全部消失了。这是一种粗鲁的维修方法，既不合理又不合法，真正的故障原因并没有找到。在油箱盖上钻孔后，燃油蒸气（HC）会源源不断地挥发到空气中，违反了环境保护法规。

5）掌握各车型油箱盖的结构特点。下面是几种车型油箱盖的结构特点。

① 长安福特蒙迪欧致胜 2.3L 轿车 Duratec – HE 发动机的油箱盖比较特别。为了避免汽油发动机错加柴油，在燃油箱的加油管上设置了无盖式燃油加注系统。位于燃油箱加油管上的传感器能探测加油嘴的直径（汽油的加油嘴直径小于柴油的加油嘴），当探测到是较小的加油嘴时，传感器下方的密封片便自动开启，汽油加油嘴可以进入加注管内，而直径较大的柴油加油嘴无法进入。此外，这种密封片可以防止灰尘和水分进入燃油箱内。

② 大众帕萨特、宝来轿车的油箱盖锁由电动机控制，具有油箱盖锁开启开关，它们都由舒适性电控单元（J393）控制。

③ 上海通用雪佛兰科鲁兹轿车设置了专门的油箱盖释放执行器，它是中控门锁系统的组成部分。

6）如果油箱盖没有拧紧，发动机警告灯可能点亮。在夏季气温很高时，打开油箱盖可能会发出排气的声音，甚至有燃油喷出的危险，因此需要缓慢转动并打开油箱盖。拧紧油箱盖时，应顺时针方向转动，直到发出"咔嗒"声，才算真正关闭。

技巧点拨 电控汽车油箱盖的结构和原理发生了很大变化，技术含量明显提高。最突出的变化就是装备了燃油蒸发排放控制系统（EVAP），油箱盖只设置进气阀（又称空气阀、真空阀、真空减压阀）而没有蒸气阀，甚至进气阀和蒸气阀都取消，油箱盖只起密封作用。例如奥迪 C5 A6 轿车的油箱盖取消了空气 – 蒸气阀，燃油箱内外的压力平衡完全由燃油蒸发排放控制（EVAP）系统来维持。

六、怎样进行喷油器免拆检测与分析

执行元件喷油器的功用是根据 ECU 的指令，通过控制燃油喷射时间精确控制燃油喷射量。喷油器最常见的故障是堵塞与泄漏故障。因为我国的油品品质较差，随着使用时间的增加，汽油中未被滤除的杂质，以及脏的汽油滤芯会使喷油器出现堵塞。此外，喷油器在使用中磨损也会导致内部泄漏，造成喷油器在油路压力下，不断向进气歧管内泄漏汽油。喷油器堵塞及泄漏对喷油量及对发动机的影响如表 3-2 所示。

表 3-2 喷油器堵塞及泄漏对发动机性能影响

原因	对喷油量的影响	对发动机性能的影响
喷油器阀胶结，喷油器堵塞	喷油器不喷油或喷油量少	发动机不能工作，工作不稳易熄火，发动机动力下降、加速迟缓、怠速不稳
喷油器阀密封不严	喷油器滴漏	发动机起动困难或不能起动，排气管冒黑烟，油耗上升，排气管放炮
喷油器阀口积污	喷油量减少	发动机工作不稳、进气管回火、发动机动力不足、加速性差

堵塞与泄漏故障除影响发动机性能外,同时还会恶化排放效果。由于喷油器不能拆解,对堵塞的喷油器可以进行清洗,但对泄漏的喷油器只能更换。这就要求要能准确判断是哪个喷油器发生了堵塞或泄漏,才能进一步决定是清洗或是更换。一般检查方法是对各喷油器逐个拆下进行检查,费时费力,效率不高。

1. 采用尾气分析仪检测法

因为汽油中的主要成分为HC,喷油器堵塞后,会导致发动机尾气中HC浓度减小,通过检测尾气中HC浓度变化量,可以辅助诊断喷油器堵塞故障。实际检测时,可以通过断火方法配合尾气分析仪来进行检测。例如正常情况下,当某缸断火后,将使尾气中HC浓度明显增高。而当切断故障喷油器缸的点火后,HC浓度增加较少。由此,通过尾气分析仪中HC浓度变化量可以确定出有故障的喷油器。

故障实例1:一台2004年款1.8L桑塔纳3000发动机,运转中出现明显抖动,用故障诊断仪KT600不能读到故障码。为此,分别断开喷油器对应点火分缸线插头,用尾气分析仪NHA506查看HC值(怠速时HC浓度122),数据如表3-3所示。

表3-3 单缸断火尾气分析示例数据

断火缸	1#	2#	3#	4#
HC浓度	140	135	139	130

从表3-3中可看出,当切断4#时,HC浓度增加较少,故4#喷油器可能存在堵塞。经清洗4#喷油器后故障消失。

2. 燃油喷油器平衡法检测

一些故障诊断仪具有燃油喷油器平衡检测功能。使用前首先将燃油压力表连接到燃油压力测试端口,然后进行"燃油喷油器平衡"测试。故障诊断仪每次先指令燃油泵通电,接着开始对1缸喷油器在精确时间内通电,这样便可测量1缸喷油器燃油压力下降值,接着开始对2缸喷油器在精确时间内通电,以此类推,直到测完所有喷油器。可通过测试比较,判断各缸喷油器的喷油量是否一致。

故障实例2:一台2004年款别克3.0L的LW9发动机,发动机起动困难,一旦起动后怠速抖动,用TECH2故障诊断仪检测无故障码存储。为此,采用TECH2对燃油喷油器进行平衡法检测,6个喷油器测试数据结果如表3-4所示。

表3-4 燃油喷油器平衡法实测数据　　　　　　　　　　单位:kPa

气缸	1	2	3	4	5	6
第1次读数	298	298	298	298	298	298
第2次读数	270	250	265	260	278	260
下降值	28	48	33	38	20	38
判断结果	正常	过多	正常	正常	过少	正常

由测量结果计算出平均压降为(28 + 48 + 33 + 38 + 20 + 38)/6 = 34.2kPa。正常时各喷油器的压降值与平均压降不得超过±10kPa为正常,即压降值在24.2~44.2kPa范围内的喷油器正常,判断结果见表3-4。

由此得出结论,喷油器2可能有泄漏,喷油器5可能有堵塞。经清洗喷油器5、更换喷油器2后,发动机工作正常。

3. 数据流分析法

在大众桑塔纳 3000 数据流中，第 06 组 4 个测量数据分别定义为：急速转速，急速控制，混合气空燃比控制及点火提前角。数据中第 3 项，即混合气空燃比控制，正常值为 $-10\% \sim +10\%$，若为负值，表示混合气浓，ECU 正通过空燃比调节使混合气变稀；若为正值（+号不显示），表示由于混合气过稀，ECU 正通过空燃比调节使混合气加浓。

故障实例 3：一台 2004 年款 1.8L 桑塔纳 3000 发动机，出现有时起动困难现象，用故障诊断仪 KT600 发现无故障码存储。为此，每次分别拔掉一个喷油器插头并查看数据块 06 组数据第 3 项数据 "λ 调节"（急速时 λ 调节值为 -8%），示例数据见表 3-5。

表 3-5 混合气 "λ 调节" 数据

拔出的喷油器	1#	2#	3#	4#
混合气 "λ 调节"	+8%	+8%	+10%	+4%

从表 3-5 中可看出，在拔掉喷油器 4 后，长期燃油调整变化最小（12%），可以推测喷油器 4 可能存在轻微泄漏，结果导致了较小的燃油修正。经更换喷油器 4 后发动机工作正常。

技巧点拨 喷油器的免拆检测有助于从理论上分析喷油器的工作状况，从而达到准确判断喷油器故障的效果。

第二节 燃油故障判断

一、发动机冷车和热车都难以起动的原因有哪些

1. 燃油系统的"残余油压"过低

有的发动机不仅冷车起动困难，热车熄火超过 15min 也不容易起动。按理说，汽车熄火不久，发动机不可能完全冷却。热车难以起动的原因不单纯是燃油系统供油压力不足，很可能是连最基本的燃油供应都不能保证，即没有残余油压。燃油系统残余油压有利于下一次起动。在正常情况下，油路的残余油压应当保持 30min 以上。对于热车起动困难的发动机，即使运转时燃油压力达到 0.3MPa，也必须查验熄火后的残余油压。如果没有起码的残余油压，说明燃油系统存在泄漏，可以在油路中连接油压表，然后进行动态检测。

1）夹紧回油管，然后检查燃油压力，如果油压能够保持一段时间，说明燃油压力调节器失常，导致残余油压过低。如果夹紧回油管也不能保持住油压，说明电动燃油泵有故障，导致燃油压力不足。

2）检查燃油泵的单向阀是否泄漏。

3）检查燃油箱内的吸油管是否破裂。

2. 曲轴位置传感器的信号不正常

一辆上海波罗（POLO）轿车，在更换了曲轴后油封后，发动机无论冷车还是热车都不能起动。连接故障诊断仪 V.A.G1552 检测，读到 3 个故障码：16705/SP——曲轴位置传感器 G28 信号不可信；17912/SP——探知进气系统有泄漏；17745——凸轮轴位置传感器 G163

对搭铁短路。检查曲轴位置传感器G28，它的信号盘共有58齿（60-2），当第1缸活塞位于压缩上止点时，其缺齿位置应正对着传感头。该车由曲轴位置传感器G28和凸轮轴位置传感器G163配合，确定曲轴位置和判缸。而且只有在G28缺2齿位置正对传感头时，ECU才去检查G163的信号。查看维修手册得知，在曲轴位置传感器的信号盘上有一个记号，这个记号应当与曲轴后油封法兰盘上的记号对齐。但是该车的这一记号位置推迟了90°，使曲轴位置传感器G28缺2齿的位置与凸轮轴位置传感器G163的缺口位置不适配，由于喷油时刻和点火时刻错位，所以发动机不能起动。发动机ECU认定曲轴位置传感器G28的信号不可信，所以读到上述故障码。将信号盘在曲轴上转动90°安装，故障现象完全消失。

3. 燃油惯性开关处于断开位置

有的轿车的电动燃油泵电路安装了碰撞保护装置（图3-4），该装置是一个碰撞惯性开关，它在汽车发生碰撞或翻滚时可以关闭燃油泵。若要使燃油泵重新运转，必须按下惯性开关的顶部，使复位杆复位，触点重新闭合，燃油泵继电器与电控单元（ECU）之间的电路才会恢复通路状态。

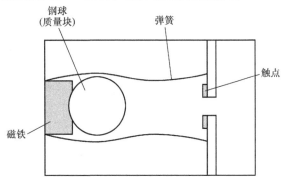

图3-4 燃油惯性开关示意图

4. 电子防盗系统处于锁死状态

装备电子防盗系统的汽车出现无法起动的故障时，需要判断是电子防盗系统锁死，还是发动机的燃油系统、点火系统等出现了故障，不要匆忙拆卸无关的部位。

判断电子防盗系统是否锁死有两种简便方法：一是看仪表板上的防盗指示灯是否点亮，如果该指示灯点亮，说明防盗系统已经锁死；如果该指示灯未点亮，说明发动机没有被锁死。二是检测组合仪表的控制单元，如果有相关的故障信息存储，说明电子防盗系统已经锁死，这是最可靠的办法。例如2008款别克凯越轿车，如果防盗系统激活，阻断器控制单元会存储故障码P1626、P1631。

5. 燃油修正值不正常

当发动机无法起动时，可以查看燃油修正值，如果该值偏低，可能是点火系统有问题，或者发动机存在机械性故障；如果燃油修正值偏高，则是燃油喷射不正常。

技巧点拨 发动机冷车和热车都难以起动，问题往往是出现在油路上，要从燃油系统的"残余油压"过低、曲轴位置传感器的信号不正常、燃油惯性开关处于断开位置、电子防盗系统处于锁死状态、燃油修正值不正常等方面进行检查。

二、检查起动困难故障有哪些技巧

（1）采取简便方法建立燃油系统的初始油压 其方法是将点火开关置于"ON"，停留2~3s，再将点火开关转至"OFF"，如此接通→关闭→接通→关闭点火开关，反复4~5次，让燃油泵建立起必要的油压，再将点火开关转至"ST"，此时有可能起动。其中的原理是，当点火开关转到"ON"后，ECU利用软件程序驱动燃油泵，使之运转几秒钟，可以建立初始油压。此后若ECU未收到点火的反馈信号,且发动机未起动,ECU会切断燃油泵的控制电路,使燃油泵停止运转。上海通用别克、东风日产等车型都具有这种功能。

(2) 注意检查排气系统是否堵塞　特别要重点检查三元催化转化器是否堵塞(图3-5),这是排查发动机无法起动故障的一条捷径。不要一开始就急急忙忙检测电子控制系统,到头来却发现是排气管堵塞。例如:一辆桑塔纳2000轿车,发动机起动困难,加速"回火",甚至熄火,进气管往外冒白烟。经过检查,发动机有油、有火。连接故障诊断仪,读不到故障码。拆卸前排气管,然后试车,居然起动成功了。

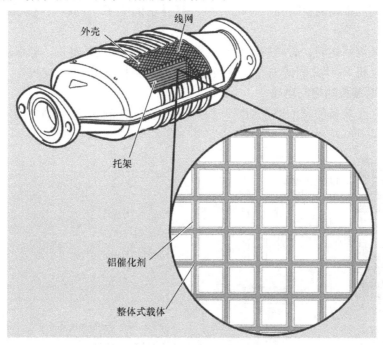

图3-5　三元催化转化器外形结构图

检查排气管,发现三元催化转化器的内部已经烧熔,并且黏结在一起,造成排气堵塞。分析其中原因,虽然电控系统正常(没有故障码),但是由于气缸内的废气排不尽,导致混合气过稀,所以发动机无法起动。拆卸前排气管(或者上游氧传感器),让废气绕过堵塞的排气管和三元催化转化器,直接排放到大气中,所以起动成功了。

(3) 专用集成块损坏　对于采用BOSCH MP5.2电喷系统的发动机,它通过电控单元内部的专用集成块控制惯性开关搭铁,惯性开关再控制燃油泵继电器,燃油泵继电器同时控制燃油喷射系统和点火系统。如果电控单元内的专用集成块损坏,发动机将无法起动,此时需要更换电控单元。

> **技巧点拨**　检查发动机起动困难的方法应先检查发动机油路油压,其次检查排气系统的工作情况,最后考虑电控单元的专用集成电路的损坏。

三、燃油惯性切断装置的检修与设置

有的发动机安装了惯性燃油自动切断装置(又称为惯性开关、碰撞开关),安装这一装

置的目的是在汽车遭遇强烈碰撞或者翻滚时,自动切断电动燃油泵的电路,使燃油泵立即停止运转,避免燃油从破损的油管中喷出而发生火灾。

1. 惯性切断装置的基本结构

典型的燃油惯性切断装置(丰田汽车用)包括永久磁铁、锥形体内的一个钢球(又称质量块)、触发板和一对触点(图3-6)。钢球平时被磁铁吸引在锥面底部的中心位置,当汽车发生强烈碰撞时,钢球的惯性力克服磁铁吸力,沿着斜面向上滚动,触发板断开一对触点,使燃油泵电路断开,燃油泵立即停止运转,从而避免燃油从破损的油管中喷出来。与此同时,触发板向上推动复位按钮,使之升起(打开它的盖子,可以看到该按钮处于伸张状态)。

要使燃油泵重新运转,必须按下惯性开关的顶部、使复位杆复位,触点重新闭合,燃油泵继电器与发动机ECU之间的电路才会恢复正常的通路状态。

2. 惯性切断装置的控制电路

以雪铁龙轿车装备的燃油惯性切断开关为例,它通过控制双密封喷射继电器去切断燃油泵的电路(图3-7)。

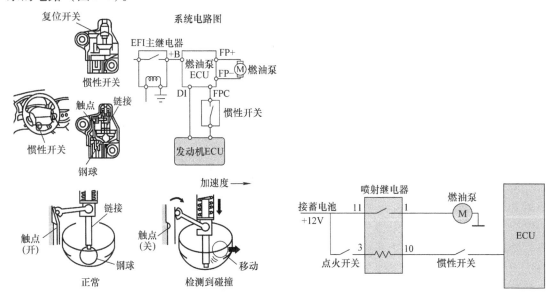

图3-6　丰田汽车燃油惯性切断开关示意图　　图3-7　雪铁龙轿车燃油泵控制电路简图

3. 惯性切断装置的检测要点

安装了燃油惯性切断开关的汽车,在发生强烈碰撞后,可能造成惯性切断开关弹起,发动机将无法起动,此时需要对惯性切断开关复位。如果燃油惯性切断开关已经复位,发动机仍旧不能起动,需要检查电子防盗系统是否已经锁死。

如果怀疑惯性切断开关有问题,可以用导线短接它,然后再起动,看是否有效。也可能出现不太强烈的振动(如路面颠簸、后桥减振器严重损坏等)而引起燃油切断装置触发的情况。因此,当汽车发生无法起动或者自动熄火的故障时,不要忘记检查燃油惯性切断开关是否处在断开位置。

4. 惯性切断装置的设置程序

以长安福特嘉年华轿车为例,该车装备的燃油惯性切断开关位于左前车门门槛的装饰板里面,为一个红色按钮。当汽车发生意外碰撞事故以及突遭强烈振动时,燃油惯性切断开关上的按钮会跳起,使燃油供应中断。重新起动发动机前,需要执行燃油惯性切断装置的设置程序,其步骤如下:

1)转动点火开关至"0"位,检查燃油系统是否存在泄漏。如果发现泄漏,立即进行维修。

2)如果没有泄漏,用一字槽螺钉旋具取下惯性切断开关的销子,并且按下按钮,使惯性切断开关复位。

3)转动点火开关至"Ⅱ"位,等待几秒钟。

4)转动点火开关至"Ⅰ"位。

5)再次检查燃油系统是否存在泄漏,如果没有泄漏,则燃油惯性自动切断装置的设置程序完成。

5. 惯性切断装置的维修事项

1)如果看到燃油系统任何部位漏油,或者闻到汽油味,切勿按下燃油惯性切断开关,应当及时排除漏油故障。在燃油系统漏油故障排除之前,暂时不要将燃油惯性切断开关复位。

2)对于已经触发的燃油惯性自动切断装置,在复位之前,要先给燃油系统加压(例如让电动燃油泵运转),再仔细检查燃油系统各处是否存在泄漏现象。

3)几种车型燃油惯性自动切断装置的安装位置见表3-6。

4)无论如何不能在燃油惯性开关断开的情况下,将汽车交付给送修方。

表3-6 几种车型燃油惯性自动切断装置的安装位置

车型	燃油惯性切断装置的安装位置	备注
长安福特嘉年华	左前车门门槛的装饰板里面	为一红色按钮
通用凯迪拉克	行李舱上方	

技巧点拨 燃油惯性自动切断装置是燃油供给系统中的一种保护装置,可以有效防止车辆发生事故时燃油喷出而引起燃烧,很大程度上减轻了碰撞造成的伤害。

四、荣威550车燃油泵熔丝熔断

故障现象 一辆2009款荣威550车,VIN码为LSJW26H3X9S043＊＊＊,行驶里程约为7.3万km,据驾驶人反映,该车因发动机无法起动而在其他修理厂检修,维修人员经过排查,确认线路无问题,怀疑燃油泵损坏。客户听说厂家曾发布过因燃油泵问题而召回车辆的消息,于是致电本修理站,咨询相关事项。经过查询,确认该车在召回范围内,于是建议客户将车拖至本站检修。

故障诊断 接车后,帮助客户办理燃油泵索赔,同时建议客户更换燃油滤清器。作业完毕后试车,发动机顺利起动,于是将车交还给驾驶人。然而,没过几天,车辆再次出现发动机无法起动的故障现象。维修人员赶赴现场检查,发现位于驾驶室内的熔丝盒上的6号熔丝(燃油泵熔丝)熔断。检查燃油泵相关线路,未见异常。回想到此前厂家曾发布过关于行李舱备胎旁的燃油泵线束需要包扎的技术通告,于是按照要求对线束进行包扎,并更换熔丝后试车，发动机顺利起动。

又过了几天，再次接到客户的求援电话，发动机不能起动的故障现象再次出现了。将车拖回修理厂检查，发现燃油泵熔丝再次熔断。经询问驾驶人得知，此前从未出现过类似故障，而且自从在我站更换燃油泵后，车辆行驶过程中，仪表信息中心偶尔会出现燃油切断的提示信息，并伴有危险警告灯点亮的现象，但车辆并没有熄火，只需手动关闭危险警告灯就能继续正常行驶了。

查阅燃油泵相关电路（图3-8）可知，在燃油泵的供电线路上串联着一个惯性开关。查阅相关资料可知，正常情况下，惯性开关会因碰撞事故而断开，当BCM检测到惯性开关断开后，会控制仪表发出警告信息，控制中控门锁解锁，并点亮危险警告灯。根据客户描述的故障现象，维修人员怀疑惯性开关及其相关线路有问题，于是决定先从惯性开关入手检查。正当维修人员触及惯性开关的导线插接器时，突然危险警告灯点亮，同时仪表信息中心提示"燃油切断请注意！"（图3-9）。尝试更换惯性开关，故障现象依然存在，说明故障不是惯性开关内部故障导致的。于是重点对其线路进行检查，仔细检查惯性开关的导线插接器，发现有1个端子孔明显偏大（图3-10），怀疑故障是导线插接器端子接触不良导致的。

故障排除 对导线插接器进行处理后试车，故障未再出现。半个月后进行电话回访，确认故障排除。

技巧点拨 惯性开关的导线插接器端子孔变形可能是此前检查燃油泵线路的维修人员操作不规范导致的。后更换燃油泵后，惯性开关的导线插接器就出现了接触不良的故障现象，导致燃油泵电源间歇性断开，燃油泵反复起动，特别是在建立油压后反复起动燃油泵，电流可能较大，最终导致燃油泵熔丝熔断。在此提醒广大维修人员，在对导线插接器进行检测时要合理使用探针等工具，以免损导线插接器，造成人为故障。

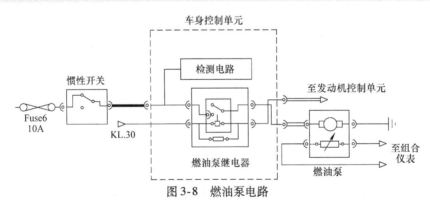

图3-8 燃油泵电路

图3-9 仪表信息中心显示的提示信息

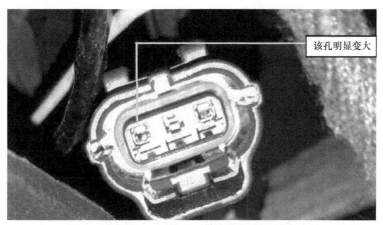

图 3-10　惯性开关导线插接器的端子孔明显偏大

五、2007 款雷克萨斯 LS460 为何燃油表指示不准确

一辆 2007 款雷克萨斯 LS460，搭载 V8 1UR–FE 发动机，8 速手自一体的智能电子控制自动变速系统，后轮驱动，行驶里程：2.5 万 km。驾驶人反映燃油表不准，燃油表指示大概还有 1/3 时就需要加注燃油，不然无法正常行驶。

根据驾驶人描述和故障现象，可以知道是燃油箱内的燃油存量和仪表所指示的燃油不相符，燃油表指示不准。该车采用钢制鞍状燃油箱，以使传动轴可以从燃油箱中间部分的下方穿过（传动轴位于燃油箱底部凸起中心下方），燃油箱形状如图 3-11 所示，燃油表的控制框图如图 3-12 所示。

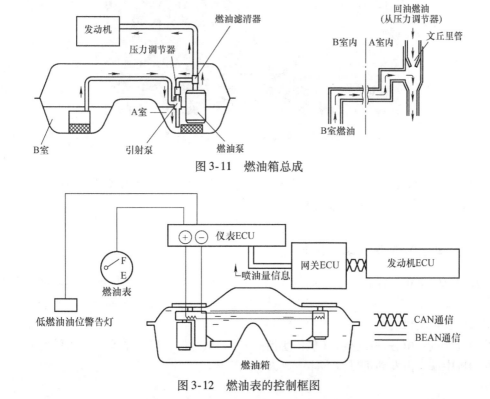

图 3-11　燃油箱总成

图 3-12　燃油表的控制框图

此形状的燃油箱被分为 A 室和 B 室，为了更精确地测量燃油液位，A 室和 B 室各有一个燃油传感器（见图 3-13），分别向仪表 ECU 输出两室的残油量，仪表 ECU 以这两个传感器的信号和来自发动机 ECU 的 EFI 控制信息为参数，计算出燃油的残油量，使燃油表工作指示当前燃油。当燃油油位较低时，该形状的燃油箱容易使燃油分散在 A 和 B 两个室内，B 室内的燃油不能泵出。为了防止发生这种情况，采用引射泵将燃油从 B 室输送到 A 室。这个过程主要是通过引射泵利用燃油的流动来完成的，燃油通过文丘里管所产生的压差，可用于吸出 B 室的燃油并输送到 A 室。

根据驾驶人所描述的故障现象，判断可能出现的故障部位有：燃油箱燃油传感器；引射泵（没有它 B 室的燃油不能输送到 A 室）；燃油传感器连接线束存在短路或搭铁等。把两侧燃油传感器拆下，没有发现传感器浮子有卡滞和脱落现象。滑动燃油传感器浮子，燃油表可以准确地指示燃油液位，说明燃油传感器和线束连接没有问题。

拆下燃油滤芯，检查引射泵，发现引射泵上的一密封圈挤压变形（图 3-13），重新更换一新的密封圈，正确安装完成，起动车辆检测正常，后来几次电话回访驾驶人，故障排除。看来此故障就是由于引射泵上的密封圈安装不到位而造成的故障。

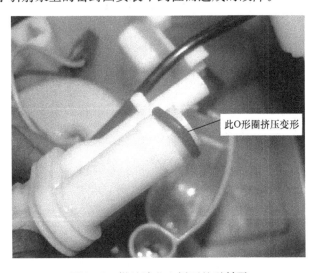

图 3-13　燃油滤芯上拆下的引射泵

技巧点拨　此种现象造成的原因是引射泵未能正常工作，从而使 A 室和 B 室两侧油位不一致，进而导致工作不正常的问题。

六、怎样正确理解发动机工作过程

对发动机的工作过程有一个全面的了解，是深入理解领会发动机各数据之间关系的前提。首先，如图 3-14 所示，将发动机的结构按整个工作过程分为三部分：发动机前端、发动机中端以及发动机后端。

发动机前端：由各种传感器（氧传感器除外）、执行器、进气系统、燃油系统组成。

发动机中端：由发动机机械本体、点火系统组成。

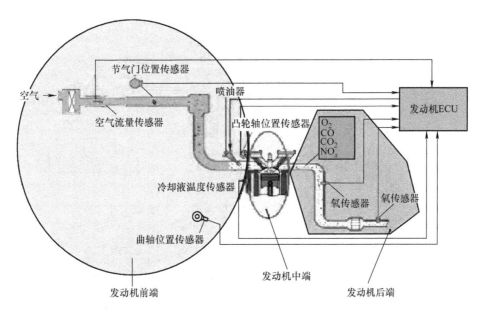

图 3-14　发动机工作流程图

发动机后端：由排气系统、催化转化器，以及检测排气中氧含量的氧传感器（或空燃比传感器）组成。

围绕进入气缸的空气，电脑通过曲轴位置传感器提供的发动机转速、空气流量传感器的进气量信号，来确定基本燃油喷射时间，以及基本的点火提前角度。然后，再根据其余各传感器的信号，如冷却液温度传感器、进气温度传感器、节气门位置传感器（或加速踏板位置传感器）等来对基本燃油喷射时间做出修正，以达到准确控制的目的。同时，在燃油系统良好的情况下，发动机 ECU 指令喷油器做出一定喷射脉宽的打开动作，以将燃油喷入进气歧管（或气缸），并和空气混合，进入气缸。

在发动机中端，在机械部分良好、气缸密封良好、配气机构工作正常的情况下，进入气缸的空气和燃油的混合气（或纯空气和缸内喷射燃油），在合适的时刻被工作良好的次级火花点燃，混合气燃烧做功，输出功率。

在发动机后端，气缸内燃烧完毕的混合气，形成废气进入排气管。这其中包含了各种各样的气体成分，但比较重要的是 O_2、CO、CO_2、NO_x 等废气。这时候，装置在排气管上的氧传感器就开始发挥用途了。由于前面进入气缸的混合气是由发动机 ECU 根据各种传感器得到的数据，经计算后得出的理论喷油量，而这个喷油量究竟与实际进气量相不相符，ECU 本身并不知道。如果打个比方的话，可以将发动机 ECU 做出的喷油量指令认为是一个类似于天气预报的行为，是带有预测性、主观性的行为，是发动机 ECU 单方面的行为。而排气系统中的氧传感器起的是监察、监控的作用，这个过程的示意图如图 3-15 所示。

氧传感器根据排气中氧原子数量的多少，与大气中的氧含量进行比较，从而得出混合气是稀还是浓的情况汇报。

因为有了氧传感器这个"监察员"，所以发动机 ECU 可以放心地工作。比如，当空气流量传感器的热线由于空气中的灰尘脏污，导致检测的进气量小于正常值时，发动机 ECU 依据进气量信号给出的喷油信号，就会过少，导致系统混合气过稀，这样，排气中就会有多余

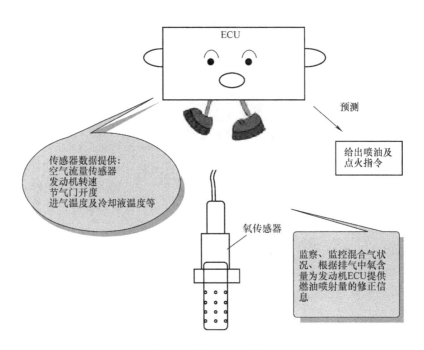

图 3-15 发动机 ECU 做出喷油量指令过程示意图

的氧出现,氧传感器电压就会小于 0.45V。此时,发动机 ECU 根据氧传感器的信号,就知道混合气过稀的情况,从而做出增加喷油量的指令,直到氧传感器的电压变化恢复到 0.1~0.9V 之间。这种对燃油喷射量的修正,就称之为短期燃油修正,如果短期燃油修正值持续较长时间(超过3%),就会引起另外一个修正值——长期燃油修正值的变化。

同样,如果是燃油系统出现故障,比如,燃油泵压力低或喷油器堵塞,也会出现排气中氧含量增加的情况,这样,发动机 ECU 只要相应增加燃油喷射量,就可以使混合气达到规定范围。但是还是会有发动机急加速时,混合气偏稀导致加速不良的状况出现。

另外,虽然氧传感器忠实地坚守岗位,不断地向发动机 ECU 报告排气中的氧含量,以使发动机 ECU 对燃油喷射量做出最佳调节。但是,请不要忘记,发动机是一个由机械、电子、燃油、进气、排气等多系统组成的产物。排气中氧原子数量的变化,并不仅仅受电控系统传感器、执行器,或者燃油压力、喷油器状况等少数几个因素影响,它还被很多其他因素所左右。比如,点火系统的状况、气缸压力、进气系统以及排气系统等众多因素对其均有影响。并且,在这些因素中,根据对发动机的影响不同,还分为个体性问题以及公共性问题。

比如,单个不良的火花塞、单独损坏的喷油器、某缸气缸密封不良等。相对于个体性问题,还有公共性问题。比如,系统供电电压不良、偏离特性的传感器、排气管堵塞、燃油泵压力低等。这些不同的问题,给发动机带来的故障现象有时相似、有时又有较大差异。但是无一例外,对于氧传感器来讲,或者说对于发动机 ECU 来说,都不具备鉴别上述故障的能力,所以发动机 ECU 会不顾实际情况如何,只是单纯地在燃油喷射量上"做文章"(图 3-16)。

比如,某 4 缸发动机,由于火花塞故障,出现单缸失火现象时,排气中氧含量较多,氧传感器电压低于 0.45V,发动机 ECU 会认为是整个系统混合气稀,解决的方法,是所有喷油器都增加喷油量。这样,从氧传感器的反馈结果看,可能应使排气中的氧原子含量部分得

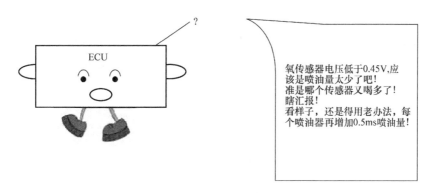

图 3-16 发动机 ECU 在燃油喷射量上"做文章"

到降低，但是实际情况呢？是正常工作的气缸会由于混合气过浓，而工作不良。最终的后果，本来只有一个气缸工作不良，但发动机反馈控制的结果是使所有气缸均工作不良了。

常有这样的情况发生，某车的发动机工作不稳定，断开蓄电池线后，再连接，发动机就会正常工作一段时间，接着，又会出现工作不良的现象。

> **技巧点拨** 发动机是一台由各种不同的复杂零部件构成的独立工作机械，其工作正常与否，受到很多条件因素的制约，只有切实掌握发动机各机构的结构原理，综合分析，才能够判断工作过程中的异常部位。

七、发动机控制系统中喷油量的计算方法是怎样的

发动机各相关数据之间到底有什么样的联系呢？首先要从发动机进气量与喷油量之间的关系来进行分析。而对于常规汽油发动机来说，按其检测进气量的方式不同分为 L 型与 D 型两种，下面以 L 型控制系统为例进行说明。

燃油测量系统要精确地控制发动机各个工况的喷油量，必须首先测量进气量，然后根据下面的公式得出喷油量。

$$F_m = \frac{A_m}{\lambda}$$

式中 F_m——喷油量；
    A_m——进气质量；
    λ——空燃比。

其中进气质量可由下面的公式得到。

$$A_m = A_v \cdot A_d$$

式中 A_V——所进空气容积率；
    A_d——空气密度。

根据上面的燃油喷射量计算公式，结合 L 型发动机的进气量检测方式，可以计算出发动机每一次工作循环的燃油喷射量。

下面以丰田普瑞维亚 2AZ – FE 发动机为例，来说明进气量与燃油喷射量之间的关系。

图 3-17 中，发动机转速为 1118r/min，进气量为 5.32g/s，节气门开度为 19.5%，喷油

量为 2.9ms。这些数据之间有什么样的关系呢？尤其是喷油量与进气量之间的关系，如果能够清楚地了解这些数据之间的关系，那么对于读懂数据流会很有帮助。

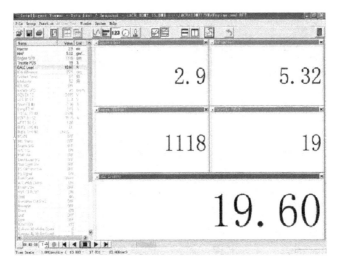

图 3-17　2AZ-FE 发动机数据

由于在数据流中得到的是发动机进气量 5.32g/s，所以，先要计算出发动机每秒的进气行程数量，这样，将 1s 内的进气量平均分配到每一进气行程，就可以得到发动机每一进气行程的进气量数据。再按照前面的喷油量计算公式，带入相应的 λ 值，就可以得到所需要的燃油质量。具体计算方法如下。

首先，需要根据下面公式，计算发动机每一进气行程的进气质量。

$$A_m = MAF \div 发动机转速/2 \div T \times 4$$

式中　A_m——每行程进气质量；

　　　MAF——发动机每秒进气质量；

　　　T——60s。

根据上式计算如下：

1118r/min(发动机转速)÷2=559(每分钟工作循环数)

559(每分钟工作循环数)÷60s=9.316(每秒工作循环数)

9.316(每秒工作循环数)×4(气缸数)=37.26(每秒进气行程数)

5.32g/s(进气量)÷37.26(每秒进气行程数)=0.143g(每个进气行程进入的空气质量)

这样就可以得到发动机每一个进气行程进入的空气质量，然后，根据喷油量计算公式，按照目前发动机管理系统围绕理论空燃比的控制方式，代入空燃比 14.7，得到发动机每一进气行程所需要的燃油质量。

0.143g(每个进气行程进入的空气质量)÷14.7(空燃比)=0.0097g(每个进气行程的燃油质量)

这样，当知道该形式发动机的喷油器特性值后，就可以计算出相应的喷油时间了。

0.0097g(每个进气行程的燃油质量)÷0.00345g/ms(喷油量)=2.81ms(喷油时间)

其中，喷油器特性值是通过厂家提供的发动机喷油器试验数据推算出来的，其计算方法如下。

根据厂家提供的对 2AZ-FE 发动机喷油器的测试数据是：喷油器 15s 喷油量为 70~73mL，取其平均值为 4.76mL/s，93 号汽油密度 0.725g/mL，得到单位喷油时间为 0.00345g/ms（或 3.45mg/ms）。

相关参考公式及参数如下。

汽油容积计算公式为：$V = m/\rho$。因季节气候不同，汽油的密度会有略微变化，平均如下：90 号汽油的平均密度为 0.72g/mL；93 号汽油的密度为 0.725g/mL；97 号汽油的密度为 0.737g/mL；-20 号柴油的密度为 0.83g/mL。

通过上述计算，可以简单地了解发动机进气量数据与喷油时间的基本关系，对维修中正确了解其数据关联，有很大帮助。

通过该数据的计算，还可以加强对发动机燃油控制系统燃油修正功能的了解。比如，当发动机出现喷油器堵塞或燃油泵压力降低时，通过对进气量信号数据、喷油器数据之间出现的不相符的情况进行分析，再结合短期及长期燃油修正的数据，就可以做出进气量正常，喷油时间过长的结论，从而推测可能出现了喷油器堵塞或燃油泵压力低的故障。

图 3-18 是丰田普瑞维亚 2AZ-FE 发动机喷油器堵塞时的数据，该车出现了加速迟缓、动力不足的故障。通过对其数据流的读取，得到如表 3-7 所示的数据。

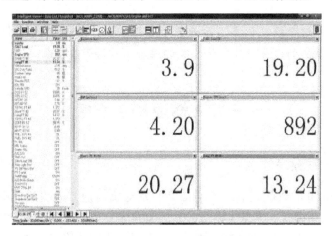

图 3-18 喷油器堵塞时的发动机数据

表 3-7 喷油器堵塞时的发动机数据总结

发动机转速/(r/min)	进气量/(g/s)	喷油时间/ms	计算的负荷（%）	短期燃油修正（%）	长期燃油修正（%）
892	4.20	3.9	19.20	20.27	13.24

对于有经验的技术人员来说，很容易看出数据中喷油时间过长的问题，但造成喷油时间过长的原因是什么呢？它与燃油修正值之间的关系又是什么呢？下面通过计算进行分析。首先，计算出发动机每一进气行程的空气量为 0.1412g。

892r/min（发动机转速）÷2 = 446（每分钟工作循环数）

446（每分钟工作循环数）÷60s = 7.433（每秒工作循环数）

7.433（每秒工作循环数）×4（气缸数）= 29.73（每秒进气行程数）

4.20g/s（进气量）÷29.73（每秒进气行程数）= 0.1412g（每个进气行程进入的空气质量）

然后，按照空燃比为 14.7 进行燃油量计算，得到每冲程需要的燃油质量。

0.1412g（每个进气行程进入的空气质量）÷14.7（空燃比）=0.00961g（每个进气行程的燃油质量）

再将该发动机喷油器特性值代入，得到 2.78ms 的喷油时间。

0.0096g（每个进气行程的燃油质量）÷0.00345g/ms（喷油量）=2.78ms（喷油时间）

但是，从数据流中看到的实际喷油时间为 3.9ms，这与根据当前进气量计算出的喷油时间相差较大，这其中增大的喷油时间又是如何产生的呢？其原因又是什么？看后续的计算就可以明白了。

由于喷油器堵塞导致：

13.24%（长期修正系数）+20.27%（短期修正系数）=33.51%（燃油修正系数）

2.78ms（喷油时间）×（1+33.51%）=3.71ms（喷油时间）

3.71ms 为喷油器通电时间。电脑按照进气量计算控制的喷油时间来喷油时，由于喷油器堵塞，导致单位时间内的实际喷油量减少，混合气偏稀，尾气中的氧含量较高。因此，发动机 ECU 根据氧传感器的信号，确定必须增加燃油修正量，这使短期燃油修正系数及长期燃油修正系数均呈现正值。据此，我们就可以知道为什么发动机数据流中的实际喷油时间要大于计算出的喷油时间了。

技巧点拨 汽车综合检测仪上显示的各项数据，都是通过缜密的计算得出来的，只有真正了解了这些数据的含义，才能使相关的维修工作游刃有余。

第三节 燃油修正系数

一、燃油修正系数是什么？

在国际标准 OBD Ⅱ 的数据流中，除了常见的发动机转速、进气量、喷油量、节气门开度、负荷及点火提前角度等 6 大基本参数外，还有很多重要的数据信息对判断发动机故障来说起着重要的作用。其中，对燃油喷射时间、点火提前角度的修正，或者说对喷油时间影响比较大的两个参数，就是长期及短期燃油修正，也称为燃油修正系数。

依据 SAE（美国汽车工程学会）J1930 标准规定，从 1993 年开始，短期燃油修正用"FUEL TRIM"取代以前使用的参数名称"INTEGRATR"，而 1992 年及此前的车型仍使用原名称。短期燃油修正是指由电脑即时制定的用于改善发动机运行工况所做出的策略，这时的修正是暂时的。长期燃油修正是基于短期燃油修正的反馈做出的，这时的修正要更长久些。

短期修正值并不存储在电脑的存储器中，对燃油系统进行的所有修正都是在对氧传感器或其他的传感器做出直接的响应之后便立即发生的。设计这些修正的目的是保持氧传感器在合适的范围内工作。

长期燃油修正值被存储在电脑的存储器中，存储的这些数据将在发动机再次于类似的环境和工况下工作时使用。触发长期燃油修正是为了将所有的短期燃油修正的数值，都维持在特定的参数范围内。这些参数并不是基于氧传感器的反馈，而是基于从氧传感器获取持续的正确读数的基础上得到的修正。

燃油喷射量＝基本燃油喷射量×喷射校正×(长期燃油修正系数＋短期燃油修正系数)＋电压校正

燃油喷射量计算方法如图 3-19 所示，长期燃油修正系数如图 3-20 所示。

一旦发动机达到了规定的温度（通常是 180℃），ECM 开始修正长期燃油修正。自适应的设置是以发动机转速短期燃油修正为基础的。如果短期燃油修正改变了 3% 并保持了一段时间，ECM 就要调节长期燃油修正。长期燃油修正便成为一个新值，但基础值不变。换句话说，长期燃油修正改变了正在被短期修正改变着的脉冲宽度的长度，长期燃油修正的工作将使短期燃油修正接近于 0。

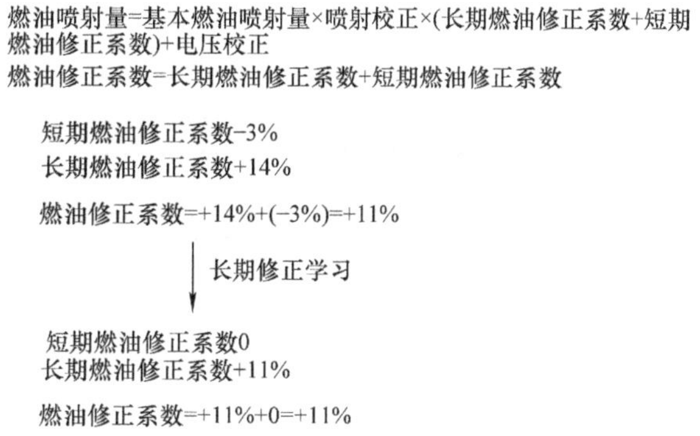

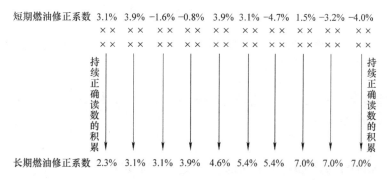

图 3-19　燃油喷射量计算方法

图 3-20　长期燃油修正系数

长期燃油修正系数的改变是在持续的 ECU 对短期燃油修正正确反馈结果的量变基础上形成的质的改变。短期与长期燃油修正值转换关系图如图 3-21 所示。

通用汽车公司的长期燃油修正在诊断仪上的显示与短期燃油修正一样。长期燃油修正反映了 PCM 学习了驾驶人的习惯、发动机的变化和道路情况。如果诊断仪上显示的数字大于 128，表示电脑已经学习并补偿了混合气过稀的情况；如果数字小于 128，说明电脑已经学习并补偿了混合气过浓的情况。

与短期燃油修正策略一样，OBDⅡ的长期燃油修正策略在诊断仪上也以百分数的形式显示。长期燃油修正策略是电脑学习的结果，没有"－"号的数字表示电脑已经补偿了稀混合气；有"－"号的数字表示电脑已经补偿了浓混合气。当长期燃油修正策略学会补偿浓或稀混合气时，短期燃油修正的数值就回到 0 点附近；如果发动机的工况要求混合气太过偏浓或偏稀，则长期燃油策略将不会补偿，并会记录一个故障码。

如果真空泄漏或喷油器堵塞导致稀混合气，在诊断仪上，长期燃油修正值将显示为一个正数。如果喷油器泄漏或燃油压力调节器有故障，则将会导致混合气过浓，此时在诊断仪上显示的长期燃油修正值为负数。因此，这种混合气偏浓的状况是很容易看出来的。如果混合

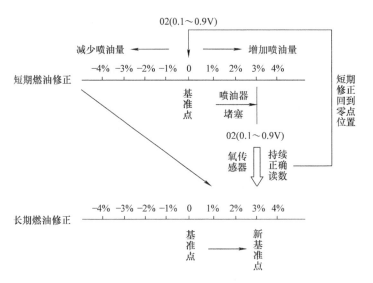

图 3-21 短期与长期燃油修正值转换关系图

气过浓或过稀导致长期燃油修正值达到修正极限时,在采用 OBD Ⅱ 发动机控制系统中,会存储混合气过浓或过稀的故障码。

技巧点拨 燃油的短期修正指的是保养和调校,长期的修正指的是在机件使用过程中间隙的正常老化等问题。

二、喷油时间与燃油修正系数的关系是怎样的?

当发动机转速一定,进气量一定时,喷油时间与燃油修正系数之间存在以下关系

实际喷油时间 = 每冲程喷油时间 ×(长期燃油修正系数 + 短期燃油修正系数)

喷油时间与燃油修正系数关系图如图 3-22 所示。

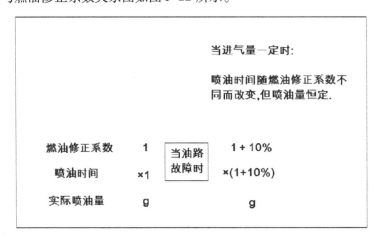

图 3-22 喷油时间与燃油修正系数关系

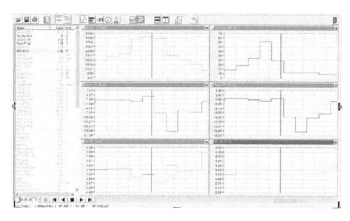

图 3-23　排气不畅时的长期及短期修正值变化图

1. 发动机缺火对燃油修正系数的影响

当发动机出现缺火现象时，气缸内混合气出现不完全燃烧现象，排气中含有大量的 HC 及 O_2，由于 HC 不容易参与催化反应，氧消耗量低，残存氧原子数量较大，所以使得氧传感器测得电压值偏低，显示为混合气稀的状态，ECU 就会增加燃油喷射量，短期燃油喷射修正值为正数。ECU 可能会记忆混合气过稀的故障码。

2. 排气不畅对燃油修正系数的影响

排气管堵塞时，会导致废气排出受阻，表现形式上是背压过高，进入气缸的新鲜空气量减少。这导致混合气燃烧不完全，氧传感器电压高于 0.45V，燃油修正系数为负值。排气不畅时的长期及短期修正值变化图如图 3-23 所示。当排气管堵塞后，先将发动机高转速运行（3000r/min 以上），此时，从发动机数据流线形图中可以看到，当发动机转速高于 2000r/min 时，空燃比传感器电压就已经降低到 3.25V 以下，而当发动机转速高于 3000r/min 时，空燃比传感器电压降低到 2.9V，而过量空气系数为 1 时的空燃比传感器电压应为 3.29V。当突然放松加速踏板时，看到在节气门突然关闭时，由于新鲜空气进入数量急剧降低，空燃比传感器的电压继续降低到 2.7V 左右。因此，此时短期燃油修正系数会呈现较高的数值。一般高于 -15% 以上，表示此时混合气过浓。

3. 燃油泵压力过低或喷油器堵塞对燃油修正系数的影响

如丰田普瑞维亚（2AZ-FE 发动机）喷油器堵塞时，会出现发动机加速迟缓、高速无力故障现象，检测其数据流如图 3-24 所示。

由图 3-24 中数据可得到，发动机始终处于混合气偏稀的状态。这从短期及长期燃油修正值长时间在正值范围内可以得到这一结论，1 缸侧短期燃油修正值为 10.90%，长期修正为 13.24%，2 缸侧短期燃油修正值为 13.24%，长期修正值为 14.02%。而用户已经更换过燃油泵、滤清器、清洗过喷油器。检测燃油泵压力，压力始终在 $3.5 kgf/cm^2$，油压正常（该车采用无回油管的单管路系统，油压恒定在 $3.5 kgf/cm^2$），高速时，检查油压也没有降低的情况出现。

用检测仪记录的车辆路试中的各项数据的曲线图如图 3-25 所示。图中长期燃油修正值始终在 10% 以上。大部分工况下，为接近 20%。这里将其中的部分数据摘录下来，得到 10 个点的数据，路试实测数据列于表 3-8。

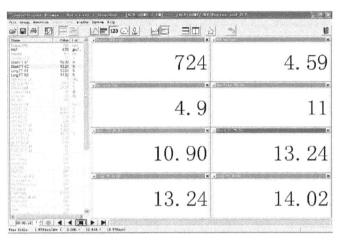

图 3-24　丰田普瑞维亚（2AZ-FE 发动机）喷油器堵塞时发动机的数据流

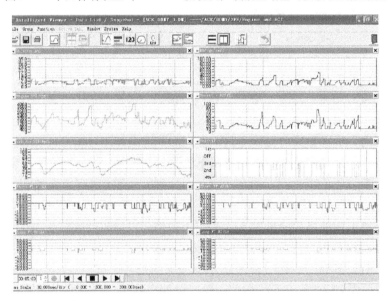

图 3-25　车辆路试中各项数据的曲线图

表 3-8　路试实测数据

项目	第1栏	第2栏	第3栏	第4栏	第5栏	第6栏	第7栏	第8栏	第9栏	第10栏
喷油量/ms	8.0	4.0	5.20	4.0	4.2	5.2	5.6	5.6	8.0	7.9
空气流量/(g/s)	13.78	3.65	3.70	4.39	4.03	6.45	9.25	9.17	12.21	22.96
发动机转速/(r/min)	1302	746	584	747	710	791	1273	1413	1237	2452
节气门开度（%）	26	11	11	11	11	15	18	18	25	32
车速/(km/h)	41	39	23	16	12	9	8	12	25	42
档位	3	4	3	1	1	1	1	1	2	2
1 缸侧短期燃油修正（%）	-1.60	20.27	20.27	10.90	4.65	1.53	8.55	20.27	-3.16	20.27
2 缸侧短期燃油修正（%）	-0.82	19.49	20.27	14.02	8.55	3.87	10.90	20.27	-2.38	20.27
1 缸侧长期燃油修正（%）	19.49	13.24	13.24	13.24	13.24	19.49	19.49	19.49	19.49	19.49
2 缸侧长期燃油修正（%）	19.49	14.02	14.02	14.02	14.02	19.49	19.49	19.49	19.49	19.49

从表 3-8 中的数据来看，大部分情况下，1 缸与 2 缸侧的长期燃油修正值均接近 20%，这说明长期存在系统混合气过稀的情况，而短期燃油修正系数的变化也是集中在正值范围内，这说明目前确实存在混合气过稀的状况。

可以运用相关的计算公式得到与当时的进气量对应的喷油量数值，而这个数值与实际喷油时间之间有着较大的差异，以上述表 3-8 中第 5 栏的数据进行计算。按照上文，通过喷油量计算公式来进行计算

$$A_M = \text{MAF} \div \frac{\text{发动机转速}}{2} \div T \times 4$$

首先，计算出发动机每一进气行程的空气量，为 0.1412g。
发动机转速 710 ÷ 2 = 355 个工作循环/min
355 个工作循环/min ÷ 60s = 5.916 个工作循环/s
5.916 个工作循环/s × 4 气缸 = 23.66 个进气行程/s
4.03g/a 的空气 ÷ 23.66 个进气行程/s = 0.1703g/行程的空气
然后，按照空燃比为 14.7 进行燃油量计算，得到每行程需要 0.01158g 的燃油量。
0.1703 克/行程的空气 ÷ 14.7 的空燃比 = 0.01158g/行程的燃油
再将该发动机喷油器特性值代入，得到 3.35ms 的喷油时间。
0.01158g/行程的燃油 ÷ 0.00345g/ms 喷油量 = 3.35ms 喷油时间
即喷油器喷油时间 = 3.35ms

但是，从数据流中看到的实际喷油时间为 4.2ms，这与根据当前进气量计算出的喷油时间相距较大，这中间增大的喷油时间又是如何产生？其原因是什么？后续的计算如下。

由于喷油器堵塞导致：
13.24%（长期修正系数）+ 4.65%（短期修正系数）= 17.89% 燃油修正系数
3.35ms 喷油时间 × (1 + 17.89% 燃油修正系数) = 3.949ms 喷油时间
即喷油器喷油时间 = 3.949ms

如果再算上喷油器针阀开启时间，计算得到的喷油时间与电脑控制的实际喷油时间已经非常接近了。电脑按照进气量计算控制的喷油时间来喷油时，由于喷油器堵塞，导致单位时间内的实际喷油量减少，混合气偏稀，尾气中的氧原子含量较高，因此，发动机电脑根据氧传感器的信号，确定增加燃油修正量，这反映为短期燃油修正系数及长期燃油修正系数均呈现正值。而当将短期燃油修正与长期燃油修正系数考虑进去时，就可以看到电脑对喷油器堵塞造成的喷油量减少的补偿结果了。

反之，如果燃油泵压力过高或喷油器出现滴漏时，氧传感器会检测到混合气偏浓，从长期及短期燃油修正系数的角度看，会出现负值，减少喷油量。同时，可能会记录混合气过浓的故障码。

4. 活性炭罐进气口堵塞对燃油修正系数的影响

当活性炭罐进气口滤网堵塞，导致外部新鲜空气无法进入，在炭罐电磁阀开启后，会导致进入进气歧管的燃油蒸气没有及时得到适量的空气补充，而电脑通过空气流量传感器检测的进气量确定基本喷油量时，并没有考虑燃油蒸气过浓的因素，所以就导致了进入气缸的混合气过浓，燃烧结束后进入排气系统的氧含量较低，电脑根据氧传感器或宽带氧传感器检测到的信号为混合气偏浓，这样，从短期燃油修正值的角度看，其值会显示负值，而当短期燃

油修正的变化超过3%时,会导致长期燃油修正值变化为负值,所以从长期及短期燃油修正系数看,其值在炭罐电磁阀工作期间,会出现负值,电脑会记忆混合气浓的故障码。

5. 活性炭罐电磁阀卡滞在常开位置对燃油修正系数的影响

当活性炭罐电磁阀卡滞在常开状态时,除了会导致发动机热车停驶后一段时间内不易起动外,还会导致发动机在正常工作中,出现混合气过稀的故障现象。这是因为燃油箱中的燃油蒸发速度赶不上发动机炭罐进气补偿的量,所以在发动机刚开始工作时,混合气呈现过浓的状态,但随着发动机工作时间的增加、速度的提高,此故障现象就会出现。从数据流中,显示的是起动一段时间后,混合气由浓转稀,燃油修正值,尤其是短期燃油修正值会呈现先减少后增加的趋势,但长期燃油修正值会呈现增加(正值)的状况。电脑会同时记忆混合气过浓与过稀的故障码。

6. 节气门脏污对燃油修正系数的影响

以丰田2700发动机来检测节气门脏污对燃油修正系数的影响情况,其清洗节气门前后的数据列于表3-9。

表3-9 丰田2700发动机清洗节气门前后的数据表

检测项目	发动机转速/(r/min)	节气门开度(%)	喷油量/ms	长期燃油喷射修正值(%)	短期燃油喷射修正值(%)
节气门清洗前	650	18	3.1	-24	-10~+10
节气门清洗后	750	14	2.4	2.0	-10~+10

从第一组的数据,可以看到,发动机转速只有650r/min,偏低,而节气门的开度却达到了18°,燃油喷射量为3.1ms,此时的长期燃油喷射值达到了-24%。这说明系统长期处于偏浓的状态,但究竟是什么原因导致混合气偏浓呢?诸如空气流量传感器信号偏大、冷却液温度以及进气传感器偏离特性,均可能造成发动机电控单元做出加大喷油量的决定。但在这里,造成喷油量大的原因,则是由节气门体过脏导致的。在做出分析之前,先来看第二组数据,这组数据是清洗完节气门,并拆下蓄电池负极线后得到的。此时,看到发动机转速是750r/min,节气门的开度恢复到了14°,喷油量是2.4ms,长期燃油修正值为2.0,从数据上看,发动机转速恢复到正常转速,而且喷油量下降了。而在清洗完节气门后,在没有对ECU进行重新学习之前,节气门开度仍旧是18°时,发动机转速达到了1800r/min。

这些数据说明,采用电子节气门的发动机,当节气门由于积炭导致发动机进气量减少时,ECU会使节气门打开较大的开度,以补偿进气量的不足,但这样做的结果是,虽然使发动机勉强可以维持怠速转速运转,但是过大的节气门开度信号,破坏了ECU的控制平衡,在进气量没有增加的前提下,ECU根据节气门开度信号加大了燃油喷射量,这使得整个系统偏浓,因而发动机控制单元依据氧传感器信号始终在减少喷油喷射量,以求达到反馈平衡,表现在长期燃油修正值时,就是始终为负值。由于ECU一直处于减少喷油的过程,随之而来的另一问题是,当发动机加速时,加速加浓量不足,瞬间混合气偏稀,使发动机出现加速迟缓的故障。

7. 冷却液温度传感器对燃油修正系数的影响

冷却液温度传感器发生偏离特性故障时,由于不能准确反映发动机的实际工作温度,这将导致基于冷却液温度传感器所进行的燃油修正出现过浓或过稀的故障。当冷却液温度传感器显示的温度信号远低于实际温度时,会导致喷油时间过长,出现混合气过浓的故障,甚至会导致发动机热车起动困难。此时，长期燃油修正系数会出现负值，以减少实际喷油量。反之，当冷却液温度传感器显示的温度信号远高于实际温度时，将导致喷油时间过短，出现混合气过稀的故障，甚至会导致发动机冷车起动困难。此时，长期燃油修正系数会出现正值，以增加实际喷油量。

8. 空气流量计偏离特性对燃油修正系数的影响

上海大众时代超人AJR发动机出现空气流量传感器偏离特性，检测到的进气流量超过实际进气量时，相关数据统计列于表3-10。

表3-10 进气流量超过实际进气量时相关数据统计表

检测项目	空气流量传感器数值/(g/s)	节气门开度/(°)	实际喷油脉宽/ms	氧传感器/V	混合比λ控制(%)
正常数据	2.0~4.0	3~5	1.65~2.1	0.1~0.9	-10~+10
实测值	4.8	6	2.6	0.8	-25

对照原厂的技术要求，空气流量传感器的值在2.0~4.0g/s之间变化（经验值在3g/s左右为最佳），节气门的开度在3~5°之间，喷油脉宽在1.65~2.1ms之间。氧传感器在0.1~0.9V之间连续变化，混合比λ控制值（燃油修正值）在-10%~10%之间持续变化。如果观察到数据流在上述范围内变化时，基本可以认定系统工作正常。接下来，看实测值的数据显示。其中，空气流量传感器的值为4.8g/s，已经超出了正常的范围（以前维修中，曾经检测到此数值为11g/s的数据），对于正常的发动机，实际的进气量可能不超过3g/s，这样多余的1.8g/s的进气量，就会被发动机控制单元计入进气量的计算。实际喷油量就会超出正常值，这里，观测到喷油量在2.6ms，也是大于正常值。喷入气缸的燃油多于进入的空气量，这就导致发动机混合气过浓，由于混合气燃烧不完全，废气中氧原子含量减少，氧传感器显示的数值就较高。发动机控制单元根据氧传感器的反馈信号，进行混合比λ（燃油修正）控制，也就是说发动机控制单元要逐步地减少喷油量，以达到使混合气恢复正常范围的目标。

反之，如空气流量传感器检测的进气量数据小于实际进气量时，其显示的进气量就会过低，发动机控制单元根据此数据进行基本燃油喷射量计算时，就会出现实际喷油时间少于正常需要的喷油时间，导致混合气偏稀，氧传感器的电压值始终小于0.45V，燃油修正值大于10%，甚至达到25%。

技巧点拨 综合可以看出对长期和短期燃油修正系数的影响因素是多方面的，在一线诊断过程中，只有透彻理解相应的理论知识，才能更好地对汽车的各类故障做出相应诊断。

第四章

点火控制系统维修技能与技巧

第一节 点火控制部件维修技能

一、调整火花塞电极间隙的注意事项有哪些

如图4-1所示，火花塞是汽油发动机点火系统的放电终端，火花塞的电极间隙又直接影响点火系统的放电品质，因此，火花塞电极间隙的调整，对于提高放电品质，维持发动机的正常燃烧

图4-1 火花塞

具有重要作用。火花塞电极间隙的大小不是固定不变的，一方面，火花塞电极的工作环境相当恶劣，在工作过程中因电蚀而凹陷，引起电极间隙增大；另一方面，在冬夏两个季节中对火花塞电极间隙的要求也不同，冬季偏小，夏季偏大。因此，应该根据季节和使用情况，适时对火花塞电极间隙进行调整，且应注意以下几点：

① 在良好运行状态下，汽车运行2万km时，该车的火花塞应更换新品。

② 汽车运行3000km时，应清除火花塞中的积炭，并调整间隙。

③ 测量调整间隙前，应先清除积炭，其方法一是高压喷砂，二是化学剂软化，三是锉削，四是高频振荡，五是高温处理。

④ 测量电极间隙，不可用普通塞尺，应当使用火花塞电极测量规来测量（图4-2）。

图4-2 测量火花塞间隙

⑤ 冬季与夏季对电极间隙的要求不同，一般来说，冬季比夏季要小15%左右。
⑥ 调整电极间隙时，应以专用扳手扳动侧电极，不得使用其他工具或直接敲击侧电极。
⑦ 调整电极间隙时，万万不可扳动火花塞的中央电极。
⑧ 调整火花塞电极间隙，要一次到位，不可来回扳动电极。
⑨ 不可用氧－乙炔火焰直接对电极进行加热除炭处理。

技巧点拨　在火花塞调整过程中，应提醒驾驶人及维修人员，一定要按照以上的调整要点去做，否则会影响汽车的正常运行。

二、怎样通过火花塞的情况判断发动机的故障

火花塞的颜色是指陶瓷绝缘体的颜色。对照自己车的火花塞和下面的照片比较一下，看看有哪些相应问题。

（1）严重积炭的火花塞　如图4-3a所示，这是一个活塞环磨损的发动机。机油窜进了燃烧室，俗称烧机油。这种车排气管会冒出滚滚蓝烟。如果不加处理，即使换新火花塞也撑不了多长时间。引起这种毛病的常见原因如下：① 活塞、活塞环磨损；② 气缸内腔磨损；③ 气门导向槽磨损。

a)　　　　　　　　　　　b)　　　　　　　　　　　c)

图4-3　严重积炭的火花塞
a）严重积炭　b）一般积炭　c）积炭太多

图4-3b 中的照片显示的是一个比较干，有黑色绒状积炭的火花塞。这说明混合气太浓，就是说油太多，空气太少了，也可能是怠速过高。车子冒黑烟就是混合气太浓的标志。在换新火花塞之前，要修理好这个毛病。混合气太浓的原因一般有：① 空气滤清器太脏；② 喷油器的喷油量需要调整。

图4-3c 中的照片显示的是积炭太多了，把电极都连到一块了。一般是发动机内部积炭太多，结果松了以后掉到火花塞上了。这时需要拆开发动机清理内部积炭。

（2）太湿的火花塞　图4-4所示为太湿的火花塞，出现这种情况的原因是火花塞的热值太低，或者喷油器喷油太浓。

（3）粘砂子的火花塞　如图4-5所示，这辆车子空气滤清器密封有问题，结果砂子进到了燃烧室里。在燃烧高温的作用下熔化在了火花塞上，形成玻璃一样的东西。

（4）粘有熔化的铝的火花塞　如图4-6所示，火花塞上粘了很多小的熔化的铝球。这是因为点火提前角提前太多，结果点火的高温来不及散发，致使活塞熔化，熔化的铝粘到了

火花塞上。

图 4-4　太湿的火花塞

图 4-5　粘砂子的火花塞

（5）正常的火花塞　如图 4-7 所示，正常的火花塞是浅棕色的。而且前面三圈螺纹是黑色的，说明热值也是匹配的。

图 4-6　粘有熔化的铝的火花塞

图 4-7　正常的火花塞

（6）火花塞发白　如图 4-8 所示，火花塞发白是因为发动机过热，如果不处理的话会使发动机出现严重故障。常见原因：① 火花塞热值太高；② 汽油标号低；③ 点火提前角不对（早、晚都不好）；④ 冷却系统故障（散热器散热片太脏，或水冷发动机的冷却液量不足等）；⑤ 混合气太稀。

（7）火花塞太长　如图 4-9 所示，火花塞的电极歪到一边，好像发动机内部有什么东西撞到了火花塞上。如果出现这种情况，必须马上修理。最常见原因是火花塞太长了。

图 4-8　火花塞发白

图 4-9　火花塞太长

(8) 火花塞陶瓷绝缘体振裂　如图 4-10 所示，由于发动机爆燃，把火花塞陶瓷绝缘体振裂了。如果这样的车还跑的话，发动机就快完蛋了。检查一下，是不是汽油标号太低了。

(9) 火花塞电极烧蚀　如图 4-11 所示，火花塞电极烧蚀会引起发动机故障。需要检查：①火花塞热值是否匹配；②点火角是否提前太多；③混合气过稀；④冷却系统；⑤润滑系统缺机油。

(10) 火花塞使用时间过长　图 4-12 所示的火花塞太旧了。注意看它的中心电极已经变圆了。这样的火花塞点火的时候耗电量很大，而且会使发动机工作不良。

图 4-10　火花塞陶瓷绝缘体振裂

图 4-11　火花塞电极烧蚀

图 4-12　火花塞使用时间过长

技巧点拨　火花塞绝缘体的颜色能告诉我们包括发动机的工作情况在内的很多事情。火花塞可能会有各种颜色，每种颜色都能解释一些事情，例如发动机过热、磨损等。

三、丰田 2NZ – FE 型发动机点火系统的组成和结构是怎样的

丰田 2NZ – FE 型发动机点火系统（ESA）采用计算机控制，可精确控制点火提前角、点火间隔角和点火闭合角，提高点火能量。同时，由于电气元件少，减少了故障点，点火系统的工作可靠性大大提高。

1. 点火系统组成

丰田 2NZ – FE 型电控发动机采用独立点火系统，其组成包括：相关传感器、ECU、点火线圈及点火器、各缸火花塞等，如图 4-13 所示。

2. 点火系统电路

丰田 2NZ – FE 型电控发动机点火系统电路如图 4-14 所示，ECU 引脚位置如图 4-15 所示，点火正时和点火反馈信号波形如图 4-16 所示，ECU 引脚功能见表 4-1。

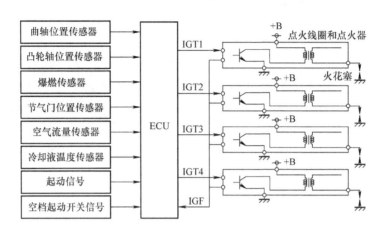

图 4-13 点火系统组成

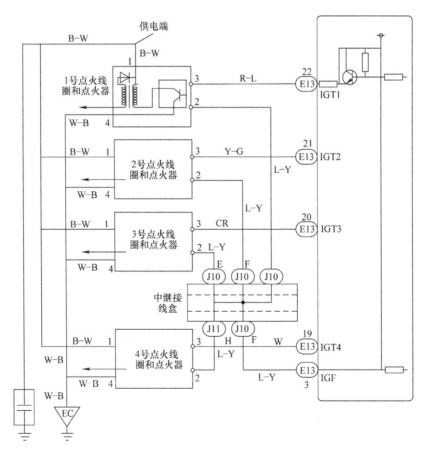

图 4-14 点火系统电路

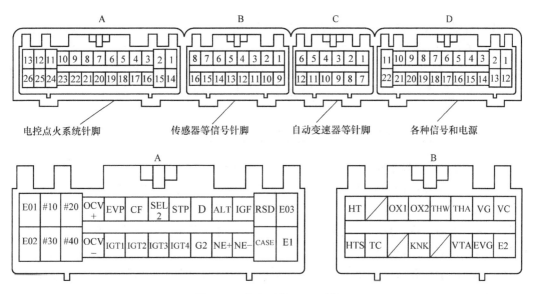

图 4-15 点火系统 ECU 引脚

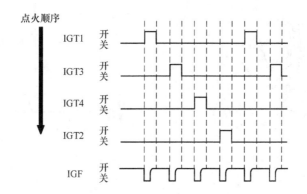

图 4-16 点火正时和点火反馈信号波形

表 4-1 点火系统 ECU 引脚功能与检测电压

引脚	功能	检测状态	检测电压/信号波形
3（IGF）	点火反馈信号	点火开关"ON"	4.5~5.0V
3（IGF）	点火反馈信号	急速	矩形波
22（IGT1）	1号点火线圈点火正时信号	急速	矩形波
21（IGT2）	2号点火线圈点火正时信号	急速	矩形波
20（IGT3）	3号点火线圈点火正时信号	急速	矩形波
19（IGT4）	4号点火线圈点火正时信号	急速	矩形波

注意：如果发动机在工作过程中某一缸不点火，而喷油器一直在喷油，则未燃烧的汽油会加大三元催化器和氧传感器的负担；汽油对气缸壁形成冲刷，造成活塞、活塞环与气缸壁的润滑性能变差，会缩短气缸的使用寿命；同时会造成汽油浪费。

技巧点拨 在丰田发动机集中控制系统（TCCS）中，设置了点火反馈控制功能，即利用点火器的初级电路切断时产生的点火反馈信号来检测点火系统的工作情况。这样，发动机 ECU 始终监测点火系统的工作情况，一旦发动机 ECU 连续 6 次收不到点火反馈信号 IGF，则立即停止所有喷油器的喷油动作，发动机立即熄火。

四、怎样检测丰田 2NZ - FE 型发动机点火系统

1. 曲轴位置传感器的检测

曲轴位置传感器为电磁感应式，安装位置如图 4-17a 所示。曲轴带动转子旋转，传感器线圈的磁通量发生变化，产生电压信号。

1）测量电阻。用万用表电阻档检测传感器线圈的电阻值，冷态电阻值为 985 ~ 1600Ω；热态电阻值为 1265 ~ 1890Ω。

2）测量波形。在发动机运转状态下，用示波器检测曲轴位置传感器，其信号波形如图 4-17b 所示。

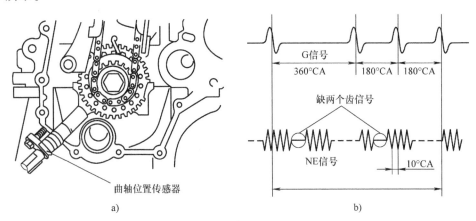

图 4-17 曲轴位置传感器安装位置及信号波形
a）安装位置 b）信号波形

2. 凸轮轴位置传感器的检测

凸轮轴位置传感器与曲轴位置传感器的结构类型相同，其安装位置如图 4-18a 所示。

1）测量电阻。用万用表电阻档检测传感器线圈的电阻值，冷态电阻值为 1630 ~ 2740Ω；热态电阻值为 2065 ~ 3225Ω。

2）测量波形。在发动机运转状态下，用示波器检测凸轮轴位置传感器，其信号波形如图 4-18b 所示。

3. 爆燃传感器的检测

爆燃传感器安装在 2 缸与 3 缸之间的气缸体上。当爆燃产生的振动频率高于 6.6kHz 时，爆燃传感器的信号电压达到峰值，其信号波形如图 4-19 所示。用万用表电阻档检测爆燃传感器线圈对外壳的电阻值，应为∞，否则为传感器损坏。

4. 点火器和点火线圈的检测

丰田 2NZ - FE 型发动机采用的是独立点火系统，即在每个气缸的顶部都单独装配一个

点火线圈和点火器，这样可以大大减少由缸线高压造成的电磁干扰，并且减少了缸线的故障点，最主要的是这样的结构设计可以加大初级电流的电流值，从而大大提高点火能量。点火器和点火线圈的结构如图 4-20 所示。

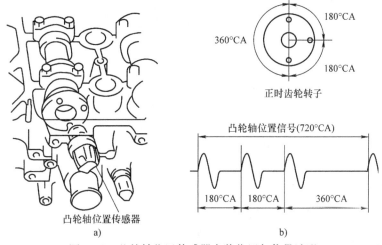

图 4-18　凸轮轴位置传感器安装位置与信号波形
a）安装位置　b）信号波形

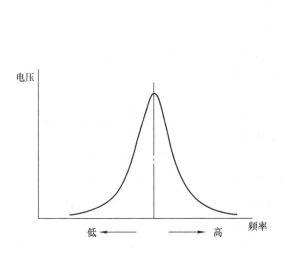

图 4-19　爆燃传感器信号波形

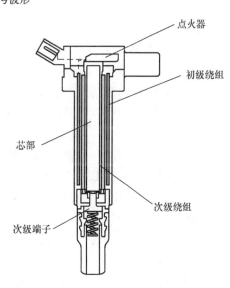

图 4-20　点火器和点火线圈结构

五、怎样诊断与排除 1.6L 卡罗拉轿车直接点火系统的故障

1.6L 卡罗拉轿车配置的 3ZZ-FE 发动机，采用直接点火系统（DIS）。DIS 能提高点火正时精度，减少高压损失。由于取消了分电器，增强了点火系统的可靠性。火花塞帽与点火线圈制成一体，是与火花塞相连的部件。系统组成如图 4-21 所示。

1. 点火系统检修基本数据

1.6L 卡罗拉轿车直接点火系统（DIS）检修基本参数见表 4-2 所列。

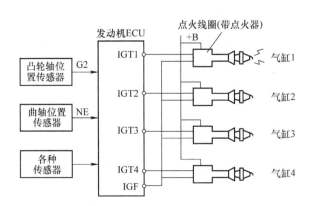

图4-21 1.6L卡罗拉轿车直接点火系统（DIS）的组成

表4-2 1.6L卡罗拉轿车直接点火系统（DIS）检修基本参数

参数		基本参数
火花塞电极间隙		1.1mm
曲轴位置传感器电阻	冷态	1630～2740Ω
	热态	2065～3225Ω
凸轮轴位置传感器电阻	冷态	835～1400Ω
	热态	1060～1645Ω

2. 故障诊断与排除

（1）故障码P0335　故障码P0335表明曲轴位置传感器电路有故障，原因可能是曲轴位置传感器电路断路或短路、曲轴位置传感器或发动机ECU有故障。

1）检查曲轴位置传感器端子间的电阻，应符合表4-2要求。若不正常，则更换曲轴位置传感器。

2）如图4-22所示，检查电路中发动机ECU与曲轴位置传感器的配线和插接器。脱开曲轴位置传感器插接器C3，脱开发动机ECU插接器E8，检测曲轴位置传感器导线侧插接器C3端子1与发动机ECU导线侧插接器E8端子16（NE+）间的导通性，以及曲轴位置传感器导线侧插接器C3端子2与发动机ECU导线侧插接器E8端子24（NE-）间的导通性，均应导通。检测发动机ECU导线侧插接器E8端子16与端子17间、端子24与端子17间的电阻（是否短路），应不小于1MΩ。若检测结果不正常，则修理或更换配线和插接器。

3）检查曲轴位置传感器的安装情况，若不正常，则紧固曲轴位置传感器。检查曲轴位置传感器信号齿盘，若不正常，则修理或更换曲轴位置传感器信号齿盘。

（2）故障码P0340　故障码P0340表明凸轮轴位置传感器电路有故障，原因可能是凸轮轴位置传感器电路断路或短路、凸轮轴位置传感器或发动机ECU有故障。

1）检查凸轮轴位置传感器端子间的电阻，应符合表4-2要求。若不正常，则更换凸轮轴位置传感器。

2）如图4-22所示，检查电路中发动机ECU与凸轮轴位置传感器的配线和插接器。脱开凸轮轴位置传感器插接器C1，脱开发动机ECU插接器E8，检测凸轮轴位置传感器导线侧插接器C1端子1（G+）与发动机ECU导线侧插接器E8端子15（G2）间的导通性，以及凸轮轴位置传感器导线侧插接器C1端子2与发动机ECU导线侧插接器E8端子24（NE-）

间的导通性，均应导通。检测发动机 ECU 导线侧插接器 E8 端子 17（E1）与凸轮轴位置传感器导线侧插接器 C1 端子 1 间的电阻（是否短路），应不小于 1MΩ。检测发动机 ECU 导线侧插接器 E8 端子 24 与端子 17 间的电阻（是否短路），应不小于 1MΩ。

3）检查凸轮轴位置传感器的安装情况。若不正常，则紧固凸轮轴位置传感器。

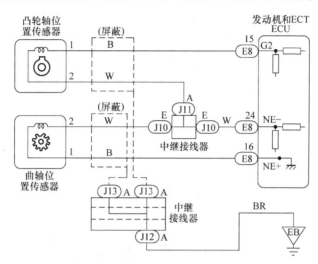

图 4-22　曲轴位置传感器和凸轮轴传感器连接线路

（3）故障码 P1300、P1305、P1310、P1315　故障码 P1300、P1305、P1310、P1315 的产生，说明 1、2、3、4 号点火器电路发生故障，原因可能是 1、2、3、4 号点火线圈有故障，1、2、3、4 号点火线圈与发动机 ECU 间的 IGF 电路短路或断路，1、2、3、4 号点火线圈与发动机 ECU 间的 IGT1、IGT2、IGT3、IGT4 电路短路或断路，或发动机 ECU 有故障。检查步骤如下：

1）检查火花塞及其电火花。若不正常，则进行步骤 4 的检查。

2）如图 4-23 所示，检查发动机 ECU 与点火线圈间的配线和插接器。脱开 4 个点火线圈插接器，脱开发动机 ECU 插接器 E9，检查发动机 ECU 导线侧插接器 E9 端子 25（IGF）与各点火线圈导线侧插接器端子 2（IGF）间的电阻，应不大于 1Ω。检测发动机 ECU 导线侧插接器 E9 端子 25 与发动机 ECU 导线侧插接器 E8 端子 17（E1）间的电阻，应不小于 1MΩ。若检查结果不正常，则修理或更换配线和插接器。

3）检查发动机 ECU。脱开各点火线圈插接器，将点火开关转至 ON 位，检测发动机 ECU 插接器 E9 端子 25 与发动机 ECU 插接器 E8 端子 17 间的电压，应为 4.5～5.5V。若不正常，则检查或更换发动机 ECU。

4）检查发动机 ECU 与点火线圈间的配线和插接器。脱开各点火线圈插接器，脱开发动机 ECU 插接器 E9，检测发动机 ECU 导线侧插接器 E9 端子 10（IGT1）与 1 号点火线圈导线侧插接器端子 3 间、发动机导线侧 ECU 插接器 E9 端子 11（IGT2）与 2 号点火线圈导线侧插接器端子 3 间、发动机 ECU 导线侧插接器 E9 端子 12（IGT3）与 3 号点火线圈导线侧插接器端子 3 间、发动机导线侧 ECU 插接器 E9 端子 13（IGT4）与 4 号点火线圈导线侧插接器端子 3 间的电阻，均应不大于 1Ω。检测发动机 ECU 导线侧插接器 E9 端子 10、11、12、13 与 E8 端子 17 间电阻，应不小于 1MΩ。若检查结果不正常，则修理或更换配线和插接器。

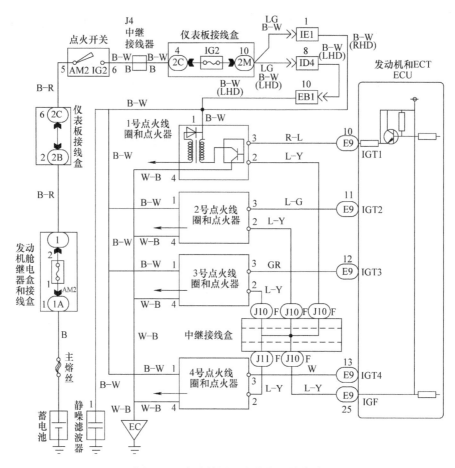

图 4-23 点火线圈和点火器连接线路

5）检查发动机 ECU。脱开各点火线圈插接器，检测发动机 ECU 插接器 E9 端子 10、11、12、23 与 E8 端子 17 间的电压，均应为 0.1~2.5V。若不正常，则检查并更换发动机 ECU。

6）检查点火线圈插接器配线和插接器。脱开各点火线圈插接器，将点火开关转至 ON 位，检测各点火线圈导线侧插接器端子 1（+B）与端子 4（GND）间的电压，应为 9~14V。若不正常，则修理或更换配线和插接器。

技巧点拨 DIS 是一个独立的点火系统，配有 4 个（每个气缸均有 1 个）带点火器的点火线圈，点火线圈包围着点火器。

六、怎样检测宝来 1.8T 轿车点火系统

宝来 1.8T 轿车采用直接点火系统，其点火线圈和输出放大器组装成 1 个部件，每缸 1 个点火线圈，安装在各缸火花塞上方，点火系统的电路如图 4-24 所示。该点火系统取消了分电器和高压线，能量传导损失及漏电损失极小，没有机械磨损，而且各缸的点火线圈和火花塞装配在一起，外部用金属包裹，大大减少了电磁干扰，使发动机点火更加安全可靠，可

以保障发动机电控系统的正常工作。

1. 点火线圈及其线路的检测

为避免伤害人员或损坏喷射和点火系统，在进行点火线圈及其线路检测时，应注意以下安全事项：

① 发动机运转或以起动机拖动发动机运转时，不要触摸或拔下点火线圈。

② 连接或拔下点火及喷射系统导线和故障检测仪接线前应断开点火开关。

③ 如需要用起动机拖动发动机，但不起动发动机时，应拔下点火线圈和喷油器导线侧插接器。

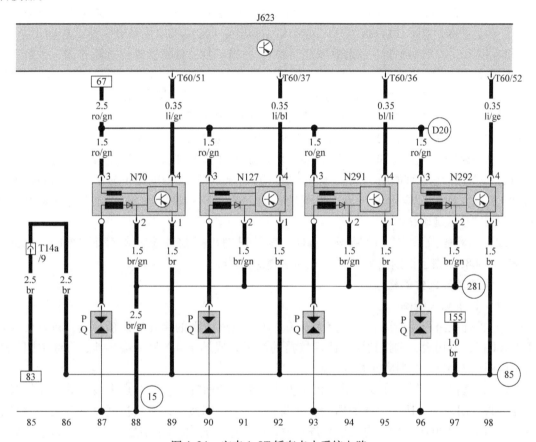

图 4-24　宝来 1.8T 轿车点火系统电路

J623—发动机控制单元　N70—带功率输出级的点火线圈 1　N127—带功率输出级的点火线圈 2
N291—带功率输出级的点火线圈 3　N292—带功率输出级的点火线圈 4　P—火花塞插头　Q—火花塞

在点火控制模块和点火线圈组装成一体的部件中，点火控制模块位于顶端，下部为线圈部分，次级绕组被初级绕组缠绕在中间，并由硬质绝缘材料封装，最外层则是金属屏蔽层。发动机在工作中产生的加速无力、抖动等故障，多是由于点火线圈的失效而导致某缸燃烧中断所引起的。点火线圈损坏的原因，几乎都是次级绕组绝缘层被击穿。绝缘层击穿并非其电路设计问题，主要是绝缘层绝缘性能不良，使匝间、层间与极间出现短路，从而导致点火能量下降或根本没有能量输出。另一方面，涡轮增压器对点火电压有影响，装有涡轮增压器的发动机气缸压力比普通汽油机要高，混合气的密度变大，而此时击穿火花塞电极间隙的电压要比普通发动机高 2kV~6kV（普通发动机为 8kV~12kV），在大负荷和急加速时点火击穿电压将达到 20kV 左右，从而对点火线圈次级绕组的绝缘性能提出了更高的要求。

2. 自诊断故障信息的检测

如果某缸点火线圈工作失效，则该缸将发生燃烧中断现象，发动机控制单元就会检测到并储存该故障。大众车型可用 VAG1551/1552 故障诊断仪进行检测。检测条件为：发动机电控系统熔丝完好；确认燃油泵继电器工作正常；蓄电池电压不低于 12.7V；发动机与变速器的接地正常。

（1）故障码检查步骤

1）断开点火开关，正确连接故障检测仪后接通点火开关；按"1"键选择"快速数据传递"后，再按"01"键并按"Q"键确认，即进入"发动机电控系统"测试环境。

2）键入"02"，选择"查询故障存储器"，并按"Q"键确认进行故障查询，了解存储的故障码数量，存储的故障码将按顺序显示；再键入"05"，清除故障码；然后运行车辆，再次键入"02"进行故障查询，以确认故障码的数量。对于燃烧中断故障，利用 VAG1551/1552 故障诊断仪的 08 功能（读取测量数据块）中的显示组 14、15 和 16，查询具体某一缸的断火次数，根据具体数据来进行故障判断。测量数据块显示组 14 中的第 3 显示区显示的数据表示各缸断火次数总和（规定值：0~5）；显示组 15 中的第 1、2、3 显示区显示的数据分别表示第 1、2、3 缸的断火次数（规定值：0）；显示组 16 中的第 1 显示区显示的数据表示第 4 缸断火次数（规定值：0）。检测结束后，按"0"和"6"键选择"结束输出"功能，并按"Q"键确认。

（2）故障码及含义　故障码 16684，表示识别出燃烧中断；故障码 16685、16686、16687、16688，表示识别出第 1、2、3、4 缸燃烧中断。

3. 主要功能部件的检修

（1）检查点火线圈

1）检查线路连接情况。断开点火开关，脱开点火线圈的 4 孔导线插接器，将万用表置于 R×1 档，万用表一端接到导线侧插接器的端子 2 或端子 4，另一端接地，导线电阻最大值不应超过 1.5Ω，否则应检查线路连接情况。

2）检查供电电压。在发动机电控系统熔丝正常的前提下，脱开点火线圈的 4 孔导线插接器；将万用表一端接到导线侧插接器的端子 1，另一端接地，然后接通点火开关，测量电压，应为蓄电池电压。如果电压达到规定值，检查输出放大器的功能；如果电压未达到规定值，检查多点喷射供电继电器 J271。

3）检查输出放大器的功能。脱开所有喷油器导线插接器（检测时喷油器不可喷油，否则会损坏三效催化转化器），脱开点火线圈的 4 孔导线插接器，将 VAG1527B（发光二极管）接到点火线圈导线侧插接器的端子 2 和端子 3 之间，然后短时间起动发动机，检查发动机控制单元的点火信号，发光二极管应闪亮；也可以将万用表（电压档）的红表笔接到导线侧插接器的端子 2 上，黑表笔搭铁，然后短时间起动发动机，万用表指针应在 0~12V 来回摆动。否则，说明点火线圈或线路有故障。

（2）检查多点喷射供电继电器 J271　多点喷射供电继电器 J271 安装在发动机舱左侧保护壳体内，给点火线圈及发动机控制单元供电。将 J271 的导线侧插接器拔下，用万用表检测导线侧插接器端子 1 和端子 3 处的供电电压是否约为蓄电池电压；若供电电压正常，检查接地情况，即其端子 5 与发动机控制单元供电端子 21 间导线的电阻，最大不应超过 1.5Ω。若供电电压和接地均正常，则 J271 损坏。

> **技巧点拨** 发动机工作时，ECU 按各缸工作顺序向点火控制模块发出点火信号，点火控制模块内相应的晶体管截止，使对应气缸点火线圈一次侧线圈电路断开，在二次侧线圈中感应出高压电，火花塞电极间产生电火花，点燃已被压缩的混合气。

第二节 点火系统的影响因素

一、影响电控发动机点火提前角的因素有哪些

点火提前角控制，也称为点火正时控制。影响点火提前角的因素有发动机转速、发动机负荷、汽油的辛烷值及其他因素。

（1）发动机转速 发动机转速越高，最佳点火提前角越大。这是因为，当发动机转速升高时，燃烧过程所占曲轴转角增大，如果不适当加大点火提前角，燃烧会延续到膨胀行程中，造成发动机输出功率和经济性下降。假设混合气燃烧速率不变，则最佳点火提前角应随转速改变而按线性规律增长。但实际上，随着发动机转速的继续升高，由于气缸压力和温度的提高及混合气扰流的增强，燃烧速度也随之加快，当发动机转速升高到一定程度时，最佳点火提前角虽仍然随发动机转速的升高而增大，但增加的速率有所减缓，由此可见，最佳点火提前角随发动机转速的变化是非线性的。

采用电子控制点火系统，可以使发动机的实际点火提前角随其转速的变化关系接近于理想的最佳点火提前角。

（2）发动机负荷 发动机负荷增大，最佳点火提前角应减小。因为，当发动机负荷增大时，在发动机转速不变的情况下，由于气缸内温度升高，混合气燃烧速率加快，所以最佳点火提前角应减小。最佳点火提前角随发动机负荷变化也是非线性的。采用电子控制点火系统时，可以使发动机的实际点火提前角随其负荷的变化关系接近于理想的最佳点火提前角。

（3）汽油辛烷值 汽油的辛烷值越高，抗爆性越好，点火提前角可适当增大；反之，则应减小。在发动机的实际运行中，为了避免爆燃，实际的点火提前角都略小于最佳点火提前角，因此当汽油的辛烷值提高时，应适当地加大点火提前角。为了适应不同辛烷值的要求，有的发动机在电控单元中存储了 2 张点火正时数据表，可根据不同燃油的品质进行选择。

（4）其他因素 最佳点火提前角除了与发动机的转速、负荷和汽油的辛烷值有关外，还与发动机的燃烧室形状、空燃比、大气压力、冷却液温度等因素有关。在电子控制点火系统中，电控单元能综合考虑上述因素对最佳点火提前角的影响，并据此对点火提前角进行修正，以保证发动机在各种工况下都具有最佳的点火提前角。

> **技巧点拨** 对于现代汽车而言，最佳点火提前角不仅要保证发动机的动力性、经济性达到最佳，而且还必须使尾气中有害物质的排放量最小。

二、怎样检修别克发动机点火控制系统的故障

别克轿车发动机点火系统电路如图4-25所示,当发动机不能起动时,在用仪器检查之前,应首先进行外部检查,如真空软管、点火高压线、点火线圈和火花塞连接处、线束等是否完好,有无破裂等。然后按以下步骤用诊断仪进行检查。

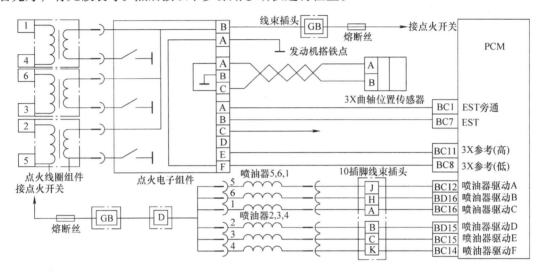

图4-25 别克轿车发动机点火系统电路

1)将与转速表连接的导线拆下。

2)连接上诊断仪,续取故障码。

3)测量节气门位置传感器的信号电压。如果信号电压超过2.5V,则对节气门位置传感器及与之相连的电路进行检查。

4)起动发动机,如果诊断仪不显示转速信号,则用火花试验器依次检查1-4或2-5两根火花塞上高压线有无火花。检查方法是:拉出防护罩,脱开被检查高压线外的所有高压导线,用火花塞试验器检查发动机起动时有无火花产生。如果检查时只有一根线有高压火花,则应检查不能产生火花的那根高压线和相对应的点火线圈,高压线电阻值应在30kΩ以下,点火线圈可采用更换或调用的方法来判断它是否已经失效,如果高压线和点火线圈都没问题,则故障出在点火电子组件上。如果检查时,两根线上都没有火花产生,则转入下一步检查。

5)断开点火开关,拔下点火电子组件上6线插头,再接通点火开关,用测试灯一端连接蓄电池正极,另一端接触点火电子组件中紫/白线(转速信号),接触瞬间如果诊断仪上不显示转速,则故障在转速参考电路、搭铁电路或PCM本身失效;如果有转速显示,则故障在点火电子组件或与点火电子组件连接的线束上。

6)安装燃油压力表,接通点火开关,看燃油表压力值是否在290~330kPa内,如果不在这个范围,则应检查燃料供给系统。

7)如果燃油压力正常,则断开点火开关,拔下喷油器线束插头,然后再接通点火开关,用测试灯的一端接触喷油器线束中的粉红色线插脚,另一端搭铁,如果测试灯不亮,则该线断路;再分别测量喷油器线束插脚D与A、B、C、H、J、K之间的电阻,应为10~20Ω。如果不在标准值内,则检查喷油器及喷油器线束电路;如果电阻值正确,则用电压表

DC 档测量：正极测试笔接蓄电池正极，负极测试笔接前述插脚 A、B、C、H、J、K，观察指示是否正常。若不正常，则检查喷油器电路是否断路、PCM 本身及其连接是否完好。

8）如果电压显示正常，高压线上无火花显示且诊断仪上不显示转速，则断开点火开关，断开点火电子组件两线插头。再接通点火开关，将测试灯接在该两线插脚上。灯亮，则转入下一步检查；灯不亮，将测试灯两测笔一端搭铁，一端接插脚 B，如果灯仍不亮，则故障在点火电子组件电源电路，如果灯亮，则故障在点火电子组件的搭铁电路。

9）拔下点火电子组件上曲轴传感器上的 3 线插头，用万用表的 2kΩ 档测量曲轴位置传感器线束 A 和 B 间的电阻值，应在 0.9~1.2kΩ，不符合该值，则故障在曲轴位置传感器及其连接导线。

10）将电压表置于 AC 档，连接在曲轴位置传感器两个插脚之间，起动时电压应小于 0.1V，如果电压正常，故障可能出在传感器及其连接导线上；否则故障在点火电子组件。

三、具有确认功能的点火系统控制原理及失效策略

汽油发动机及燃气发动机需采用点火系统。目前，常见的点火系统有双缸同时点火与单缸独立点火两种类型，其中，后者得到了更广泛的应用。采用单缸独立点火系统时，一般将点火控制器集成在点火线圈上，图 4-26 为迈腾车 CEAA 发动机点火系统中第一缸点火线圈（N70）与 ECU 的电路连接示意图。点火线圈插头有四个接线端子：1 号端子接电源、2 号端子为控制器搭铁、3 号端子连接 ECU（ECU 向 N70 输出点火控制信号）、4 号端子为次级线圈搭铁。与上述常见的单缸独立点火系统不同，丰田卡罗拉车 1ZR-FE 发动机（国内装机数量巨大）点火系统具有点火确认功能，下文详细分析这种具有点火确认功能的点火系统的控制原理及失效控制策略。

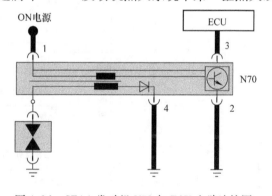

图 4-26 CEAA 发动机 N70 与 ECU 电路连接图

1. 具有点火确认功能的点火系统控制原理分析

1ZR-FE 发动机点火系统原理示意图如图 4-27 所示，点火系统电路图如图 4-28 所示。

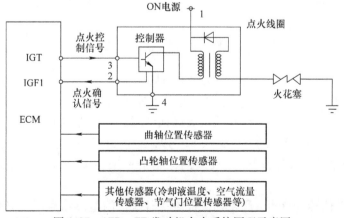

图 4-27 1ZR-FE 发动机点火系统原理示意图

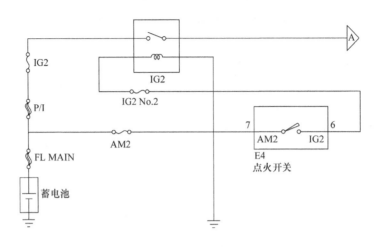

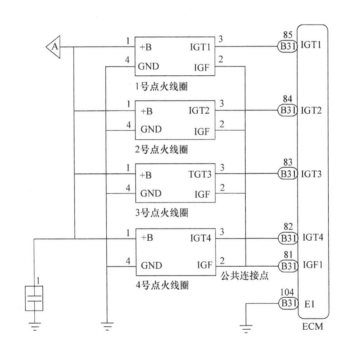

图 4-28　1ZF-RE 发动机点火系统电路图

1ZR-FE 发动机每个点火线圈的插头上共有四个接线端子：1 号端子为供电（+B，ON 电源）、4 号端子为搭铁（GND）、3 号端子为点火控制信号（IGT）、2 号端子给 ECM 提供点火确认信号（IGF）。每个点火线圈的点火确认线通过一个公共点连接后，通过一根导线再与发动机控制模块（ECM）的 B31 插头 81 号端子（IGF1）连接。公共连接点处共有 5 根黄色导线，其中四根分别连接四个点火线圈，剩余一根与 ECM 的 B31 插头的 81 号端子 IGF1 连接。

ECM 根据曲轴位置传感器、凸轮轴位置传感器提供的基准信号以及其他传感器（冷却液温度传感器、空气流量传感器、节气门位置传感器等）提供的信号，依据点火脉谱图确定点火正时，并向每个点火线圈发送点火控制信号（IGT1 至 IGT4），IGT 信号控制点火线圈内功率晶体管的导通与截止，功率晶体管用于控制接通或切断初级线圈的电流。

当 ECM 输出点火控制 IGT 信号，控制点火线圈内的功率晶体管使点火线圈内的初级线圈通电（IGT 信号为高电位），然后在

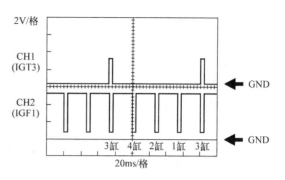

图 4-29 IGT3 与 IGF1 的波形图

切断电流的瞬间，点火线圈内的控制器会产生一个点火确认信号 IGF（方波信号），并反馈至 ECM。图 4-29 是用双通道示波器同时测量第三缸点火线圈的点火控制信号 IGT，以及 ECM 接收到的点火确认信号 IGF1 的波形图。对应第三缸点火线圈的一个点火控制信号 IGT3 周期内，ECM 依次接收到了第三缸、第四缸、第二缸以及第一缸点火线圈输入的点火确认信号波形。

说明：关闭点火开关，拔下点火线圈的插头，点火开关在 ON 位置时，在线束侧插头上测量 1 号端子（电源）的电压值应为电源电压、4 号端子（搭铁）的电压值应为 0、3 号端子（点火控制信号）电压值应为 0、2 号端子（点火确认信号）电压值应为 5V 左右。

2. 具有点火确认功能的点火系统失效控制策略分析

与常见的单缸独立点火系统不同，1ZR – FE 发动机点火系统由于具有点火确认功能，因此，当点火线圈及其线路发生故障时，会具有不同的失效控制策略。

（1）点火线圈的初级线圈故障　若某个点火线圈（如第一缸）的初级线圈出现故障时，第一缸点火线圈不能正常工作，更不可能向 ECM 输入点火确认信号，因此，第一缸的火花塞不可能跳火。起动发动机，发动机能打着火但由于第一缸不工作，会出现怠速不稳、加速不良及故障灯常亮的故障现象。同时，发动机工作时，ECM 由于接受不到第一缸点火线圈输入的点火确认信号，基于减少 HC 化合物排放以及防止三元催化转化器因温度过高而损坏的考虑，ECM 会控制第一缸喷油器先喷油 2 ~ 3s 后立即停止喷油，用诊断仪会读取到 P0351—点火线圈"A"初级或次级电路（注：A 表示第 1 缸）的故障码。

（2）点火线圈的供电、搭铁或点火控制信号线路故障　若某个点火线圈（如第一缸）的供电、搭铁或点火控制信号线路出现故障时，该点火线圈不能正常工作，也不可能向 ECM 输入点火确认信号，会引起第一缸的火花塞不跳火。因此，会出现与上述"点火线圈的初级线圈故障"相同的故障现象与失效控制策略。

（3）单个点火线圈的点火确认线线路故障　若某个点火线圈（如第一缸）只有点火确认线线路故障（断路、与搭铁短路或与电源短路）而其他正常时，该点火线圈可以正常工作，第一缸的火花塞也可以始终正常跳火，但是 ECM 会接收不到第一缸点火线圈输入的点火确认信号。拆下第一缸点火线圈，插入火花塞并将火花塞搭铁，起动发动机，发动机能正常起动着火，同时会观察到火花塞始终能正常跳火；关闭点火开关，拔下第一缸喷油器插头，将试灯的两端分别与喷油器线束侧插头的两个端子连接，起动发动机并怠速运转，会发现试灯先闪烁 2 ~ 3s 左右，然后始终不亮。这说明第一缸喷油器在发动机工作时，先喷油 2 ~ 3s 左右，然后停止了喷油。

因此，若某个点火线圈（如第一缸）只有点火确认线线路故障，发动机工作时，该点火线圈能正常工作，但是无法向 ECM 提供点火确认信号，ECM 会控制第一缸喷油器先喷油 2~3s 左右后立即停止喷油，由此会造成第一缸不工作，发动机工作时，会出现怠速不稳、加速不良及故障灯常亮的故障现象，同时 ECM 会存储 P0351 的故障码。

（4）所有点火线圈的总点火确认线线路故障　若四个点火线圈的总点火确认线线路（图 4-27 中，公共连接点至 ECM 的 B31 插头 81 号端子 IGF1 之间的线路）出现故障（断路、与搭铁短路或与电源短路）时，ECM 的 B31 插头 81 号端子 IGF1 将接受不到任何点火线圈输入的点火确认信号。起动发动机时，ECM 将控制所有喷油器均是先喷油 2~3s 后即停止喷油。因此，会出现起动发动机时发动机能着火，但约 2~3s 后自动熄火的故障现象，同时 ECM 会同时存储 P0351—点火线圈"A"初级或次级电路、P0352—点火线圈"B"初级或次级电路、P0353—点火线圈"C"初级或次级电路、P0354—点火线圈"D"初级或次级电路等 4 个故障码（注：A、B、C、D 分别表示第一~第四缸）。

第三节　发动机失火

一、发动机失火原因及检测

失火是发动机常见故障之一，引起失火的原因众多，油路、电路、机械部分，任何一个地方出现问题都可能引起发动机失火故障。发动机失火后，不仅会引起发动机运转的平稳性、动力性和经济性下降，更会因为燃料的不完全燃烧或根本没有燃烧而导致排放污染增加。因此汽车 OBD-Ⅱ系统都会对发动机的失火故障进行监测，当监测到失火现象时，在点亮发动机故障灯的同时也会设置相应的故障码以供查询。

1. 发动机失火的相关机理

所谓发动机失火（Misfire）故障，俗称缺缸或断缸，是指因为某种原因造成发动机的某一个气缸或某几个气缸断续或连续的混合气燃烧不良或不能燃烧现象。

2. 发动机失火故障的现象及危害

失火的气缸因燃料不能正常燃烧而失去正常的做功能力，而其他未失火的气缸仍会正常做功，所以发动机失火故障首先会导致发动机运转不平稳，具体可能表现为怠速抖动等现象。

有气缸失火，也就意味着参与工作气缸数目（或循环数目）的减少，自然也会影响到发动机的动力性能，具体可能表现为加速无力等现象。

因气缸中燃料的燃烧不良形成的失火使得燃料的燃烧过程相对滞后，所以也会产生类似点火过迟的一些现象，具体可能表现为发动机运转声音沉闷，加速时有"突突"声等。失火也意味着燃料的损失和浪费，因此发动机出现失火故障时，燃油消耗也会比正常时要高。

失火故障除了会造成发动机运转不平稳，动力性能和经济性能下降外，还会因为燃料的不完全燃烧（不能燃烧）而直接加剧 CO 和 HC 的排放量，使得汽车的排气污染更加严重。同时没有完全燃烧的燃料进入排气系统后可能进一步燃烧，从而使得排气管温度升高，严重时会使三元催化转化器因高温而造成损伤。

上述的各种危害程度与失火的程度是正向关联关系，发动机失火气缸的数目和失火的频率对故障特征和危害程度会有一定的影响。

3. 发动机失火故障产生的原因

引起发动机失火的原因很多，凡是影响燃料正常燃烧的因素都可能导致发动机失火。点火不良、机械故障、混合气过稀、混合气过浓是影响燃料正常燃烧的4大因素，每种因素下面又都包含很多子因素，任何一个因素出现问题都会对燃料的正常燃烧产生影响，它们可能单独发生，也可能几个因素同时出现，表4-3~表4-6说明了这4大因素可能导致发动机失火的具体原因和相应故障形态。

4. 发动机失火的监测

当发动机失火时，吸入气缸内的混合气不能及时被点燃，大量的HC便直接排出气缸。一部分HC在排气管中发生燃烧，导致三元催化转化器损坏；另一部分HC没有完全燃烧便直接排向大气中。因此，当失火率超过规定的百分比时，将导致排放污染物超标，三元催化转化器也会因过热而损坏。所以每种汽车都给出了排放超出OBD限值的失火的百分率，并由OBD系统进行实时监测。

表4-3 点火不良造成的发动机失火故障

故障形态	故障零件	零件的故障形态	失火形态
点火不良	火花塞	点火不良	1个气缸连续/不连续
	高压线	短路/断路	
	分电器	短路/断路	多个气缸连续/不连续
	点火线圈	局部断线（暂时）	
	点火器	局部断线（暂时）	
	电源系统	电压不足	
	各种传感器（IAT、ECT等）	特性异常/断路/短路	
	直接点火单缸独立点火	断路/短路	1个气缸连续/不连续
	双缸点火	断路/短路	配对2个气缸连续/不连续

表4-4 机械故障造成的发动机失火故障

故障形态	故障零件	零件的故障形态	失火形态
机械故障	气门及气门座	磨损、积炭导致密封不良	1个气缸连续/不连续
	活塞环	卡滞、磨损、弹性减弱	
	气缸	磨损使与活塞间间隙过大	
	气门间隙	过小漏气	
		过大进气量不足	
	液压挺柱	影响气门正常开启、关闭	
	正时传动	啮合错位，正时失准	多个气缸连续/不连续
	VTEC	Hi/Low切换不良	
	机油压力过高	液压挺柱使气门关闭不严	
	机油压力过低	液压挺柱使气门开度减小	

表4-5 混合气过稀导致的发动机失火故障

故障形态	故障零件	零件的故障形态	失火形态
燃油系统燃料过少/空气过多	油压调节器	调节压力过低	多个气缸连续/不连续
	燃油泵	泵油能力下降	
	燃油配管	堵塞造成流量下降	
	喷油器	积炭、结胶等造成堵塞	1个气缸连续/不连续
	喷油器控制线路	短路或断路	
	各种传感器（ECT、MAP等）	燃料减少特性偏差	多个气缸连续/不连续
	A/F传感器	氧浓度减少特性偏差	
	真空管路	泄漏使未经计量空气进入	
	空气流量传感器	进气量计量减少特性偏差	
	燃料	混入耗氧量低的燃料	

表4-6 混合气过浓导致的发动机失火故障

故障形态	故障零件	零件的故障形态	失火形态
燃油系统燃料过多/空气过少	油压调节器	调节压力过高	多个气缸连续/不连续
	回油管路	堵塞回油不畅使油压过高	
	喷油器	流量增加	1个气缸连续/不连续
	喷油器控制线路	搭铁线短路	
	各种传感器ECT/MAP等	燃料增加特性偏差	多个气缸连续/不连续
	A/F传感器	氧浓度增加特性偏差	
	EVAP系统	清污阀不能关闭燃油蒸气意外吸入	
	空气流量传感器	进气量计量增加特性偏差	
	EGR系统	EGR流量增大导致不燃气体增加，燃料相对过多	
	二次空气系统	非工作条件新鲜空气进入排气管道，造成假稀反馈	
	燃料	混入高耗氧量燃料	

目前主要利用发动机控制系统原有的曲轴位置传感器和凸轮轴位置传感器进行监测。发动机失火会导致发动机曲轴转速不稳。根据这一特性，发动机ECU根据发动机的曲轴位置传感器来监控发动机曲轴旋转平稳情况。通常发动机转动不是匀速的，每缸在做功时都有一个加速，不做功就没有加速。正常情况下，发动机每缸压缩、做功，先是减速后是加速，属于正常现象（图4-30）。

当发动机某一缸因某种原因失火时，除了发动机压缩期间转速瞬时有所减缓外，由于发动机失火，缺乏做功时的加速，其转速将会继续下降，直到下一缸做功为止，从而使转速出现一次较大的波动。随后若不再出现失火情况，则曲轴转速变化情况会逐渐变回正常（图4-31）；若该缸失火原因继续存在，则该缸会连续失火，从而造成曲轴转速的变化规律呈周期性波动（图4-32）。

因此，OBD系统就可以通过安装在曲轴上的曲轴位置传感器来监测发动机转速变化的情况，如果出现较大波动，则说明发生了失火现象；大幅波动的次数则反映了失火的次数；进而通过凸轮轴位置传感器可进一步判断是哪个气缸出现了失火。

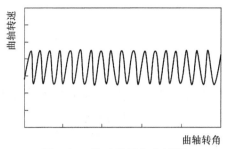

图 4-30 发动机无失火情况

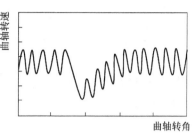

图 4-31 某缸单次失火情况

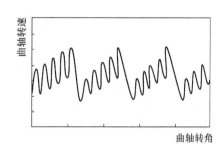

图 4-32 某缸连续失火情况

根据失火率（发动机在一定转速和负荷范围内失火次数占总点火次数的百分比）的不同，OBD 系统将检测到的失火故障分为 A 型和 B 型两类。A 型失火是指会成为导致三元催化转化器热老化的起因的失火，会造成三元催化转化器的损坏，以失火率 5%~15% 为判断标准；B 型失火是指会成为排放超过 OBD 限值的原因的失火，以失火率 1% 为判断标准。

技巧点拨 与那些一个工作循环只作用一次或几次的监控比起来，失火监测是一种不间断监测，它可以连续不断地对曲轴位置传感器信号的波动进行监控。当检测到 A 型或 B 型失火故障时，OBD 系统会点亮发动机故障指示灯，并设置相应故障码。

二、发动机失火故障的诊断分析

1. 借助失火形态缩小诊断范围

发动机的失火形态主要分为某一缸连续/不连续失火和多缸连续/不连续失火两种，两种不同的失火形态形成的部件和原因有着较为清晰的区分。因此，在进行发动机失火故障诊断时，应根据失火形态来缩小我们的诊断范围。

如果通过故障检测仪调取的是一个具体气缸的失火故障码，就应该将那些对所有气缸都有影响的失火条件都归入"不太可能"的一类原因，从而将精力集中到那些只影响到个别气缸工作的因素上，重点检查这些因素所涉及的部件和原因，如失火缸的火花塞、点火线圈（独立点火系统）、喷油器及其线路、气缸密封性等。

反过来，如果故障表现为多缸失火，就应将注意力转移到那些能影响所有或者多个气缸的因素上。比如燃油的压力和流量是否正常，电源电压是否正常，进气管路是否有漏气现象（特别是 EGR 系统、EVAP 系统、真空助力制动系统等与进气管相连通的管路）等。

2. 先易后繁，注意辅助信息

失火形成的原因多，涉及的系统广，在故障诊断的时候需要先易后难、合理确定诊断流程。比如对于多缸失火，首先要了解车辆使用维护信息，以确定喷油器是否长期未清洗，火花塞是否长期未更换，加注的燃油质量是否可靠等，然后测量燃油压力，确定点火能量等，最后再检查分析其他系统。对于个别缸失火，可遵循先火、后油、再机械的顺序逐项进行检查。

另外，在故障诊断的时候，一定要注意其他信息的获取和分析，如同时出现的其他故障码、设置故障码的冻结帧、诊断过程读取的数据流等。当代发动机管理系统的自诊断功能相当强大，可能导致失火的 EGR 系统、二次空气喷射系统、EVAP 系统等出现问题时，都可能会产生相应的故障码。

不同原因导致失火的现象也是有所不同的，比如进气管路漏气造成的失火就会在怠速时严重而高速时好转，而燃油压力过低、喷油器堵塞造成的失火正好相反，在怠速时故障较轻，而高速大负荷时失火就会更加严重。失火故障码的设置需要一定的失火率支持，所以通过分析冻结帧，详细了解设置故障码的时机，可以使诊断工作更有指向性。

传感器信息的失准也是造成发动机失火的重要因素之一，但发动机运转过程中的各种相关数据都是有一定关联性和一定特征的，这些信息大多都可在数据流中反映出来。比如空气流量信息与节气门开度、发动机转速有一定对应关系，与进气压力传感器信息也有一定关联；冷却液温度传感器信息可以和实际感知温度做比对等。

3. 巧用换件法快速诊断

很多维修人员喜欢用换件的方法来检查缺火故障，有些厂家的技术通报也推荐采用这样的方法。如果发动机控制单元中出现有代表识别某一缸失火的故障码，如 P0301——1 缸失火，我们就可以将 2 缸的缸线或点火线圈和 1 缸对换。将 3 缸喷油器和它调换，火花塞可以与 4 缸互相调换。

调换并清除故障码后试车，直到故障再次发生。如果发动机控制单元中的故障码发生了变化，成了 2 缸失火，则是缸线或点火线圈的问题，如是 3 缸失火则是喷油器的问题，以此类推。如果故障没有转移，则应考虑机械故障或其他元件故障。

> **技巧点拨**　发动机失火故障的诊断可以借助失火形态缩小诊断范围，通过采用先易后难，注意辅助信息，巧用换件法来快速诊断。

第四节　点火控制系统维修技能

一、怎样排除奥迪 A6L 发动机失火故障

一辆 2006 款 A6L 3.0 CVT，行驶里程：2 万 km，车辆在怠速、低速时一切正常，高速行驶（150km/h 以上）超过 10min 发动机开始抖动。

首先验证故障现象，怠速、低速无故障，高速连续行驶保持一段时间后开始抖动，有 6 缸失火的故障，除非灭车或删除故障码，否则即使怠速也开始抖。连接故障诊断仪 VAS5052，读取数据块 15、16，显示 6 缸失火计数器不断增加，计数器累积到一定数值后故障码出现，此时怠速也开始抖。

失火的判断方法（图 4-33）常用的有加速度分析法和转矩分析法。加速度分析法失火检测是通过转速传感器精确感知来自曲轴上飞轮靶盘的发动机转速信号波动，来判断是否出现失火的。当失火发生时，发动机转矩会突然下降，并引起发动机曲轴上飞轮靶盘的"齿加速度"发生变化，因此系统可以用"齿加速度"的变化来表示发动机运转的粗糙度水平，进行失火检测。如与霍尔式传感器信号（凸轮轴位置）配合使用，发动机控制单元就可以断定是哪个气缸失火，将故障存入故障存储器并接通故障指示灯 K83。

第四章　点火控制系统维修技能与技巧

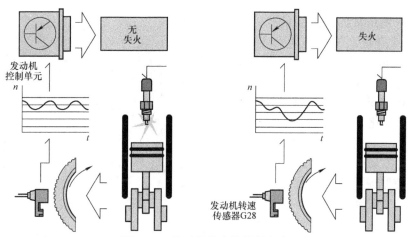

图 4-33　发动机失火的判断方法

转矩分析法与加速度分析法一样，它根据发动机转速传感器信号和霍尔式传感器信号来识别出哪个气缸失火。但这两种方法的区别在于对发动机转速信号的分析。转矩分析法将不稳定的转速（由于点火和压缩而引起的）与发动机控制单元内的固定计算值进行对比。这些计算的基础包括：取决于负荷和转速的转矩、飞轮质量及其所形成的发动机转速特性。这样计算出来的发动机转矩的波动，与从运行不平稳性法所获得的结果具有一样的效力，但是每种车型都必须分析发动机转速特性并存入发动机控制单元。

基于上面的分析，将 6 缸的点火线圈、火花塞、喷油器分别与 4、5 缸交换。再将进行故障检测，发现故障转移显示 4 缸失火，检查 4 缸的火花塞（原来 6 缸的）裙部处有轻微裂纹（图 4-34），更换火花塞，试车，故障排除。

图 4-34　裙部轻微裂纹的火花塞

技巧点拨　失火达到一定数量级后，系统会断油以防止对三元催化转化器造成损害，这点可在出现故障时连接示波器看出。判断故障时，尽量不要更换新件，以防引入新的不确定因素。

二、别克 GL8 发动机为何无法起动

故障现象　一辆别克 GL8，搭载的是 LW9 3.0 V6 发动机，起动时，起动机转动，但发动机不能起动。

故障诊断　起动时起动机起动有力，但发动机无起动迹象。测试各缸高压火强度正常，测量汽油压力 300kPa，加大节气门开度也不着车。使用专用检测仪 TECH2 检查发动机，无故障码。为了验证混合气是否进入了缸内，向进气管喷少许化油器清洁剂能着车，说明缺少足够浓度的燃油，但是测量汽油压力正常，按照维修思路考虑，故障有可能是喷油器没有喷油。造成所有喷油器一起不工作的原因，一个是喷油器熔丝烧毁或供电线路故障；一个是 ECU 没有收到有效触发数据条件，而发动机 ECU 不指令喷油。如果是熔丝或线路故障，控制模块会存储相关故障码，但是控制模块并没有存储故障码，使用 TECH2 特殊功能驱动喷油器，用听诊器监听喷油器有电磁阀的工作声音，说明喷油器线路正常。故障有可能是控制

模块没有接收到正常的传感器信号,或其他条件没有满足喷油条件,从而进入保护模式。使用 TECH2 查看数据清单,发现 24X 传感器无信号,为零。正常的应该和发动机转速一致,当发动机转速超过 1600r/min,24X 传感器就不再随发动机转速的上升而变化,数据如图 4-35 所示。

故障排除 更换 24X 曲轴位置传感器,试车,故障排除。当发动机起动时如果没有 24X 传感器信号发动机控制模块就不会指令喷油器喷油,如果存储了 24X 传感器故障码,喷油器不会喷油着车,但是在着车后拔下 24X 传感器发动机不会灭车。如果没有 7X 传感器信号就不会着车,无高压火,7X 传感器无信号或有故障时,不会存储故障码。7X 传感器经过点火控制模块(ICM)转换成 3X 信号给发动机控制模块,如果发动机控制模块没有接收到 3X 信号,发动机控制系统就不会发出脉冲信号来主动调节点火正时,点火正时使用固定 10° 来点火,如果能正常接收到 3X 信号,发动机控制模块会使用脉冲信号来主动控制点火正时,发动机控制系统的相关电路如图 4-36 所示。

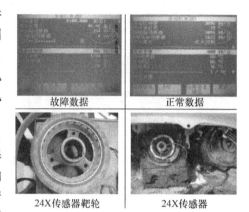

图 4-35 更换 24X 曲轴位置传感器

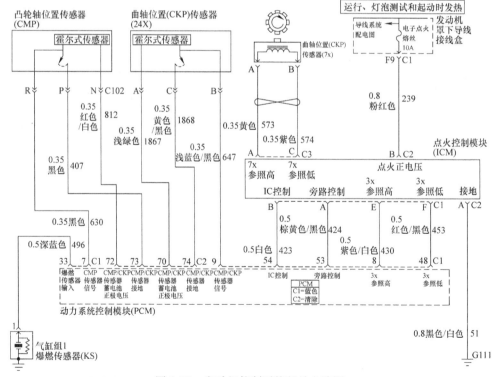

图 4-36 发动机控制系统相关电路图

技巧点拨 如果发动机正常工作,需要足够的气缸压力、正确的点火及正时、浓度适当的可燃烧的混合气 3 个基本条件。

第五章

怠速控制系统维修技能与技巧

第一节　电子节气门的学习与设定

一、怎样进行轿车电子节气门的维护与基本设定

现在，越来越多的电喷发动机管理系统采用电子节气门（EPC）。EPC 实际上是一个系统，它包括节气门体、节气门位置传感器、节气门控制单元、节气门调节器、电子节气门指示灯（图5-1）以及发动机控制单元等，所有用于确定、调整和监控节气门位置的零部件，都属于电子节气门系统。

1. 电子节气门的基本原理

电子节气门与加速踏板之间不存在机械连接，加速踏板的位置信息由加速踏板位置传感器采集。驾驶人希望加速、减速或恒速等意图，不再通过拉索直接传给节气门，而是依靠 EPC 进行间接控制。加速踏板传感器内有 2 个输出电压呈线性变化的电位计，驾驶人踩下加速踏板时，带动滑动可变电阻移动，这 2 个电位计产生的信号电压输送至发动机电控单元（ECU）。ECU 经过运算后，驱动节气门调节器的定位电动机，带动节气门转动，使发动机达到所需要的进气量。由此可见，踩下加速踏板的程度是驾驶人对发动机转矩的要

图5-1　电子节气门（EPC）指示灯

求，加速踏板的位置是一个设定值，加速踏板位置传感器是一个设定值发生装置。另一方面，在发动机运转过程中，电控单元可以不依靠加速踏板位置传感器的信号，直接控制 EPC。节气门位置传感器的作用是将节气门的开度转换为电压信号，传输给 ECU 及 TCM，控制单元根据此信号以及进气量信号，及时调整喷油量，以满足发动机各种工况的需要。

2. 积垢对电子节气门的影响

由于电子节气门取消了传统节气门的怠速旁通阀，怠速时的空气流量通过节气门的小开度进行控制，如果电子节气门表面附着的灰尘和积炭很多，就会造成节气门不能平顺地转动，从而导致实际进气量不符合需求量，致使怠速不稳，发动机抖动。有的车辆节气门严重积垢后会造成发动机转速突然升高，松开加速踏板后发动机转速还是降不下来，加速踏板失去对发动机转速的控制。

针对积垢对电子节气门的影响，可采取如下措施：

1) 经常清洁空气滤清器并定期更换空气滤芯。
2) 使用品质较好的汽油，定期更换汽油滤清器。
3) 在汽油中添加有益于节气门清洁的添加剂。
4) 发动机长期低速运行时，要偶尔提高发动机转速，使节气门处的轻微积炭在高速气流的冲击下自行脱落。
5) 在清洗节气门时使用专用的电子节气门清洁剂，防止对节气门特殊涂层造成不必要的损坏。

3. 电子节气门的清洗维护

车辆每行驶约 2 万 km 要进行节气门清洗。步骤如下：

1) 点火开关 OFF，拆下节气门周围附件和连接管，拆下节气门体。
2) 用专用的清洁剂喷洗节气门体主流道内的油泥和灰尘。
3) 用手扳开节气门体阀片，清洗之前被阀片边缘遮挡而无法清洗到的部分。
4) 将阀片固定在最大开度，喷洗节气门轴附近和阀体端面上的污物。
5) 在主流道的一些位置，由于污垢长时间堆积后会逐渐硬化，使用专用清洁剂也很难将其完全清除，此时可以使用软布对其反复擦拭去除，切不可使用硬物进行刮除，因为硬物会对流道表面造成物理损伤，使怠速流量发生变化。

清洗电子节气门后需要做基本设定，以便进行电子节气门怠速学习，否则在装回后发动机的转速可能过高，会影响到发动机的正常使用。

4. 电子节气门清洗维护后的基本设定

(1) 桑塔纳轿车 首先将点火开关打到 ON 档，不要起动发动机，连接仪器进入该车型的发动机系统，进行读取故障码并清除故障码，而后在选择 04 基本调整功能，输入通道号 098，060，或 001 按下确认键即可，当仪器上显示 ADP.OK 或自适应正常时，则说明基本设定以完成。退出仪器，关闭点火开关即可。098 用于上海大众和一汽大众的中低档轿车，如桑塔纳，捷达王等车型上。060 用于上海大众和一汽大众的中高档新款轿车上，如新款宝来，奥迪 A6L 等车型。001 用于老款奥迪 100，捷达前卫轿车上。

(2) 一汽马自达轿车

1) 将蓄电池负极断开 5s 以上后装复。
2) 接通点火开关至 ON 位，然后将加速踏板踩到底保持 5s 后放开。
3) 断开点火开关，然后再起动发动机，看发动机运转是否恢复正常，否则重复以上步骤几次即可。

(3) 东风本田思域轿车

1) 检查节气门阀体上的零部件工作参数；打开点火开关时，节气门位置传感器的开度一般在 17%～19% 之间，电压在 0.85～0.95V 之间，起动发动机后转速会高。

2）打开点火开关，用本田专用检测仪 HDS 进入发动机系统。

3）选择"INSPECTION"功能。

4）选择"ETCS"项目，按照提示首先做第一步节气门位置传感器的测试，然后再执行第 2 步的节气门位置传感器匹配功能。

5）执行完上述功能后，关闭点火开关。

6）起动发动机，怠速运转正常。

(4) 上海通用别克君越　2006 年和 2007 年的君越轿车只要在维修站升级过发动机电控单元数据（主操作系统零件号为 12609502 的是没升过级的；主操作系统零件号为 12626003 的是升过级的），用金德任一款 KT 系列仪器都可以做节气门的匹配，花费时间只需几秒钟。具体操作步骤如下：

1）连接诊断仪。

2）车辆识别，选择车型、年份。

3）选择动力总成。

4）选择发动机。

5）选择模块设置。

6）选择怠速读出重设。

7）点击重设定按键、确认设置。

8）关闭点火开关。

9）起动发动机，设置完成。

匹配时注意发动机电控单元确定用最新数据升级过，而不是用 TIS200 老版本还原回来的老数据。在用金德仪器匹配时不要起动发动机，把钥匙打开到 ON 档即可，匹配完成后要把点火开关关闭后再起动发动机。

(5) 上海通用凯越轿车

1）先接通点火开关 5s，然后断开点火开关 10s。

2）再次接通点火开关 5s 后，起动发动机，热车至冷却液温度达到 85℃。

3）打开空调 10s 后，再关闭空调 10s。

4）如果是自动档的车辆，必须将驻车制动拉起并踩住制动踏板，将变速杆挂入 D 位。然后将空调打开 10s 后，再将空调关闭 10s，将档杆挂回 P 位。

5）断开点火开关，怠速学习过程完成。

(6) 东风雪铁龙爱丽舍轿车

1）电子节气门的初始化程序。电子节气门在更换发动机控制单元、电子节气门、修复节气门（含清洗）、发动机控制单元进行编码等后需进行初始化操作：

① 点火开关置于"M"位置并保持 30s。注意：不得踩加速踏板。

② 断开点火开关 15s（发动机电控单元在 EEPROM 中记录节气门初始化参数）。

③ 拔出点火钥匙。注意：断开点火开关 15s 时间内不能重新接通点火开关。

2）加速踏板位置传感器的初始化程序。加速踏板位置传感器在更换发动机电控单元、更换或维修加速踏板位置传感器后，需进行初始化操作：

① 在不踩加速踏板的情况下将点火开关置于"M"位置。

② 将加速踏板踩到底。

③ 松开加速踏板，并起动发动机，即可。

(7) 东风标致 307 车　东风标致 307 车采用了电子节气门装置，在清洗或更换节气门后，需要进行自适应系统的重新设定。

1) 关闭点火开关，保持 15s 以上。
2) 打开点火开关，保持 15s 以上。
3) 重复以上步骤 2 次。
4) 迅速将加速踏板踩到底，再松开。
5) 起动着车。

这其中有几点需要注意：

1) 在进行设定之前的 10min 内，不能起动车。
2) 清除电控系统的故障码。
3) 需要在发动机冷却之后进行。
4) 踩加速踏板时要保证全行程。
5) 步骤完成起动车后，怠速运转 30min 以上。

> **技巧点拨**　电子节气门控制系统不仅可满足发动机的起动、怠速、三元催化转化器加热、发动机最高转速限制、过热保护等控制要求，其电子节气门装置同时还可满足汽车其他电子控制系统的控制请求，实现防振动控制、巡航控制、最高车速控制、变速器换档优化控制和牵引力控制等，因而可简化这些电子控制系统的结构、优化关联控制系统的控制。但在进行维修保养节气门后需要进行基本设定，才能确保发动机的正常运行。

二、怎样检测速腾 1.6L 发动机 EPC 系统

图 5-2 所示为 2012 款一汽大众速腾 1.6L（CLRA）EPC 系统电路图。

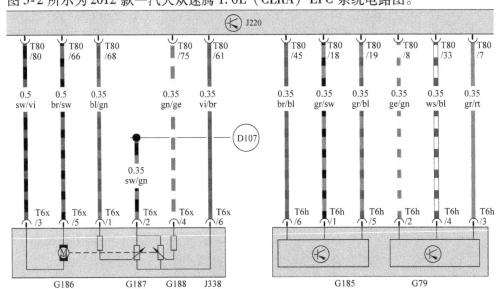

图 5-2　2012 款一汽大众速腾 1.6L（CLRA）EPC 系统电路
G186—电控节气门操纵机构的节气门驱动装置　G187—电控节气门操纵机构的节气门驱动装置角度传感器 1
G188—电控节气门操纵机构的节气门驱动装置角度传感器 2　J220—Motronic 控制单元
J338—节气门控制单元　G79—加速踏板位置传感器 1　G185—加速踏板位置传感器 2
D107—连接 5，在发动机舱线束中

（1）检测节气门位置传感器

1）用 VAS5051 读取数据块 062，见表 5-1。

表 5-1　数据块 062

读取数据块 062	理论值	读取数据块 062	理论值
1—节气门位置传感器 G187	3%~97%	3—加速踏板位置传感器 G79	12%~97%
2—节气门位置传感器 G188	97%~3%	4—加速踏板位置传感器 G185	4%~49%

慢慢将加速踏板踩到底，观察显示区 1 和 2 的百分比，显示区 1 的百分比应均匀升高，变化为 3%~97%。显示区 2 的百分比应均匀下降，变为 97%~3%。

当显示区 1 中的显示值升高时，显示区 2 中的显示值下降。传感器 G187 的电压向 5V 靠拢（节气门开得越大，电压越高），传感器 G188 的电压由 5V 向 0V 靠拢（节气门开得越大，电压越低）。如果未达到规定标准，检查供电及导线连接。

2）更换节气门控制单元后，必须进行新节气门控制单元与 ECU 间的基本设定，见表 5-2。

表 5-2　基本设定 060

基本设定 060	理论值	基本设定 060	理论值
1—节气门位置传感器 G187	3%~97%	3—自学习步数 0~8	12%~97%
2—节气门位置传感器 G188	97%~3%	4—匹配状态	4%~49%

3）带自动变速器的车辆，更换 ECU 和加速踏板后，应进行强制降档的基本设定，见表 5-3。

表 5-3　基本设定 063

基本设定 063	理论值	基本设定 063	理论值
1—加速踏板位置传感器 G79	12%~97%	3—加速踏板位置	Kick Down
2—加速踏板位置传感器 G185	4%~49%	4—匹配状态	ADP OK

将加速踏板踩到底，触动强制降档开关，并保持 3s 以上，观察显示区 3 和 4 是否如表 5-3 中给出的显示。

（2）检测加速踏板位置传感器

1）检查供电和通向节气门控制单元的导线。脱开加速踏板位置传感器的 6 针插头（图 5-3），打开点火开关。按照表 5-4 的要求，将万用表连接到插头的各个触点上测量电压是否符合标准。

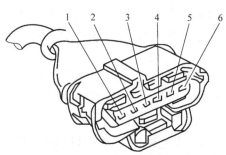

图 5-3　加速踏板传感器插头

表 5-4 传感器插头检测

6 针插头，触点	测量	6 针插头，触点	测量
1	搭铁	2	搭铁
1	触点 5	2	触点 3

标准值：至少 4.5V

2）如果没有达到标准值，关闭点火开关，将适配电缆、121 芯 V.A.G1598/31 检测盒接到控制单元线束上，此时不要连接 ECU。按照表 5-5 的要求，检查检测盒和插头之间的导线是否断路。附加检测导线是否对蓄电池正极或对地短路，以及导线之间是否相互短路。

表 5-5 用检测盒检测

6 针插头，触点	适配电缆，121 芯 V.A.G1598/31，插孔	6 针插头，触点	适配电缆，121 芯 V.A.G1598/31，插孔
1	19	4	51
2	18	5	45
3	50	6	64

3）如果未发现导线故障，更换加速踏板位置传感器。

（3）检测节气门控制单元 J338　检测节气门控制单元所需要的专用工具和维修设备有：便携万用表、测量辅助工具套件 V.A.G1594C、检测设备 V.A.G1598/31。

1）检测节气门调节器确认节气门未损坏或变脏，拔下节气门控制单元的 6 针插头，在触点 3 和 5 之间测量节气门调节器电阻，标准值为 $1.5 \sim 5\Omega$。如果未达到标准值，更换节气门控制单元。如果更换节气门控制单元，必须用 VAS5051 将新节气门控制单元与 ECU 相匹配。

2）检查供电和通向节气门控制单元的导线确认蓄电池电压至少达到 11.5V，拔下节气门控制单元 6 针插头，打开点火开关，用万用表和测量辅助工具套件 V.A.G1598/31 检测触点 2 和 6 之间的电源电压，标准值为至少 4.5V。

> **技巧点拨**　EPC 全称是发动机电子稳定系统，也叫它电子节气门。该系统由一些传感器、控制器等元件组成。当某传感器出现故障或感知到不正常的情况时，控制系统就会根据设置好的程序采取相应的措施。

三、为什么有时不敢清洗节气门

清洗节气门是要经常进行的汽车修理项目，但是，这个看似简单的项目，在有些时候，却因为某些原因，使人无从下手。比如在清洗完节气门后，车辆发动机的怠速转速明显升高，有时会升高到 1800～2200r/mim（正常值是 800r/mim 左右），之后即使采取很多方法，都无法将转速降下来。最后，只能去 4S 店，对节气门进行匹配，有时 4S 店也无法解决，最终只能更换节气门。这样的情况，维修人员需要赔偿节气门，长此以往，还有哪个维修人员愿意去清洗节气门呢？

如一辆 2004 年的日产骐达轿车，该车因为节气门长时间没有进行清洗，造成怠速有时偏高，节气门回位慢，发动机油耗偏高。如图 5-4 所示，对节气门的机械部分进行了清洗，清洗干净后装复，用 X431 诊断仪按原厂资料技术方法进行节气门匹配，并且也进行了怠速自适应。让人感到吃惊的是，发动机转速很高，怎么也降不下来，最后只能请教 4S 店的技术总监。他用原厂解码器做检码设定，也无济于事，看来，只能给节气门"判死刑"了。

查找资料，终于找到了原因，那就是在做解码匹配时，忽略了一个关键因素。虽然当前发动机转速很高，但必须想办法在匹配时，让转速降到 800r/mim。常采用挂档半离合来降发动机转速，并保持 5min，这样，节气门终于匹配成功了。

节气门的控制原理如图 5-5 所示，J220 为发动机控制电脑，G186＋G187＋G188＝节气门系统，节气门是由发动机电脑来控制的。

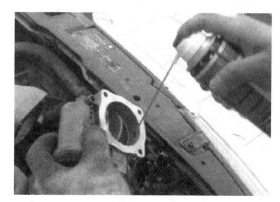

图 5-4　清洗节气门机械部分

对于大众车系（如波罗、朗逸、宝来、迈腾、2.4L 以下排量的奥迪），别克（君威、君越），现代以及大部分国产车型，在清洗节气门时，可以不用拆蓄电池线，拆节气门时，千万不要拔节气门插头，一人对节气门体进行清洗，另一人在车内踩加速踏板，这时节气门就会自动打开，这样清洗完就不用进行节气门匹配了。对于其他车型，则必须拆蓄电池负极，清洗后也必须按原厂资料提供的方法进行节气门及怠速设定。值得注意的是，对于自己不熟悉的车型，一定不能盲目拆洗，需要查找资料，学习方法，这样才能得心应手。

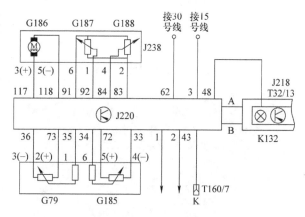

图 5-5　节气门控制原理图

> **技巧点拨**　汽车维修不光是修理，更重要的是对故障的诊断，对故障的分析尤其重要，遇到棘手问题，不能轻言放弃，而是要积极应对。就像一名好医生，只有对病理了如指掌了，才能做到"药到病除"。

第二节　标致电子节气门控制系统

一、东风标致 EW10A 发动机电子节气门控制系统结构和原理是怎样的

东风标致 EW10A 发动机的节气门阀体改变了传统的机械拉索式，使用电子控制方式，即加速踏板位置传感器接收加速信号，传递给发动机电子控制单元（简称发动机 ECU），发动机 ECU 输出指令，控制节气门开度，从而控制发动机的转速。

东风标致 EW10A 发动机电子节气门控制系统由加速踏板、发动机 ECU 和电子节气门阀体组成。该系统电路主要由加速踏板与发动机 ECU 之间的信号电路、电子节气门内部的电动机及节气门位置传感器与发动机 ECU 之间的电路两部分组成。

1. 加速踏板

加速踏板主要接收驾驶人主观驱动发动机的加速或减速信号，外观如图 5-6 所示。加速踏板除了机械联动部分之外，还有踏板的位置传感器。位置传感器适用于检测加速踏板转动时所处的角度，然后可将加速踏板的转动角度信号转化为电信号传递给发动机 ECU。

电子加速踏板中有两个电位器作为传感器，其电阻值随电子加速踏板位置的改变而变化，能对踏板的位移给出精确响应，因此可以监控加速踏板的运动情况。该类传感器是非接触式的，也是一种霍尔效应式旋转位置传感器。它主要由磁铁和霍尔 IC 芯片组成，霍尔 IC 芯片固定在加速踏板座上，磁铁安装在转动的踏板上。如图 5-7 所示，加速踏板位置传感器的输出端子 4、2 分别是双电位器的正极和负极，发动机 ECU 为端子 4 提供 5V 电压，端子 2 通过发动机 ECU 内部搭铁。端子 1 和端子 3 分别是双电位器的信号输出端子，分别输出与加速踏板所处位置相对应的电压 S1 和 S2，在 0~5V 之间变化。输出电压 S1 是 S2 的两倍。发动机 ECU 将始终对这两个信号进行比较，控制发动机安全运行，输出电压 S1 和 S2 大小与加速踏板的转动角度均成正比。加速踏板位置传感器与发动机 ECU 连线示意图如图 5-8 所示。

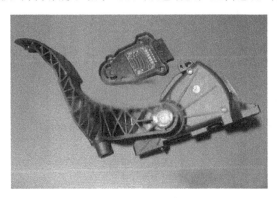

图 5-6 加速踏板

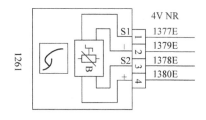

图 5-7 加速踏板位置传感器电路图

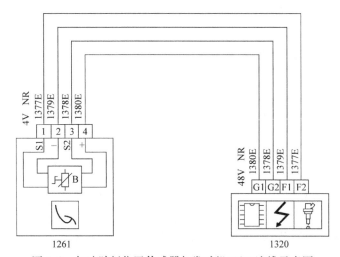

图 5-8 加速踏板位置传感器与发动机 ECU 连线示意图

2. 发动机 ECU

发动机 ECU 主要接收加速踏板位置传感器传来的踏板位置信号，有目的地输出驱动节气门电动机的电流，电动机转动节气门，改变发动机的进气量，控制发动机的转速，同时发动机电子控制单元接收节气门位置的反馈信号，对节气门的位置进行闭环控制。

3. 电子节气门阀体

电子节气门阀体主要接收发动机控制单元输出的驱动电动机指令，电动机驱动节气门，并反馈节气门的开度给发动机电子控制单元。电子节气门阀体外部如图 5-9 所示，内部由驱动电动机和节气门位置传感器组成，如图 5-10 所示。

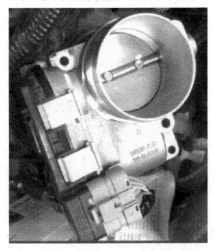

图 5-9　电子节气门阀体

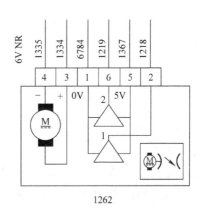

图 5-10　电子节气门阀体电路图

电子节气门阀体输出端子共有六个，端子 3 连接驱动电动机的正极，发动机 ECU 为该端子提供 12V 脉冲电源。端子 4 连接驱动电动机的负极，通过发动机 ECU 内部搭铁。节气门位置传感器是双位电位器。端子 5 和端子 1 分别是双电位器的正极与负极，发动机 ECU 为正极提供 5V 电源，负极通过发动机 ECU 搭铁。端子 6 和端子 2 分别与两个滑动电阻片相连，是节气门位置信号的输出端子。端子 6 输出的

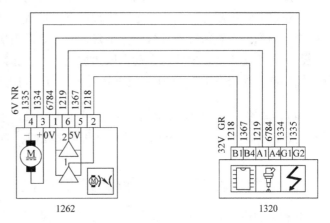

图 5-11　电子节气门阀体与发动机 ECU 连线示意图

电压与节气门开度成正比，端子 2 输出的电压则与节气门开度成反比。发动机电子控制单元根据两个信号的输入来得知节气门实际开度，以及传感器是否存在故障。图 5-11 为电子节气门阀体与发动机 ECU 连线示意图。

技巧点拨　EW10A 发动机的电子节气门可以应用在车辆巡航系统中，但电子节气门和加速踏板经过维修后均须自适应初始化。

二、怎样判断东风标致 EW10A 发动机电子节气门控制系统的故障

故障现象 一辆东风标致 408 轿车，配备 EW10A 型发动机，故障现象为踩下加速踏板时，无明显加速现象，发动机故障灯亮，挂上前进档，车辆前进速度慢，发动机工作状态处于降级模式。

故障诊断 利用东风标致的 DIAGBOX 检测仪读取发动机故障码，故障码显示发动机电子节气门存在电路故障。根据故障码并结合图 5-11 检测发动机电子节气门。首先检测电子节气门的驱动电动机，关闭点火开关，断开电子节气门阀体的线路插接器，测量电子节气门的输出端子 3 和端子 4（连接电动机正负极）之间的电阻，约 1.7Ω，再测量连接电动机的两条导线 1334 和 1335，其导通性能良好。问题应该出现在节气门位置传感器或其线路上。

打开点火开关，测量已断开电子节气门阀体的线路插接器端子 5 的电压，经检测为 5.02V。关闭点火开关，利用万用表蜂鸣档检测线路插接器端子 1，搭铁性能良好，再用直流低电压档测其电压，为 0.03V。经过这一步，可以确定电子节气门位置传感器的正负极无故障。接着检测节气门位置传感器信号输出是否正常。

人工慢慢转动电子节气门，同时测量电子节气门阀体的位置信号 1 输出端子 2 和负极端子 1 之间的电阻，电阻在 1.572~0.679kΩ 之间持续下降，无间隔断开。再检测连接信号端子 2 的连线 1218，导通性能良好，无短路或断路，这说明节气门的该位置信号 1 输出端子 2 工作正常。同理，测量另一电子节气门位置信号 2 输出端子 6 和负极端子 1 之间的电阻，电阻在 0.629~1.388kΩ 之间慢慢变化，但偶尔会断开。另检测连接端子 6 的连线 1219，导通性能良好。

故障排除 经过以上三步检测，说明电子节气门的位置信号输出端子 6 工作不正常，内部的电位器滑动电阻片与电位器主体接触不良，造成节气门位置信号输出不稳定。对电子节气门阀体内部的位置传感器进行解体维修，安装好后再次检测节气门位置信号输出端子 6 的电压，变化情况正常。但此时发动机依然加速无力，原因是对电子节气门维修时，曾经断开导线插接器，连接发动机 ECU 后应重新对电子节气门进行自适应初始化的学习。

> **技巧点拨** 节气门的位置（开度）是由电动机所驱动的，驱动电动机同样受发动机 ECU 指令控制。发动机怠速调节同样由电动机控制，而不再有怠速调节阀了。

三、电控发动机无法起动故障的原因和排查

电控发动机无法起动故障的原因比较复杂。从现象上看，主要有以下 3 种形态：一是冷车起动困难，热车起动正常；二是热车起动困难，冷车起动正常；三是冷车和热车都难以起动。

1. 发动机无法起动的常见原因

一般来说，冷车起动困难多见于混合气过稀；热车起动困难多见于混合气过浓（这是因为热车时燃油蒸发的速度较快）；冷车和热车都难以起动，则属于控制方面的问题。具体来说，主要有以下 5 种原因：

1) 蓄电池亏电，或者起动机本身存在故障。通过起动机运转的声音可以判断。

2）无油、无火。应当检查防盗系统是否触发，如果仪表板上的防盗指示灯点亮，就可以确认。

3）有油、无火。应当检查点火系统。

4）无油、有火。应当检查燃油喷射系统的油压是否过低，曲轴位置传感器和凸轮轴位置传感器是否失常，导致判缸信号缺失。

5）有油、有火。应当检查气缸压缩压力和配气相位是否不正常。

2. 发动机无法起动的排查步骤

第一步，接通点火开关，检查发动机故障指示灯是否点亮。如果不亮，直接检查中继线盒内的 EFI 继电器熔丝，因为 EFI 继电器为电动燃油泵、空气流量传感器、防盗控制模块等多个电器供电。

第二步，连接故障诊断仪，调取故障码。如果故障诊断仪能够与发动机 ECU 通信联络，说明发动机 ECU 的供电和搭铁基本正常。如果有故障信息存储（特别是有与曲轴位置传感器、空气流量传感器、冷却液温度传感器有关的故障码），可以根据故障码的提示进行排查。

在确认发动机 ECU 正常之后，再对电路、油路进行检查。

第三步，使用多通道示波器检测点火二次侧波形和喷油器的驱动波形。试着起动发动机，如果没有高压火，说明点火系统存在故障；如果没有喷油驱动信号或者信号极弱，说明电控单元有问题；如果既没有高压点火又没有喷油驱动信号，说明曲轴位置传感器的信号失常。

第四步，在点火信号和喷油驱动信号正常的情况下，连接燃油压力表，测量燃油系统的油压。如果燃油压力过低，说明故障部位在燃油泵、燃油滤清器或者燃油压力调节器；如果燃油压力正常，说明发动机可能存在机械性故障，例如气缸压缩压力不足、进气系统或排气系统不通畅、点火时刻或喷油时刻不准确等。

> **技巧点拨**　有专家总结出了故障排查的顺口溜："过稀喷射化清剂，过浓油门踩到底；轻踩油门能起动，检查怠速控制阀；全踩油门可起动，应是过浓非过稀；若能起动又熄火，点火开关流量计"（注："油门"是指加速踏板）。

四、电控发动机异常起动现象分析

1. 不踩加速踏板就不能起动

众所周知，电控发动机由电控单元（ECU）控制，当发动机温度比较低时，ECU 会增加喷油脉冲宽度以加浓混合气，确保有合适的空燃比，所以在起动时不需要踩加速踏板。如果起动时踩下加速踏板，不仅对起动无益，而且会增加有害气体的排放。

但是，有的汽车确实需要踩住加速踏板才能起动，松开加速踏板发动机就熄火，这种故障的根源是进气量过少（可以排除进气系统漏气的可能），混合气过浓，可能是节气门脏污了。

踩住加速踏板才能起动的另一个原因是怠速控制阀（ISC）无法正常开启（图 5-12）。这种发动机一般采用旁通式怠速控制阀，其控制原理是，电控单元（ECU）收集发动机的工况，通过调节正反转电动机线圈的通电占空比，使旋转滑阀运动，进而调节旁通空气道的面积，实现旁通进气量的调节。那么，又是什么原因造成怠速控制阀不能打开呢？

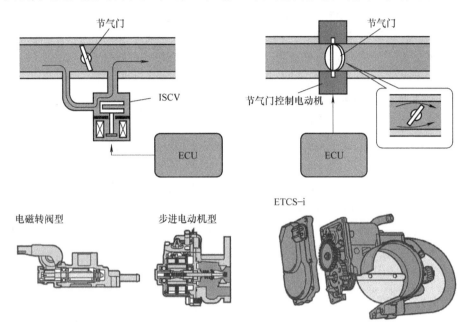

图 5-12　几种类型的怠速控制阀

一种可能是怠速控制阀的阀体内部或者旁通气道被积炭、胶质、油污堆积，减少了旁通气道的截面积，致使起动时的进气量减少、混合气过浓而出现起动困难。此时应当拆卸怠速控制阀，仔细清理和疏通旁通气道，即可实现不踩加速踏板也能起动发动机。

另一种可能是起动时的操作动作过快，由于起动机消耗了大量电流，导致供给怠速控制阀电动机的电流相对不足。为此，可以先接通点火开关，等怠速控制阀复位以后，再进行起动。如果此时能够起动，说明整车电源供应不足，可能是发电机工作不良，或者是蓄电池的电容量太小。

如果增加供电量后还是不能起动，就要检查节气门全闭时的信号电压，看是否处在怠速状态。因为只有节气门真正处于怠速状态，ECU 才会控制怠速阀，发动机才有可能正常起动。

2. 踩加速踏板，发动机转速反而下降

加速踏板的功能是控制节气门的开度及进气量，踩加速踏板意味着增加气缸的进气量（图 5-13）如果此时发动机的转速不升反降，主要有以下两方面的原因：

一是发动机 ECU 控制的喷油量并没有增加，只是增加了进气量，由于混合气浓度变稀，发动机转速才会下降。

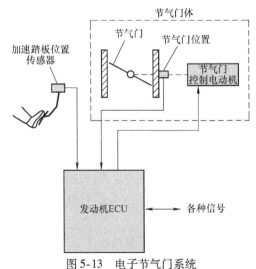

图 5-13　电子节气门系统

二是空气流量传感器的性能失常，也会引起踩加速踏板发动机转速下降的现象。

3. 需要外力帮助才能起动

有的电控汽车用起动机无法起动，推车才能够起动发动机。之所以出现这种现象，主要有以下两方面原因：

1）蓄电池的电压过低。蓄电池的电压如果低于 10V，ECU 将不能正常地控制点火和喷油，于是造成起动困难。在这种情况下，手动档汽车需要人力推动才能起动，自动档汽车则需要并联其他蓄电池才能起动。此时需要对蓄电池进行补充充电，或者更换蓄电池。

2）电磁干扰。一辆奇瑞风云轿车，发动机起动非常困难。连接故障诊断仪检查，发现起动时只有喷油器动作，没有高压电火花。读取发动机数据流，发现没有转速数据，怀疑曲轴位置传感器失常。进行替换试验，证明曲轴位置传感器没有损坏。试着用推车的方法，居然起动成功了。使用自制的曲轴信号发生器也可以起动。怀疑是电磁波干扰了曲轴位置传感器的信号传输。于是测量起动机的电压降，从蓄电池负极到起动机外壳之间的电压降为 0.35V（正常时大约 0.1V），说明搭铁有问题。检查发现，起动机的两个固定螺栓已经松动，其中一个螺栓还起固定搭铁线的作用。清理起动机的搭铁端子，紧固搭铁线，发动机顺利起动了。分析该故障的产生原因，由于起动机搭铁不良，原本使用恒定直流电的起动机变成了电流变化的电感性负载。在变化的电流周围形成了变化的磁场，加上起动机电刷与换向器之间产生的电火花，于是形成了电磁干扰，所以数据流中缺失曲轴转速信号，最终造成发动机无法起动。

> **技巧点拨** 在一般情况下，电喷发动机是很容易起动的，不需要踩加速踏板，更不需要推拉起动。但是，也可能出现不正常的起动情况。

五、大众车 EPC 指示灯异常点亮的故障原因有哪些

EPC 指示灯在大众车中比较常见。接通点火开关后，车辆开始自检，EPC 指示灯会点亮数秒，随后熄灭。如车辆起动后该灯仍不熄灭，则说明车辆机械与电子系统出现故障。在日常维修作业当中总结发现，导致 EPC 指示灯异常点亮的原因大致有以下几个方面。

1. 节气门体过脏或过度磨损

节气门体过脏会导致 EPC 指示灯点亮，处理方法：对节气门体进行清洗，之后用故障诊断仪对电子节气门重新进行匹配（01-4-060）。对节气门体进行解体，观察碳膜电阻及滑动触点的磨损程度，若发现节气门过度磨损则更换节气门体，之后对系统进行重新匹配。

2. 发动机电子节气门系统元件或线路故障

EPC 涉及的部件很多，如发动机控制单元、电子节气门电动机、节气门位置传感器、加速踏板位置传感器等，其中任何一个元件或其线路有故障，都将造成发动机控制单元功率控制不准，EPC 指示灯点亮。处理方法：读取故障码和动态数据流，根据故障码和动态数据流的提示，通过传统的电器检测方式发现问题，排除故障。

3. 进气系统泄漏

发动机控制单元检测到该问题后点亮 EPC 指示灯。这个情况还可以联系到在发动机运转的情况下，如果拔下机油标尺或打开机油加注口盖，发动机控制单元也会误认为发动机的

进气系统有漏气现象,从而点亮 EPC 指示灯和引起发动机抖动等问题。另外,曲轴箱通风系统如果有泄漏也会导致 EPC 指示灯异常点亮。处理方法:找到泄漏部位予以修复。

4. 制动开关、离合开关、助力转向开关、发电机负荷等故障

发动机控制单元检测到以上故障时也会点亮 EPC 指示灯。处理方法:检查这些开关的工作情况,发现功能失效的予以修复。

5. 其他原因

机油未按标准最加注,过多的机油将影响混合气浓度,导致 EPC 指示灯异常点亮;气缸压缩压力过低,同样能导致 EPC 指示灯异常点亮;燃油品质不良也会导致 EPC 指示灯亮;有时,发动机控制单元软件问题也会导致 EPC 指示灯点亮。处理方法:找出 EPC 指示灯异常点亮的原因,予以排除。如果是发动机控制单元软件的问题,则通过刷新发动机控制单元数据的方法来解决。

> **技巧点拨** EPC(Electronic Power Control)全称为发动机电子功率控制系统,很多人也叫它 ETC(Electronic Throttle Control)电子节气门。

六、怎样诊断奥迪 A6L 车 EPC 指示灯亮、加速不走车故障

故障现象 一辆行驶里程约为 6 万 km 的 2006 年产奥迪 A6L 2.4 车(配备 BDW 发动机和 CVT 变速器),车主描述该车早晨起动着车后仪表盘上 EPC 指示灯点亮,同时仪表盘中间显示屏显示 ESP 故障等信息,只要 EPC 指示灯点亮,该车就会出现加速不走车的现象。

故障诊断 接车后首先用 VAS5052 对发动机系统进行自诊断,显示有 5 个故障码,分别为:00289——节气门/加速踏板位置传感器 A 电路范围/性能(偶尔发生);05464——节气门驱动(用于电源控制 EPC)G186 故障(偶尔发生);00545——节气门/加速踏板位置传感器/开关 B 范围/性能(偶尔发生);05497——节气门控制部件(J338)未开始匹配(偶尔发生)。从故障码显示的内容来看,故障发生于节气门控制部件,但所有故障码都是偶发的。为了验证故障的真实性,将故障码清除,重新对节气门控制部件(J338)进行匹配(节气门匹配方法:进入基本设定,输入 060 然后点击激活键,此时开始匹配,直至显示匹配正常)。读取发动机测量值块 62,同时缓慢踩下加速踏板,观看 1 区~4 区的节气门角度数值和加速踏板传感器角度,均能响应加速踏板位置的变化。

重新进行试车,试车约 1h 后故障重现,此时仪表盘上的 EPC 指示灯点亮,再读取故障码,显示的还是原来的故障码一样,通过故障码和动态数据流进行分析,应该是电子节气门系统故障,结合前面的故障码 05464——节气门驱动(用于电源控制 EPC)G186 故障(偶尔发生),参考该车电路图(图 5-14),发现 G186 正好是节气门控制电动机,于是先从元件入手进行检查。拔下节气门控制部件(J338)的导线插接器,敲开铁卡片,打开节气门控制器的黑色塑料盖,观察碳膜电阻和滑动触点均良好,测量驱动电动机两端子的电阻,为 1.8Ω,直接给电动机两端子施加蓄电池电压,电动机运转正常,看来节气门位置传感器和节气门电动机均没有问题。

考虑到节气门控制部件线束的 6 根线直接连向发动机控制单元(J361),中间不存在连接点,于是把检查工作的重点放在节气门控制部件(J338)的导线插接器和发动机控制单

元（J361）的导线插接器上，首先观察节气门控制部件（J338）的导线插接器，发现导线插接器的端子内部有些松旷。通过分析认为，由于导线插接器接触不实。在通过大电流时会产生一定的压降，直接影响了节气门体电动机的驱动电压，不能按照指令打开节气门合适的开度，造成与加速踏板位置不同步，发动机控制单元（J361）将该信息通过 CAN 总线传输给仪表，仪表通过接收信息后控制 EPC 指示灯点亮，与此同时该信息通过 CAN 传输给 ABS 控制单元，ABS 控制单元传输给仪表（J285），J285 控制 ESP 故障灯点亮，造成加速不走车的故障现象。

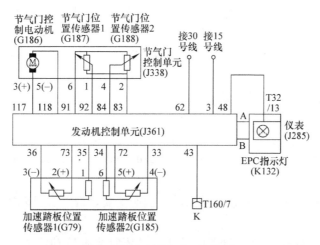

图5-14 电子节气门系统电路

故障排除 将节气门控制部件（J338）导线插接器的端子用大头针退出来，使用小尖嘴钳对导线插接器的端子进行处理，然后装复导线插接器，试车，故障再没有出现。

技巧点拨 在该车故障诊断过程中，故障诊断仪直接显示出了故障的范围，要找到具体的故障点，还取决于对系统的了解程度，故障检测仪显示节气门控制部件（J338）故障，此时不能盲目更换，首先应该检查线束和相关导线插接器，如果检查完线束没有问题，接下来可以对节气门控制部件（J338）进行解体，观察碳膜电阻及滑动触点的磨损程度，给节气门电动机供电，观察电动机工作情况，视情况决定是否需要更换整个节气门控制部件（J338）。

第三节 发动机起停功能

一、发动机起停功能是怎么回事

1. 发动机起停功能

发动机起停功能是指在车辆行驶过程中能够自动对发动机的起动和停机进行控制的功能。该功能可通过按下发动机起停功能关闭开关手动关闭。关闭后，发动机起停功能关闭开关上的指示灯点亮。

发动机起停功能在车辆短暂停车时发挥作用，当相关预设条件得到满足时，发动机就能自动停止运转；而当车辆需要重新起步时，发动机能自动重新起动。该功能可有效提高车辆的燃油经济性，减少废气排放。此外，发动机自动停机，也避免了原本怠速运转所产生的噪声和振动。

在发动机停机（怠速停止模式）期间，发动机起停功能指示灯点亮，仪表信息中心显示怠速停止，仪表环境灯变为绿色，而仪表盘上的机油压力警告灯和发电机充电警告灯则不会点亮（发动机被动熄火时会点亮机油压力警告灯和发电机充电警告灯）；在此期间，CVT电动辅助泵将工作，以保持液力变矩器、前进离合器和主、从动带轮的液压；当发动机重新起动后，直到PCM判断CVT中的油压恢复后，才会控制CVT电动辅助泵停止工作。在怠速停止模式下，PCM会根据相关控制单元、传感器和开关的信号，判断是否有必要终止怠速停止模式，重新起动发动机。

2. 发动机起停功能常见故障诊断

当发动机起停功能不正常时，应注意以下几点。

1）发动机起停功能关闭开关。确认发动机起停功能关闭开关没有被按下（即发动机起停功能关闭开关的背景灯应处于熄灭状态）；必要时检查发动机起停功能关闭开关信号及其线路。

2）驾驶人侧座椅安全带。正确佩戴驾驶人侧座椅安全带；必要时排查驾驶人侧座椅安全带信号及其相关线路。

3）发动机舱盖。确认发动机舱盖已关闭，必要时检查发动机舱盖关闭信号及其相关线路。

4）制动踏板和加速踏板。在踩下制动踏板的同时应松开加速踏板；必要时检查制动踏板和加速踏板是否存在卡滞，以及相关线路、传感器是否存在故障等。

5）自动变速器档位。确认自动变速器档位位于D位；必要时检查自动变速器档位信号及相关线路。

6）空调系统。空调温度不能设定为最高/最低温度，且前风窗玻璃除雾开关关闭。

7）转向系统。确认转向盘未被转动，必要时检查转向助力系统，包括转向角传感器的信号及线路等。

8）自动变速器油温度。自动变速器油温度应在25~115℃。

9）发动机温度。发动机温度应在65~110℃。

10）蓄电池温度。蓄电池温度应在5℃以上。

11）存在相关故障码。根据故障码的提示排查故障并清除故障码。

12）怠速学习。确认"怠速学习"已完成。

13）蓄电池。测量蓄电池电解液的相对密度，全部单元格均应在1.23以上；由于蓄电池老化而无法实现发动机起停功能时，应对蓄电池进行充电或更换蓄电池。

> **技巧点拨** 所谓起停装置，是指在车辆短暂停止时自动关闭发动机，恢复行驶时，无须操作点火钥匙，而能将发动机自动接通运转的一个系统。

二、怎样排除发动机起停功能异常故障

故障现象　一辆2015款广汽本田奥德赛车，行驶里程约为1万km，因发动机起停系统不工作而进厂检修。

故障诊断　接车后试车验证故障，接通点火开关，起动发动机，发动机能顺利起动，但仪表信息中心提示发动机起停功能不工作。对车辆进行路试，确认故障现象确实存在。对车辆进行常规检查，发现空调系统前风窗玻璃除雾开关处于接通状态，此外未见其他异常。于是将前风窗玻璃除雾开关断开后，再次试车，故障依旧。

连接HDS，读取故障码，读得的故障码如图5-15所示。记录并尝试清除故障码后试车，故障码可以清除，且故障码不再出现，但发动机起停功能仍不能正常工作。接着用HDS查看故障车的发动机数据流，结果如图5-16所示，数据流显示有3项数据有问题。逐一对有问题的数据进行分析。

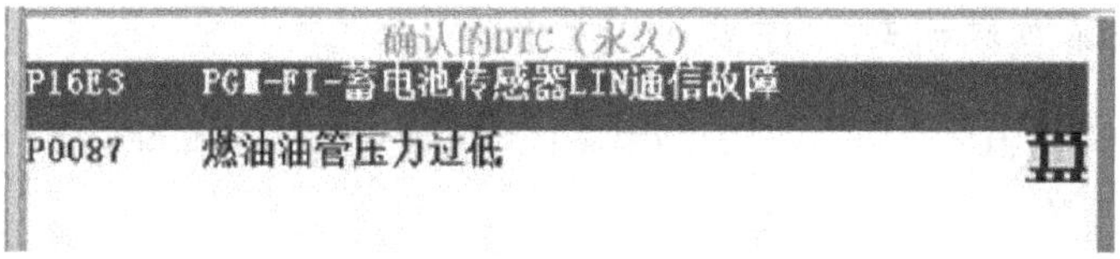

图5-15　HDS读取到的故障码

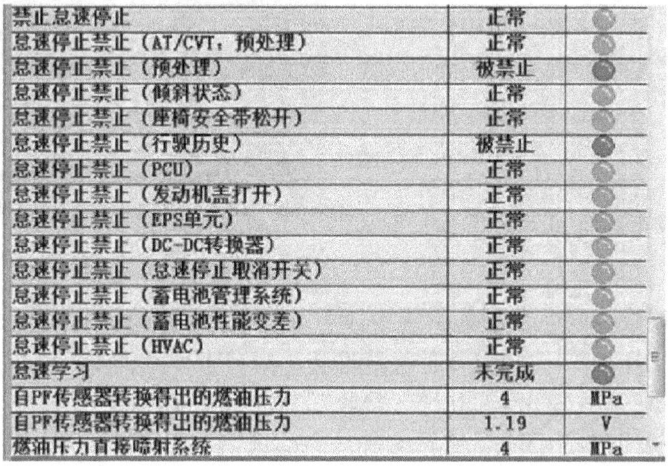

禁止怠速停止	正常	
怠速停止禁止（AT/CVT，预处理）	正常	
怠速停止禁止（预处理）	被禁止	
怠速停止禁止（倾斜状态）	正常	
怠速停止禁止（座椅安全带松开）	正常	
怠速停止禁止（行驶历史）	被禁止	
怠速停止禁止（PCU）	正常	
怠速停止禁止（发动机盖打开）	正常	
怠速停止禁止（EPS单元）	正常	
怠速停止禁止（DC-DC转换器）	正常	
怠速停止禁止（怠速停止取消开关）	正常	
怠速停止禁止（蓄电池管理系统）	正常	
怠速停止禁止（蓄电池性能变差）	正常	
怠速停止禁止（HVAC）	正常	
怠速学习	未完成	
自PF传感器转换得出的燃油压力	4	MPa
自PF传感器转换得出的燃油压力	1.19	V
燃油压力直接喷射系统	4	MPa

图5-16　发动机控制单元数据

1）“怠速停止禁止（预处理）”的数据显示为“被禁止”，说明发动机目前不具备保证起停功能正常运行的条件，需要查看其他被禁止的条件。

2）“怠速停止禁止（行驶历史）”的数据显示为“被禁止”的原因有自动变速器档位没有位于D档；目前车速低于5km/h；发动机起动后，车速没有超过5km/h或没有达到规定的运行时间等。

3）“怠速学习”数据显示为“未完成”，说明发动机怠速学习没有完成或数据丢失。

查阅相关资料得知，在车辆处于静止状态时，“怠速停止禁止（预处理）”和“怠速停

止禁止（行驶历史）"的数据显示为"被禁止"，并不会对发动机起停功能产生影响。因此故障原因锁定为怠速学习未完成。

故障排除　按照维修手册的提示对车辆进行怠速学习。执行怠速学习程序约15min后，怠速学习顺利完成。对车辆进行路试，发动机起停功能恢复正常（图5-17）。

图5-17　发动机起停功能恢复正常

> **技巧点拨**　对于相关故障，要按照正规的诊断流程进行诊断，这样可以少走弯路，排除故障，缩短时间。

三、怎样排除发动机起停功能失效故障

故障现象　一辆2015款广汽本田奥德赛车，行驶里程约为5000km，因发动机起停功能失效而进厂检修。

故障诊断　接车后，对车辆进行路试，发动机起停功能确实不能正常工作。车辆在停车等待交通信号灯时出现发动机起停功能不工作的故障，同时，仪表上的电子驻车制动警告灯和盲区监测系统指示灯点亮，仪表信息中心提示"请检查盲区监测系统"（图5-18）。行驶一段时间后重新起动发动机，仪表上的故障灯能自动熄灭，但在发动机起停系统介入工作的瞬间，故障就会再次出现。

图5-18　故障车的仪表

连接HDS调取故障码，在制动系统中读得故障码"B14BD——CVT故障"，在CVT系统中读得故障码"U1260——与辅助变速器油泵（ATFP）失去通信"，在盲区监测系统中读得故障码"B1E9A——右侧BSI雷达单元接收到PCM（A/T）系统故障信息"、"B18EA——左侧BSI雷达单元接收到PCM（A/T）系统故障信息"、"B18DC——左侧BSI雷达单元接收到多视角摄像机单元故障信息"。记录并尝试清除故障码后试车，故障依旧，故障码再次出现。

根据该车故障现象，结合故障码进行分析认为，虽然多个故障码均将故障原因指向BSI雷达单元，但BSI雷达单元存在故障的可能性不大。因为故障是在发动机起停系统介入工作的瞬间出现的，发动机起停系统介入工作和BSI雷达单元之间没有必然联系。为了保险起见，维修人员检查了BSI雷达单元相关线路，未见异常，尝试更换BSI雷达单元后试车，故障依旧。由此确认故障确实与BSI雷达单元无关。

接着，根据故障码U1260的提示，对CVT电动辅助泵及其相关线路进行排查。查阅

CVT电动辅助泵相关电路（图5-19），断开CVT电动辅助泵导线插接器，测量导线侧端子1和端子4之间的电压，为蓄电池电压，说明CVT电动辅助泵的供电和搭铁均正常；测量端子2与搭铁之间的电压，为5V，正常；断开PCM导线插接器B，测量其导线侧端子23与CVT电动辅助泵导线插接器导线侧端子3之间的导通情况，导通良好；测量CVT电动辅助泵导线插接器导线侧端子3与搭铁之间的导通情况，无对搭铁短路的故障。

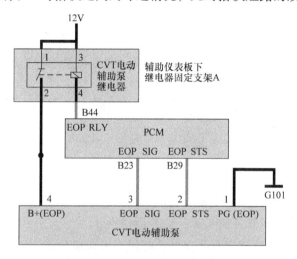

图5-19　CVT电动辅助泵相关电路

根据上述检查结果，判断CVT电动辅助泵的相关线路正常。对CVT电动辅助泵进行测试，发现其压力不在标准范围内，说明CVT电动辅助泵有故障。

故障排除　更换CVT电动辅助泵总成，并利用HDS对其进行排空操作后试车，发动机起停功能恢复正常。

> **技巧点拨**　该车发动机起停功能失效是由CVT电动辅助泵故障导致的，而盲区监测系统和制动系统在监测到CVT电动辅助泵存在故障后，记录了相关故障码并点亮相关故障灯。

四、汽车发动机的起动操纵装置有哪些新的功能

近些年来，轿车起动操纵装置的功能获得了显著的拓展，主要表现在以下几方面。

1. 成为电子控制系统的组成部分

以通用雪佛兰科鲁兹轿车为例，该车通过车身控制模块（BCM）进行整车电源管理，点火开关实质上是一个小电流开关，相当于位置传感器，它向BCM传送多个离散的状态信号，提示驾驶人对电源模式的需求意愿（即起动、接通附件、运行或者关闭）。这种电源模式请求信号通过串行数据线传送到需要此信号的控制模块，并且依需要起动相应的电源模式继电器。

如北京现代第八代索纳塔轿车，在点火开关的旁边设置了一个钥匙插入开关（与点火锁为一个总成），供车身控制模块（BCM）感知点火钥匙处于何种状态。如果钥匙插入开关损坏，不能正常地打开和关闭（例如总是处于打开状态），即使遥控器的电池电量充足，

BCM 也会使遥控器失灵，即按遥控器的开锁或闭锁键无反应。

2. 点火开关是电子防盗系统一要件

以丰田凯美瑞轿车为例，如图 5-20 所示，点火开关和点火钥匙是发动机锁定系统（即防盗系统）的重要组成部分。除非使用已经注册的、带有 ID 代码的钥匙，使用其他任何钥匙时，该系统会禁止发动机点火和喷射燃油。

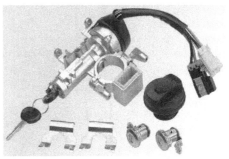

图 5-20　点火钥匙

（1）点火钥匙的组成　该系统有以下主要器件组成。

1）点火钥匙。点火钥匙内置有芯片（被称为"应答器芯片"），能够对应答器钥匙线圈产生的磁场做出反应，并产生电流（因此点火钥匙内不必使用干电池），于是 ID 代码发送出去。

2）应答器钥匙线圈。在点火开关总成上，除了点火锁芯外，还集成了应答器钥匙线圈和应答器钥匙放大器。应答器钥匙线圈产生一个围绕点火开关锁芯的磁场，并且负责接收点火钥匙发出的 ID 代码。

3）应答器钥匙放大器。它负责将应答器钥匙线圈接收的、点火钥匙发出的 ID 代码发送给应答器钥匙 ECU（即防盗系统主机）。

4）应答器钥匙 ECU。它负责接收来自应答器钥匙放大器的钥匙 ID 代码，并与原先注册的 ID 代码进行核对，并将核对结果发送给发动机 ECU。

（2）点火钥匙的功能　丰田凯美瑞轿车的点火开关具有锁定和解锁功能。

1）锁定功能。点火钥匙从锁芯取出后，或者点火钥匙转到"ACC"或"LOCK"位 20s 后，发动机被锁定，不点火和喷油。发动机锁定后，安全指示灯闪烁，此时即使把点火开关取下来，用螺钉旋具或等效工具旋到"ST"，发动机也不能起动。

2）解除锁定功能。当点火钥匙插入点火开关锁芯时，应答器钥匙 ECU（有时与发动机 ECU 集成在一起）和应答器芯片进行通信，如果应答器钥匙 ECU 中存储的 ID 代码与应答器芯片发出的 ID 代码连续两次相符，发动机的锁定被解除，允许发动机点火和喷油。

3. 点火开关具有联锁功能

对于搭载自动变速器的汽车，如果变速杆处在 P 位以外的任何位置，点火钥匙不能关闭，只能转到"附件"位置，所以钥匙拔不出来。这是为了防止驾驶人误操作。

实现联锁功能的方式有两种：一是机械式，在变速杆与点火锁芯之间通过一条拉线进行控制；二是在变速杆下面的换档机构中安装一个 P 位开关，通过 P 位开关信号来控制点火锁芯上的电磁阀动作。

马自达睿翼车采用的智能钥匙，除了具有无钥匙进入、一键式起动功能外，还能与座椅联动。当车门开启后，用智能钥匙进行操作时，驾驶座椅会自动调整到已经存储的位置上，为驾驶人带来方便。

4. 能够用于电控系统的自诊断

以悍马汽车为例，其巡航系统自诊断的方法是，将通用公司专用诊断仪连接到汽车的诊断座，接通点火开关，但是不起动发动机，在诊断仪上选择"动力控制模块"（PCM），并与其进行通信，再使诊断仪进入"动力模式"（Power Wode）参数，然后转动点火开关到各个位置，同时观察诊断仪上显示的动力模式状态，在正常情况下，应当与点火开关的位置相吻合。否则，应当检测巡航系统的部件故障码和系统故障码。

5. 使汽车起动与熄火自动化

以大众汽车装备的 Start – Stop（起动停车）系统为例，当遇到红灯时，驾驶人进行制动，使汽车完全停下来，将变速杆换入空档，并完全释放离合器踏板后，该系统能够自动使发动机熄火；当绿灯放行时，只要驾驶人踩下离合器踏板挂档，并释放制动踏板（图 5-21），发动机会自动重新起动，无须驾驶人额外的操作。此项技术已经应用在帕萨特、高尔夫、波罗等第二代 Blue Motion 车型上，每行驶百公里能够节油 0.2L。

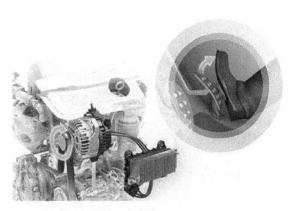

图 5-21　汽车自动起动/停止系统

第四节　故障分析实例

一、本田雅阁车发动机故障灯间歇性点亮

故障现象　一辆 2015 年产广汽本田雅阁车，行驶里程约为 1 万 km。因发动机故障灯间歇点亮而进厂检修。

故障诊断　接车后试车验证故障，接通点火开关，起动发动机，发动机顺利起动，仪表盘上无故障灯点亮。经询问驾驶人得知，故障是最近才出现的，有时早晨冷车起动并开空调行驶一段时间后，如果熄火再起动发动机，发动机故障灯就可能点亮，但此故障现象并不是每天都会出现。

连接 HDS，对车辆进行检测，续到 2 个故障码，分别是"P2185——ECT 传感器 2 电路电压过高"和"P0533——空调压力传感器电压过高"（图 5-22）。查看故障发生时的冻结帧数据，发现发动机冷却液温度传感器 2（ECT2）的数值为 -40℃（图 5-23），通常线路电阻过大（存在断路或接触不良等情况）时才会显示该数值；空调压力传感器的数值为 3.38MPa（图 5-24），通常线路电阻值过大（存在断路或接触不良等情况）时才会显示该数值。

记录故障码，并尝试用 HDS 清除故障码，故障码可以清除。查看实时数据流，也未见

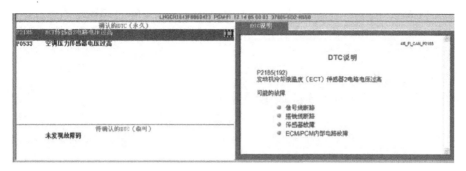

图 5-22　HDS 读取到的故障码

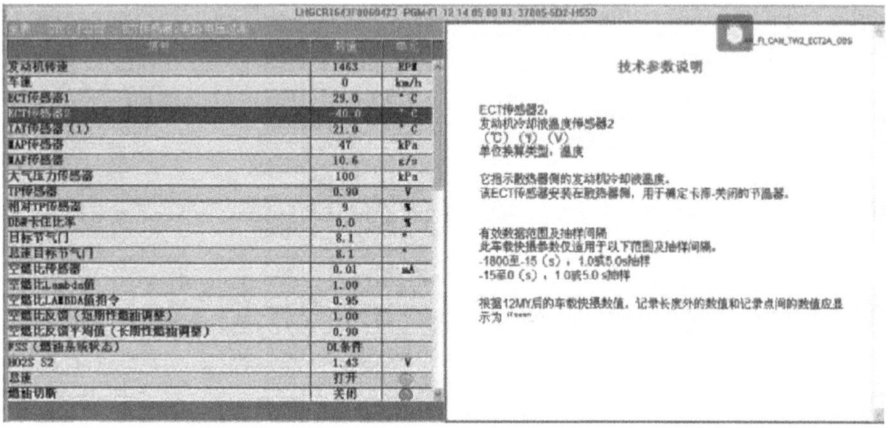

图 5-23　发动机冷却液温度传感器的数据

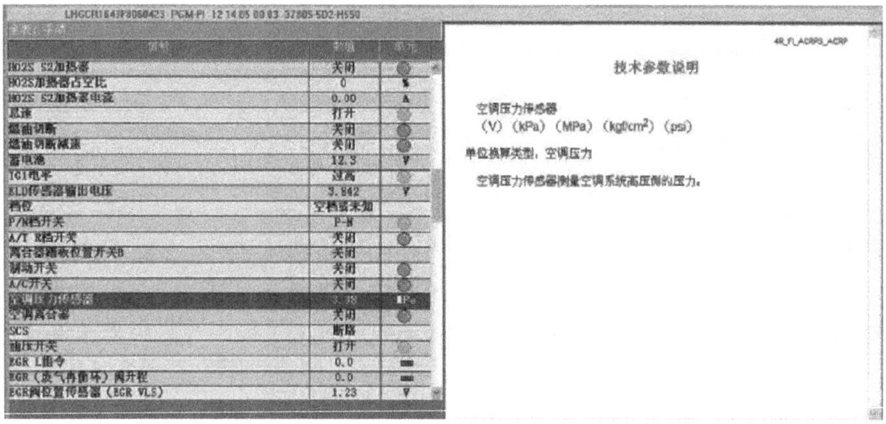

图 5-24　空调压力传感器的数据

异常。由于无法再现故障，维修人员检查了 ECT2、空调压力传感器和 PCM 的外观及其导线插接器，未见异常；重新插接并晃动导线插接器，故障仍未出现。仔细检查车辆，发现该车加装了智能显示屏，怀疑是加装的显示屏存在信号干扰，于是拆除智能显示屏，装回原车的 CD 机后，将车交还给驾驶人。然而 3 天后，该车再次因此故障而进厂检修。接车后用 HDS

调取故障码，仍和之前一样。

查阅相关电路图（图5-25），分析可知，ECT2和空调压力传感器均由PCM提供搭铁，当线路存在断路时则可能出现上述故障码。为验证这一猜测，维修人员人为将PCM导线插接器上的端子A10断开，确实模拟到了相同的故障现象。于是根据上述检查结果判断故障原因可能是PCM及其相关线路故障。仔细梳理之前的维修思路，认为线路存在故障的可能性仍较大。由于并未发现导线插接器存在明显的接触不良，维修人员重点对PCM导线插接器的端子A10进行紧固后试车，故障消失。

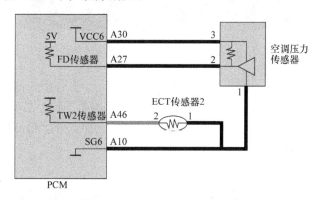

图5-25　空调压力传感器相关电路

然而，次日一早，客户前来提车，在陪同客户试车时，故障再次出现了。由于此前已对线束的导线插接器的插接情况进行了紧固和确认，因此，故障原因只能是PCM故障或线束内部故障。维修人员决定采用跨接线确认线束内部是否正常。在跨接导线时，数据出现波动，待线束跨接完毕后，晃动相关线束，故障现象未再出现。由此确定故障是由线束内部问题导致的。

故障排除　更换ECT2和空调压力传感器与PCM间的线束后交车，2周后进行电话回访，确认故障未再出现。

> **技巧点拨**　对于此类间歇性故障，由于很难通过再现故障现象来排查，只有对引起故障的可能原因进行逐一排查后，才能找到故障点。

二、福特探险者车发动机温度警告灯点亮

故障现象　一辆2016款加拿大生产的福特探险者顶配车型，搭载2.3L Eco Boost涡轮增压缸内直喷发动机和6速手自一体变速器，行驶里程约为1.3万km，因行驶过程中，发动机温度警告灯点亮而拖车进厂检修。

故障诊断　据驾驶人反映，故障发生时车辆正在高速上行驶，突然仪表盘上黄色"扳手灯"亮起，仪表信息中心出现"4WD故障需要维修"和"地形管理系统故障"等提示信息（图5-26），随后空调系统不制冷，没过多久仪表盘上的发动机温度警告灯点亮，冷却液温度表指针指示在高温处，只得立即停车，并打电话求援了。

接通点火开关，仪表显示冷却液温度正常，但故障提示信息依旧。打开发动机舱盖，检查冷却液液位，正常；起动发动机，接通空调开关，散热风扇不工作。连接福特专用故障检

图 5-26 仪表信息中心提示"4WD 故障需要维修"

测仪（IDS），调取故障码，得到很多故障码（图 5-27）；读取相关数据流，发动机温度正常；对散热风扇进行主动测试，显示为"ON"，但散热风扇不转；起动发动机，接通空调开关，IDS 显示空调压缩机、散热风扇均工作（图 5-28），但实际上散热风扇不运转。根据上述检查结果，可以初步排除 PCM 故障的可能。

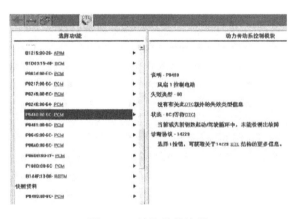

图 5-27 读取的故障码

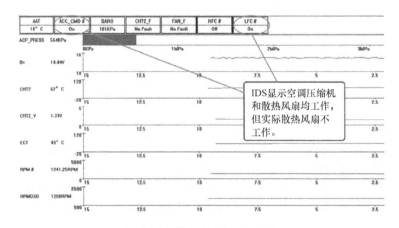

图 5-28 用 IDS 读取的数据流

结合散热风扇电路（图5-29），检查蓄电池接线盒（BJB）内熔丝F51、F3和F45，发现熔丝F3熔断。查看熔丝F3的配电（图5-30），发现熔丝F3还控制其他执行器；对照故障码可以发现，故障码涉及的执行器均由熔丝F3提供电源。拔下熔丝F3，测量其输出端与搭铁之间的电阻，为0.03Ω（图5-31），说明熔丝F3下游线路存在对搭铁短路的故障。

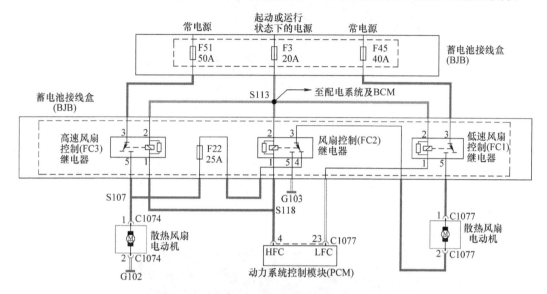

图5-29 散热风扇电路

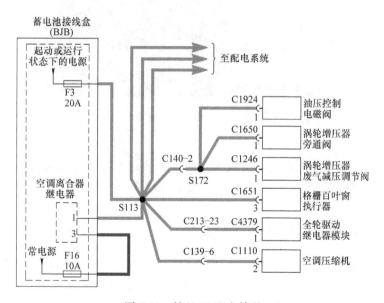

图5-30 熔丝F3配电情况

仔细检查相关线路，均没有发现存在干涉或磨破的地方。晃动线束，发现电阻变化很大，有时对搭铁短路，有时却正常。尝试断开导线插接器C140，熔丝F3的输出端与搭铁之间的电阻变为∞，说明短路故障出现导线插接器C140的下游。

顺着线束检查，在主线束上未发现有干涉、破损，依次检查主线束通往油压控制电磁

图 5-31　测量发现熔丝 F3 下游线路对搭铁短路

阀、涡轮增压器废气减压调节阀的线路，均未发现故障点；拆下涡轮增压器进气管，检查最不方便查看的涡轮增压器旁通阀的线路，发现涡轮增压器旁通阀线路与排气管垫片干涉，并且导线严重破损（图 5-32），该导线中灰色的导线正是由熔丝 F3 供电的。

故障排除　修复线路，并将拆卸的部件装复后，测量熔丝 F3 与搭铁之间的电阻，为 ∞，将熔丝 F3 装复，试车，故障排除。

图 5-32　线束破损严重

技巧点拨　对于此类线束破损的故障，维修人员应在掌握相应系统工作原理的基础上进行详细分析，并通过有针对性的检测，最后才能准确找到故障点。

三、奥迪 Q3 车 EPC 故障灯异常点亮

故障现象　一辆 2013 款奥迪 Q3 车，EPC 故障灯异常点亮，车辆行驶一切正常。

故障诊断　接车后，首先验证故障现象，确认客户所述属实。连接故障检测仪进行检测，在发动机控制单元内读取故障码"P3053——起动机起动，端子 50 返回信息对搭铁短路/断路　静态"。根据故障导航测试了起动继电器的工作情况，起动继电器可以随着故障检测仪的控制完成吸合及断开的动作，说明起动继电器本身及控制线路无故障。

经询问客户得知，该车 EPC 故障灯异常点亮是在事故维修后出现的，于是怀疑此故障可能是人为造成的。根据以往的维修经验，起动机的搭铁不良容易导致此类故障码。由于起动机的搭铁是通过起动机壳体与发动机进行搭铁的，再加上之前事故维修时已经更换了起动

机,所以怀疑发动机与车身的搭铁不良。检查发动机与车身之间的搭铁,发现之前事故维修时松开了搭铁线,喷漆时未对搭铁点进行保护,将油漆喷涂在了搭铁点上,造成搭铁不良。处理好搭铁点后,故障码变为偶发,清除故障码后试车,故障排除。

没过几天客户又回厂,依旧报修 EPC 灯亮。读取故障码和之前一致。看来除了搭铁不良外还有其他故障。分析故障码 P3053 中所述的端子 50 的反馈信号的作用,是用于起动发动机时将起动信号传递给稳压器 J532 进行电流稳压,同时也给发动机控制单元(J623)提供信号,监测起动机的工作状态。分析电路图(图 5-33),起动继电器(J907)将发动机起动信号传递给熔丝 SC19,检查熔丝 SC19 的电阻,为 0.02Ω(正常)。起动机起动的瞬间可以测到 11.5V 电压(正常);测量熔丝 SC19 与 J532 的端子 T12d/4 间的电阻,为 0.02Ω(正常);测量熔丝 SC19 与 J623 的端子 T94/74 间的电阻,为 0.03Ω(正常),但在测量时发现 J623 的端子 T94/74 明显松动,怀疑存在虚接现象,拆开检查发现该端子损坏(图 5-34)。

故障排除 更换 J623 的端子 T94/74 后试车,故障彻底排除。

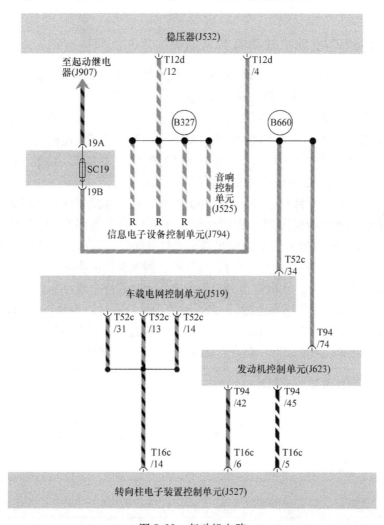

图 5-33 起动机电路

图 5-34　损坏的端子

技巧点拨　电路中的端子虚接，会造成 EPC 故障甚至是更大的故障，可见汽车电路中的任何一个地方存在问题，都会引发汽车某个部位的相应故障。

四、奔驰 S350 车发动机故障灯异常点亮

故障现象　一辆 2012 年产奔驰 S350 车，搭载 276 发动机，累计行驶里程约为 5.7 万 km。车主反映，发动机故障灯异常点亮。

故障诊断　接车后试车，起动发动机，初次起动有些困难，起动着机后发动机故障灯异常点亮，但发动机运转良好。用故障检测仪（DAS）对车辆进行快速检测，发动机控制单元（ME）中存储了故障码"P008792——系统中的燃油压力过低 功能或说明有错误"（图 5-35）。分析故障码，推断该车燃油供给系统有故障。

对高低压燃油管路进行目视检查，未见外部泄漏，且未闻到燃油味。用故障检测仪读取低压燃油管路中燃油压力的实际值（由低压燃油压力传感器监测），为 5.1bar（标准值为 4.5bar~6.7bar，1bar=100kPa），且发动机熄火一段时间后，该压力未出现明显下降；用燃油压力表测试低压燃油管路中的燃油压力，与故障检测仪检测的实际值基本一致，由此推断低压燃油供给系统工作正常。用故障检测仪读取高压燃油管路中燃油压力的实际值（即油轨压力，该值由高压燃油压力传感器监测），急速时为 150.1bar（图 5-36），正常，但发动机熄火约 2min 后，该值下降至 82.9bar（图 5-37），压力下降过快，说明高压燃油供给系统中存在泄压故障，推断可能的故障原因有：喷油器泄漏；高压燃油管路泄漏；高压燃油泵损坏。

MED 17.7 - 发动机电控直喷系统17.7				-f-
MB 号码	HW 版本	SW 版本	诊断版本	插针
2769010600	10.12.00	11.32.00	021E49	101
FW 号码		FW 号码 '数据'	FW 号码 'Boot-SW'	
0009040300 2769024400 2769031001				
编码		文本		状态
P008792		系统中的燃油压力过低 功能或说明有错误		已存储的

图 5-35　发动机控制单元中存储的故障码

第五章 急速控制系统维修技能与技巧

控制单元 MED177				
编号	名称	标准值	实际值	单位
007	发动机转速	[672...772]	721	1/min
470	燃油温度		79	℃
693	流量控制阀的整个控制角度	[20.0...210.0]	21.0	"
647	油轨压力	[130.0...170.0]	150.1	bar

图 5-36　急速时的发动机数据流

控制单元 MED177				
编号	名称	标准值	实际值	单位
007	发动机转速	[-50...50]	0	1/min
470	燃油温度		79	℃
693	流量控制阀的整个控制角度	[20.0...210.0]	20.8	"
647	油轨压力	[130.0...170.0]	82.9	bar

图 5-37　熄火时的发动机数据流

由于目视检查时未见高压燃油管路存在泄漏现象，决定重点检查喷油器。发动机熄火后快速拆下火花塞，用内窥镜观察各气缸，发现 1 缸喷油器存在泄漏（图 5-38）。

故障排除　更换 1 缸喷油器后试车，发动机能顺利起动着机，且发动机故障灯不再异常点亮，故障排除。

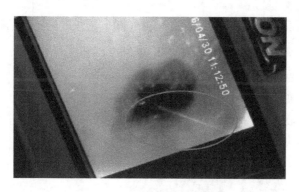

图 5-38　1 缸喷油器存在泄漏

技巧点拨　对于执行器的故障，电控单元在记录相应的故障信息时，并不能非常准确地确定故障发生的部位，这需要维修人员确定故障部位。

五、路虎神行者加速不良

故障现象　一辆 2011 款路虎神行者Ⅱ，搭载型号为 TD4 的发动机和自动变速器，行驶里程约为 2 万 km，因发动机加速不良而进厂检修。

故障诊断　接车后试车验证故障，故障现象确实存在。接通点火开关，尝试起动发动机,发动机能顺利起动着机,发动机怠速约为800r/min,且较稳定,但仪表信息中心提示发动机性能受限。对车辆进行路试,发现当车速达到80km/h时,发动机噪声增大,加速不良。

连接故障检测仪调取故障码,得到的故障码为"P0238-00——增压涡轮主力传感器A-电路过高""P2263-21——增压涡轮助力系统性能"和"P0047-77——增压涡轮助力电磁阀-电路过低"。记录并尝试清除故障码后对车辆进行路试,故障码"P0238-00——增压涡轮主力传感器A-电路过高"依然存在。

根据上述检查结果,判断故障原因可能是涡轮增压器、涡轮增压器控制模块及其相关线路故障。

查阅相关电路图(图5-39)可知,涡轮增压器控制模块由PCM提供供电和搭铁。测量导线插接器C1E432B的端子5和端子4之间的电压,为12.49V,正常;接着检查涡轮增压器控制模块内置传感器的供电,测量导线插接器C1E432B的端子2与端子1之间的电压,为5V,正常;检查传感器的信号线,测量导线插接器C1E432B的端子3与端子1之间的电压,为4.62V,用手推动连杆使涡轮增压器的叶片转动,信号电压却没有发生任何变化,判断涡轮增压器控制模块内部故障。

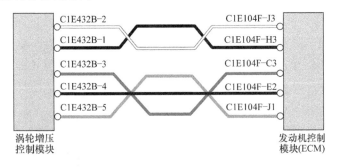

图5-39 涡轮增压器电路

断开点火开关,断开蓄电池负极电缆,断开涡轮增压器控制模块导线插接器C1E432B,发现其端子有锈蚀的痕迹(图5-40),对导线插接器端子进行处理后试车,故障依旧。怀疑是涡轮增压器控制模块密封不良导致内部进水短路。

图5-40 涡轮增压器控制模块导线插接器端子锈蚀

故障排除 更换涡轮增压器总成后试车，故障排除。

> **技巧点拨** 汽车诊断过程中仔细观察相应的故障发生部位，进行简单的拉伸、拽动、挤压等也会使用故障重现或者故障现象消失，此时可找到故障发生部位。

六、长安马自达 CX-5 车起动困难

故障现象 一辆长安马自达 CX-5 车，搭载 2.0L 发动机和自动变速器，行驶里程约为 8 万 km，因发动机无法起动而拖车进厂检修。

故障诊断 接车后，试车验证故障，按下起动按钮，接通点火开关，仪表显示正常；踩下制动踏板，再次按下起动按钮，发动机起动着车，转速接近 1500r/min，但仅维持约 2s 后就自动熄火了。经询问驾驶人得知，该车前一天晚上还能够正常使用，今天早上就出现故障了。

连接马自达专用检测仪 MMDS 读取故障码，无故障码存储。对车辆进行常规检查，未见异常。分析可知，该车故障的特殊性在于发动机能够起动着车，只是起动后会自动熄火。如果 MAF 有故障，不能正常监测进气量，则可能导致喷油不正常，造成发动机起动着车后又熄火的故障现象。

接通点火开关至 ON 位置，用 MMDS 查看 MAF 的数据，显示为 268.85g/s（图 5-41），远大于维修资料规定的正常数据（约 0.59g/s），怀疑 MAF 及其相关线路存在故障。查阅相关电路图（图 5-42），对 MAF 的相关线束进行仔细检查和测量，线束导通情况良好，且未发现短路、断路和虚接等异常。人为断开 MAF 的导线插接器，发现 MMDS 上的 MAF 数据变为 0g/s，说明 MAF 的异常数据应该不是发动机控制模块造成的，初步可以排除发动机控制模块故障的可能，判断故障为 MAF 故障。

故障排除 更换 MAF 后试车，接通点火开关至 ON 位置，用 MMDS 查看 MAF 数据，显示为 0.58g/s（图 5-43），踩住制动踏板，尝试起动发动机，发动机顺利起动且能维持正常运转，故障排除。

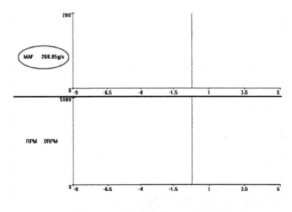

图 5-41 故障车的 MAF 数据

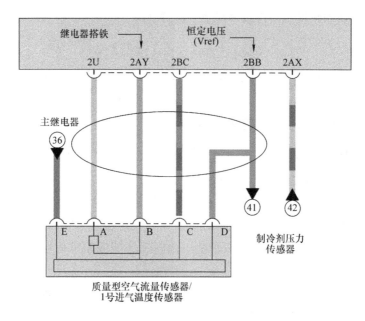

图 5-42　MAF 相关电路

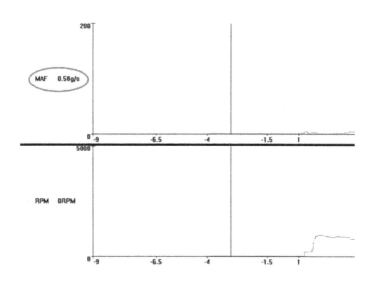

图 5-43　更换 MAF 后检测到的 MAF 数据

技巧点拨　马自达车发动机在起动瞬间所需要的基准喷油量是根据发动机冷却液温度传感器（ECT）的数据计算的；而在发动机起动着车后，喷油量则由空气流量传感器（MAF）所计量的发动机进气量来决定。

七、空气流量传感器原理及故障诊断思路

目前常见的热线式和热膜式空气流量传感器，具有相似的原理和结构特点，通常将通电

的可变电阻安装在发动机进气歧管内,电阻通电后会产生热量,并导致其电阻产生变化,由于加载电压恒定,所以在发动机未起动时,电阻恒定;而当发动机运转或有气流通过加热电阻时,流动的空气将电阻的热量带走,使其温度发生变化,并导致电阻发生变化,空气流量传感器将这一变化过程以电信号的形式传送给发动机控制模块。为了保证对发动机进气量的精确检测,目前空气流量传感器普遍采用惠斯通电桥的原理进行设计。图5-44所示为采用惠斯通电桥原理设计的空气流量传感器原理图,当传感器处于静态时,热电阻的阻值×固定电阻1=冷电阻的阻值×固定电阻2,此时电桥两端处于平衡状态;当空气流过空气流量传感器时,热电阻的阻值会发生变化,电桥原有的平衡状态被打破,导致传感器输出电压改变,电压信号的变化可以准确反映发动机的进气量,发动机控制模块根据这一信号对发动机的控制参数进行修正。图5-45所示为空气流量传感器与进气量相关的电压特性曲线。

空气流量传感器的实物图如图5-46所示,在遇到发动机故障时,如果怀疑故障可能与空气流量传感器有关,则需要对空气流量传感器进行排查,具体排查方法如下。

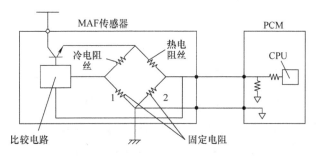

图5-44 惠斯通电桥设计原理

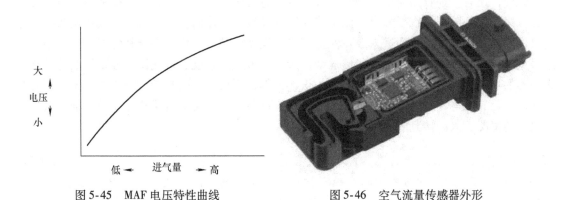

图5-45 MAF电压特性曲线　　　　图5-46 空气流量传感器外形

首先,对空气流量传感器进行目视检查,主要内容包括检查空气流量传感器的外观有无损坏或断裂,检查空气流量传感器的接线端有无锈蚀或弯曲等。如果发现问题或故障,应按照相应的标准进行维修或更换。

目检未见异常,则继续对空气流量传感器的电压或流量进行检查,可以人为对空气流量传感器气道吹气(图5-47),同时利用检测仪查看空气流量传感器的数据流(图5-48),看数据是否随着吹气量的变化而变化,如果数据有明显变化,则可初步判断空气流量传感器是正常的;反之,则应对空气流量传感器及其相关线路进行重点检查。

图 5-47 对空气流量传感器进气道吹气检查

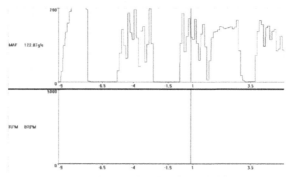

图 5-48 吹气后利用检测仪查看数据流

此外，还有一种较为简单的判断空气流量传感器好坏的方法，就是直接将空气流量传感器的导线插接器断开。在断开空气流量传感器的导线插接器后，发动机控制模块接收不到空气流量传感器的数据，从而进入故障保护模式。发动机控制模块会综合其他传感器的数据对进气量进行估算，这些数据可能包括发动机转速、节气门开度、进气压力等，从而计算出较为正确的喷油量，可以基本维持发动机的正常工作，不会再因接收错误的空气流量数据导致发动机不能起动等相关故障现象。因此，可以通过断开空气流量传感器导线插接器，观察发动机运转情况，来间接判断空气流量传感器的好坏。

技巧点拨 空气流量传感器内还集成有进气温度传感器（IAT），由于温度变化会影响空气的密度，从而对进气量的准确测量产生直接影响，因此发动机管理系统综合空气流量传感器与进气温度传感器的信号，计算出实际的发动机进气量。

八、福特嘉年华车散热风扇故障

故障现象 一辆长安福特嘉年华车，搭载 1.6L 自然吸气发动机和 5 速手动变速器，行驶里程约为 13.2 万 km，因行驶过程中散热风扇频繁高速运转而进厂检修。据驾驶人反映，车辆在行驶过程中并没有异常，只是在低速行驶过程中会觉得散热风扇运转的声音太大，且散热风扇运转过于频繁。

故障诊断 接车后试车验证故障，接通点火开关，尝试起动发动机，发动机顺利起动；

让发动机怠速运转（未接通空调开关），观察散热风扇的运转情况，当发动机怠速运转约10min后，散热风扇开始高速运转；散热风扇在运转约1min后停止运转，然后2~3min后又开始高速运转，周而复始。观察仪表盘上的冷却液温度表，指针始终指示在正常范围内。接通空调开关后，散热风扇持续高速运转。在与正常车辆进行对比后，确认故障车辆确实存在散热风扇频繁高速运转的故障现象。

连接IDS对车辆进行检测，无故障码存储。查阅相关电路图（图5-49）可知，老款嘉年华车的散热风扇分为高速档和低速档，而故障车辆的散热风扇却并没有低速运转，而是只能高速运转。将发动机熄火，待发动机温度下降后，重新起动发动机，利用IDS读取相关数据流，包括ECT（冷却液温度信号）、FAN1（散热风扇低速运转命令）、FAN2（散热风扇高速运转命令）等数据。当冷却液温度达到99℃时FAN1信号由OFF转变为ON（图5-50），说明PCM已根据冷却液温度信号，控制散热风扇低转速运转，然而观察故障车的散热风扇却发现，散热风扇实际并没有运转；当冷却液温度继续上升至105℃时（图5-51），FAN2信号由OFF转变为ON，说明PCM已根据冷却液温度信号，控制散热风扇高速运转。对发动机进行降温，等温度下降至99℃时，FAN2信号由ON转变为OFF，散热风扇高速档切断，此时数据流显示散热风扇低速档命令（FAN1）仍然处于ON，PCM应控制散热风扇继续低速运转，但故障车的散热风扇已经停止运转。

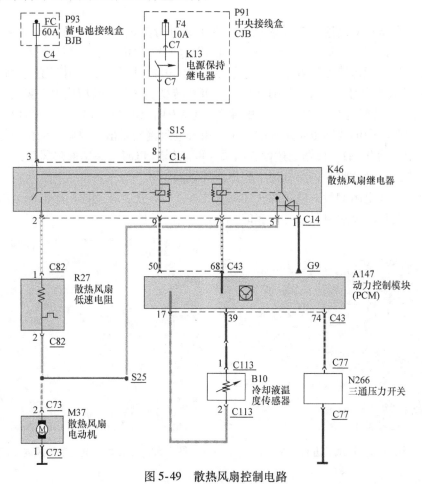

图5-49 散热风扇控制电路

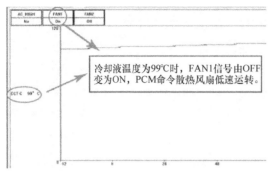
图 5-50 用 IDS 查看相关数据流

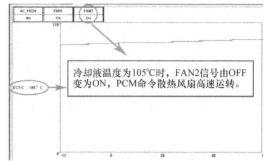
图 5-51 散热风扇高速运转时的数据流

根据上述检查结果,判断故障原因可能有 PCM 故障、散热风扇故障、散热风扇继电器故障、相关线路故障等。分析散热风扇电路(图 5-49)可知,该车散热风扇的高速档和低速档经由同一个熔丝供电,既然高速档能够正常运转,说明供电和熔丝是正常的;同理,熔丝(FC/60A)与高速散热风扇继电器之间的线路,熔丝(F4/10A)与高速散热风扇继电器之间的线路均是正常的。既然散热风扇的低速档和高速档是由高速散热风扇继电器(安装在散热风扇左侧)控制的,于是维修人员决定重点对高速散热风扇继电器及其相关线路进行检查。

首先,利用试灯对高速散热风扇继电器端子 9 进行测试,当 FAN1 信号由 OFF 转变为 ON 时,试灯点亮(图 5-52),当 FAN1 信号由 ON 转变为 OFF 时,试灯熄灭。这说明 PCM 能够根据冷却液温度传感器的数据对高速散热风扇继电器进行控制。用万用表测量散热风扇电阻 C82 端子 1 的电压,随着 FAN1 信号由 OFF 转变为 ON,电压由 0V 变为 14.3V,当 FAN1 信号由 ON 转变为 OFF 时,电压由 14.3V 变为 0V,说明高速散热风扇继电器及其与散热风扇低速电阻之间的线路也是正常的。用万用表电阻档测量散热风扇电动机与低速电阻之间线路的电阻,为 0.1Ω。根据上述检查结果,可以判断 PCM、高速散热风扇继电器及其相关线路均正常。怀疑故障是风扇低速电阻损坏导致的。

拆下风扇低速电阻测量,电阻为 973kΩ(图 5-53),正常车辆的风扇低速电阻约为 2Ω,至此确定故障是风扇低速电阻损坏引起的。

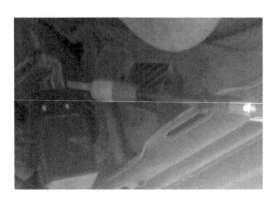
图 5-52 用试灯进行测试

图 5-53 用万用表测量散热风扇低速电阻

故障排除 更换散热风扇低速电阻后，利用 IDS 查看相应数据，当 FAN1 信号变为 ON 时，散热风扇开始低速运转，当冷却液温度降至 94℃ 时，FAN1 信号变为 OFF，散热风扇停止运转，发动机原地怠速运转过程中，散热风扇高速档不再介入了，至此故障排除。

> **技巧点拨** 该车散热风扇低速档实际上是在电路中串联电阻进行分压实现的。风扇低速电阻损坏，导致散热风扇无法低速运转，发动机温度也因此不断上升，直到温度达到散热风扇高速档的运转条件，散热风扇即高速运转。

九、2014 款路虎揽胜车燃油表指示不准

故障现象 一辆 2014 款路虎揽胜车，搭载 3.0L 机械增压汽油发动机，累计行驶里程约为 5 万 km。车主反映，该车加满燃油时，燃油表指示燃油存量约为 3/4。

故障诊断 接车后试车验证故障，陪同车主去加油站加注燃油，加满燃油箱后，组合仪表上的燃油表指示燃油存量约为 3/4（图 5-54），说明车主反映的故障确实存在。

用故障检测仪 SDD 检测，发现车身控制模块（BCM）中存储了故障码"B1A76 – 1C——2 号燃油发送器 电路电压超出范围"；尝试清除故障码，故障码可以清除，但燃油表指示依旧不准。该车主、副燃油箱中均有 1 个燃油位置传感器（在主、副油浮子内部），燃油位置传感器将电阻信号传送至中央接线盒（CJB），CJB 根据电阻信号计算燃油存量，然后通过中速 CAN 线将燃油存量信号传送至组合仪表，最后由组合仪表显示燃油存量。

图 5-54 燃油表指示燃油存量约为 3/4

读取相关数据流，发现"燃油液位输入"为 83.5%，由于可以读取到燃油存量数据，初步认为主、副燃油位置传感器的线路均正常。结合故障码 B1A76 – 1C 进行分析，推断副燃油位置传感器脏污或卡滞，导致其电阻信号失准，从而使燃油表指示不准。

排空燃油箱中的燃油，拆下主、副油浮子，将油浮子调至最高液位时，燃油位置传感器的电阻最低；将油浮子调至最低液位时，燃油位置传感器的电阻最低。测量主油浮子上的燃油位置传感器电阻，在最低液位时为 993Ω，在最高液位时为 52Ω，均正常。测量副油浮子上的燃油位置传感器电阻，在最低液位时为 1036Ω，正常；在最高液位时为 132.8Ω，偏大，正常应为 111.3Ω。分解副油浮子，发现副油浮子内部脏污（图 5-55），且有大量铁屑，怀疑故障是由此引起的。

故障排除 清除副油浮子内部附着的铁屑后装复试车，燃油表指示正常，故障排除。

技巧点拨 燃油表指示不准，一般是燃油箱内浮子的问题，应优先拆卸浮子进行诊断。

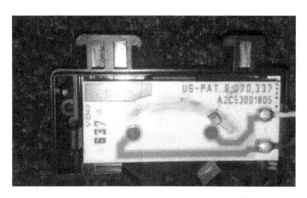

图 5-55　副油浮子内部脏污

十、2015 款路虎揽胜极光车怠速转速忽高忽低

故障现象　一辆 2015 款路虎揽胜极光车，搭载 2.0T 汽油发动机，累计行驶里程约为 3.2 万 km。车主反映，该车怠速转速忽高忽低，很不稳定。

故障诊断　接车后试车验证故障，发现无论冷机还是热机，发动机怠速转速均忽高忽低，十分不稳定，但发动机故障灯未点亮。与客户沟通得知，该故障是在其他修理厂更换进气凸轮轴后出现的，为此更换了点火线圈和火花塞，并清洗了节气门、进气管路及燃油系统，但故障依旧。

用故障检测仪 SDD 检测，发现发动机控制单元中存储了故障码"P0505-27——怠速控制系统"。查看维修手册，得知引起该故障码的原因有：发动机转速信号变化太快；进气系统堵塞；前端辅助驱动过载、故障或部件卡滞。由于故障是在更换进气凸轮轴后出现的，怀疑发动机正时有偏差。

检查发动机正时，无异常。连接示波器 Pico Scope，读取故障车发动机正时波形（图 5-56）和正常车发动机正时波形（图 5-57），经对比，发现故障车与正常车的凸轮轴位置传感器波形一致，而曲轴位置传感器波形有偏差，怀疑曲轴位置传感器信号盘损坏。

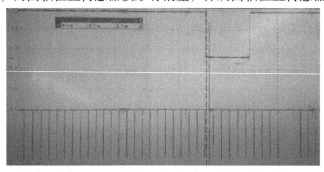

图 5-56　故障车发动机正时波形

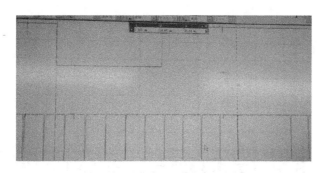

图 5-57 正常车发动机正时波形

拆下故障车曲轴位置传感器信号盘，与正常车曲轴位置传感器信号盘对比，发现故障车曲轴位置传感器信号盘发生扭转（图 5-58），推断之前的维修人员未按照标准流程紧固曲轴位置传感器信号盘螺栓，导致瞬时大扭矩使曲轴位置传感器信号盘发生扭转。

图 5-58 曲轴位置传感器信号盘发生扭转

故障排除 更换曲轴位置传感器，并按标准流程紧固曲轴位置传感器信号盘螺栓后试车，发动机怠速转速稳定，故障排除。

技巧点拨 由于此故障是在更换凸轮轴后出现的，此时应着重检查更换过的凸轮轴，并与旧件对比，看有哪些区别。

第六章

发动机辅助控制系统维修技能与技巧

第一节 电控系统的检测和诊断

一、怎样进行大众车型控制单元功能操作

随着电气系统在汽车上的普及,汽车越来越智能化。如果维修人员能熟练掌握控制单元的操作,在维修过程中,会少走许多弯路,节约很多时间,大大提高维修效率。

1. 基本设置

大众车型需要进行基本设置的部件有:节气门、DSG 变速器、带一键升降功能的车窗、转向角度传感器 G85、制动系统排气、制动系统、天窗,以及迈腾车型和 CC 车型的前照灯。

2. 编码

每个控制单元都有编码,编码有长编码和短编码之分,由数字或者字母组成,以二进制和十六进制表示。当编码出现错误之后,车上的某些功能会消失,执行器工作也不正常,因控制单元会报故障,此时需要改回原来控制单元的编码。

当需要不同的功能时,也可通过改变编码来达到目的,这在 J519 控制单元中最容易体现。J519 控制单元的编码是长编码,CC 车型 J519 控制单元的编码有 30 组,车上的灯光和其他电气的功能,都是靠这 30 组编码来激发的。如果知道每组编码表示什么功能,就可以改变编码来改变不同的功能。一汽大众 CC 车型 J519 控制单元的编码如图 6-1 所示。要改每一组编码时,只要双击一组十六进制编码,就可以更改该组的编码了。

控制单元的编码可以通过诊断仪查看。用 VAS5052A 进入自诊断,各个系统的短编码都会显示在各自系统内的右上角,长编码只会显示"长"。当需要更改编码时,可以离线编码或者在线编码。离线编码必须知道原编码,有二进制编码和纯文本编码。纯文本编码需输入原编码,有时候一些系统在二进制编码中更改不了编码,那就需要在纯文本编码中更改。在线编码需要连接一汽大众的内部网线,进入引导性功能,选择车型、年限、排量、系统和在

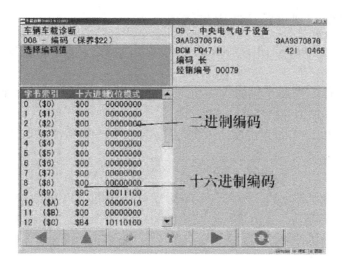

图 6-1 一汽大众 CC 车型 J519 控制单元的编码

线编码，按照提示做即可。

3. 匹配

以迈腾车型为例，匹配包括下面内容。

1）在发动机系统内，有发动机控制单元与节气门定位器、进气歧管翻板的匹配。更换发动机之后，也需要对发动机进行匹配，还要对钥匙进行匹配。

2）在电子中央电气系统内，匹配回家和离家模式时间、脚步空间调光值、舒适转向灯闪烁周期。在更换控制单元后，对控制单元进行匹配。

3）在舒适系统控制单元内，匹配单门开启、智能报警喇叭的国家选择、蓄电池监控（发声器）、车速为 15km/h 时的自动锁止功能，匹配通过进入及起动许可解锁的反馈信息，匹配通过进入及起动许可锁止的反馈信息，匹配通过遥控器解锁的反馈信息，匹配遥控钥匙。

4）在停车辅助设备系统内，对停车辅助控制单元进行匹配，匹配前部和后部驻车辅助系统报警蜂鸣器音调，匹配前部和后部驻车辅助系统报警蜂鸣器音量，匹配屏幕显示，匹配音频系统音量降低。

5）动力转向系统内，匹配控制单元 J500 的动力转向功能、动态转向力矩补偿功能、自动泊车辅助功能，匹配车道辅助功能和转向末端限位位置基本设置。

6）仪表板系统内，匹配油耗显示、燃油表、语言版本。在更换仪表之后，需要对控制单元匹配，并且还需要对发动机控制单元和钥匙防盗进行匹配。

7）在防盗锁止系统内，匹配发动机控制单元、电子转向锁、遥控器、钥匙、防盗锁止系统和电子转向柱锁。

> **技巧点拨** 在实际操作过程中，都会使用离线编码，因为离线编码更容易，只要在更换控制单元之前记下原编码，在换上新控制单元之后，再把原编码写进去即可。

二、大众车型控制单元功能操作编码案例

故障现象　一款2009年10月的1.6L宝来手动时尚型，行驶里程88101km，全车锁坏了，需要更换全车锁。

故障诊断与排除　按照车辆的VIN号码从备件部订货→按照维修手册小心拆装全车锁→选择VAS5052A的引导性功能，开始匹配。

首先选择品牌和1.6L排量的发动机代码，然后进行车辆系统或功能选择，选择防盗锁止系统Ⅳ。

匹配功能选择。

提醒：在更换全车锁之后，一定不能直接选择匹配钥匙和匹配发动机控制单元，必须通过"新的一致性"步骤后，才能进行匹配钥匙和匹配发动机控制单元的选择，如图6-2所示。但是在更换发动机控制单元、仪表和钥匙后，进行匹配的时候，不需要通过该步骤，只需选择所需要的匹配即可。

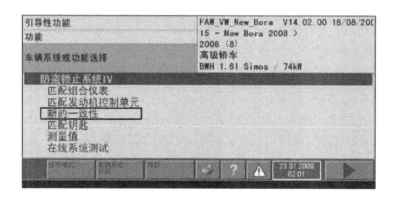

图6-2　车辆功能选择

使用微机功能引导，匹配钥匙和发动机控制单元，具体步骤见图6-3~图6-6。匹配钥匙时，按照操作提示完成即可。匹配钥匙后接着需要匹配发动机控制单元，否则无法着车，按照操作提示进行即可。

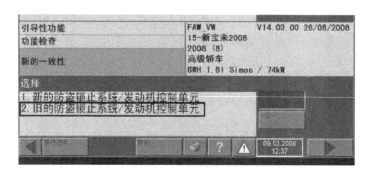

图6-3　匹配选择

第六章　发动机辅助控制系统维修技能与技巧

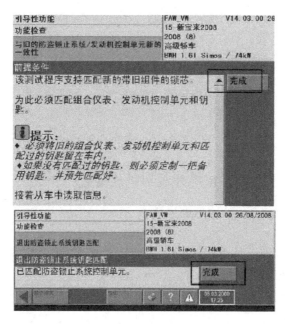

图 6-4　使用微机功能引导

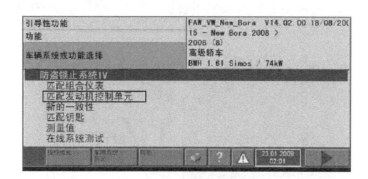

图 6-5　匹配钥匙

图 6-6　匹配发动机控制单元

故障总结　本案例为新宝来防盗系统匹配问题，如果单独更换发动机控制单元或者仪表，则在匹配功能选择匹配相对应的部件，匹配完成后，回到此步继续完成匹配钥匙，同时注意匹配选择即可。维修技师必须及时学习新车型的防盗器结构特点和操作方法，以免操作失误，带来不可挽回的损失。

> **技巧点拨** 在出现故障时，必须首先使用诊断仪，根据故障码提示，分析故障码的原因。如果故障的原因有多个，涉及编码、基本设置、匹配，可以从简单入手，对控制单元的编码进行检查，看看做基本设置和匹配能否解决问题，也可通过查看数据流，分析数据流来判断故障点。如果排除这些原因，再考虑进行其他诊断。

三、怎样进行汽车电控系统的外观和常规检查

汽车使用过程中，电控系统故障的原因大多是电控系统的传感器、执行器、相关导线插接器松脱或虚接、端子接触不良等外部原因造成的，因此系统而详细的外观和常规检查，对诊断汽车电控系统故障非常有效。电控系统故障外观和常规检查流程如图 6-7 所示。

外观和常规检查主要是靠人的视觉、听觉、味觉、触觉和数字万用表，适用于存在明显外观故障和外观缺陷的电控系统传感器、执行器、线路、导线插接器等。数字万用表主要用来检测线路、开关等的通、断状况，以及传感器、执行器、电控单元端子的电阻、电压、电流等基本参数，帮助维修技术人员确定电控系统的故障元件和线路。当汽车电控系统出现故障时，首先要进行汽车电控系统的外观和常规检查，排除存在明显外观缺陷的电控系统传感器、执行器、电控单元（如导线插接器接触不良、端子折断、内部进水等）和线路故障。图 6-8 所示为 ECU 内进水后烧蚀的痕迹。

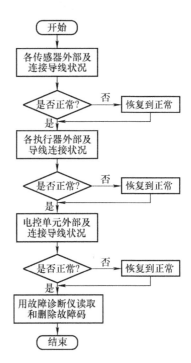

图 6-7 电控系统故障外观和常规检查流程

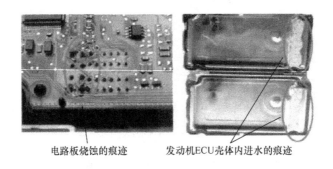

图 6-8 发动机 ECU 内进水后烧蚀的痕迹

技巧点拨 在进行外观和常规检查时，可能会拆装和更换一些电控元件、导线插接器或线路，可能会产生一些临时性故障码，为保证发动机电控系统的良好运行，在完成了拆装、更换电控系统元件、导线插接器或线路等外部检查后，应使用故障诊断仪清除电控系统中一些临时性故障码。

四、怎样正确检修发动机电控单元

发动机电子控制系统的组成件如图 6-9 所示。其中的电控单元（ECU）又称为"微电脑"，是外形为四方形的铁盒子，内部是复杂的集成电路。电控汽车技术含量的高低主要体现在 ECU 的软件和硬件上。随着电子技术的进步，电控汽车上装备的电控单元越来越多，每一个控制系统至少有一个电控单元。

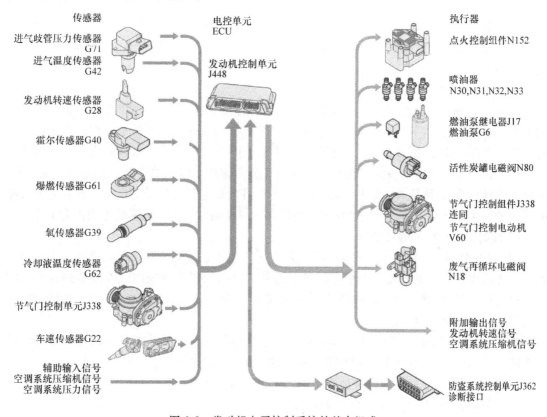

图 6-9　发动机电子控制系统的基本组成

电控单元的功能是采集传感器或开关的即时信号，并对信号进行运算和处理，再按照存储器（EEPROM）事先存储的程序，输出指令给执行器（往往是通过控制电路的搭铁），以达到实时控制的目的。

ECU 是电控汽车的"神经中枢"是非常精密和昂贵的电子器件，正确使用和合理维护 ECU，对于保证电控汽车正常运行具有非常重要的意义。无论是发动机的 ECU，还是变速器的 ECU，它们对电压、静电、温度、湿度和电磁干扰特别敏感，所以 ECU 通常安装在不容易遭受高温和水分侵蚀的地方。在检修中，如果不按规定的程序进行操作，稍有不慎，就有可能损坏 ECU 的芯片，造成整个系统瘫痪。

1. 注意阅读控制单元的版本号

各车型在不断改进之中，其电控单元具有不同的控制策略，因此在维修电控汽车之前，务必认真阅读制造厂提供的《维修手册》，了解 ECU 的型号、版本号、零件号、电路图以及出厂时间等，这些是正确检修 ECU 的基础。例如，2010 年款大众新宝来轿车发动机控制单元的备件号为 06A 906 023B，而版本号为 SIMOS 9.2。前者是整车厂给定的，后者则是零件制造商（如西门子公司）给定的。版本号不同的 ECU，其控制系统的组成零件和控制策略都可能存在差别。

2. 保证电路连接可靠

ECU 向传感器输送 5V 工作电压。在如此低的电压状态下，电路中的任何接触电阻都会对性能产生负面影响，因此要求电路务必可靠连接。

虽然电控汽车发生故障可能与 ECU 有关，但是一般来说，ECU 本身的故障率是很低的，只有在被水淋湿、强烈碰撞以及违规操作等情况下才会损坏。实践证明，电路接触不良、短路或断路是电子控制系统最常见的故障。

3. 严防高温和水分侵蚀

ECU 不耐高温，一般只能在短时间内承受 90℃ 温度，或者在 2h 内承受 85℃ 的温度，有的车型要求 ECU 受热不能超过 82℃。因此，ECU 不能被暴晒，不能接近火源。在对车身进行烤漆、电焊等作业时，应当视情况将 ECU 从车上拆下来。ECU 对水分非常敏感，因此在检修涉水行驶车辆（包括清洗车辆）时，应当充分考虑这一因素的影响。在维修和检测时，不要让水淋到 ECU 及其插接器上。若 ECU 进水，其内部电路必然受潮损坏，或者造成短路故障。若插接器进水，接头会发生锈蚀，将增加接触电阻，导致控制系统无法正常工作。

4. 抑制电磁干扰和静电危害

（1）抑制电磁干扰　众所周知，汽车上的发电机、电压调节器、点火线圈、火花塞等都会产生电火花，而电火花会产生电磁波。另外，有的控制系统采用红外线传递信息。因此，在电控汽车运转时，其周围的电磁干扰是难以避免的，所以要求 ECU 具有良好的电磁兼容性，同时做好屏蔽工作。

由于 ECU 抗电磁干扰的能力有限，因此不宜在电控汽车上额外加装无线电设备（包括遥控防盗器），以免与原车的控制系统相互干扰。在实际检修中，还应注意以下几个问题：

1）保护好电气系统原有的屏蔽和搭铁装置，使其不被破坏。

2）尽量将天线安装在远离 ECU 的地方。

3）车载音响系统主机的搭铁点不要靠近 ECU，否则容易产生电磁噪声，影响 ECU 的正常工作。

（2）避免静电危害　为了防止静电对 ECU 中的微处理器产生危害，在拆卸、安装和检测 ECU 时，应当采取以下措施：

1）操作人员要戴防静电器。也可以找一根导线，一头缠在手腕上，另一头连接在机体上。

2）事先将手掌接触车身，使人体搭铁，导出操作人员身上的静电。

3）在拆装电路图上标记了"当心静电危害"图案的地方，应当格外小心。

技巧点拨 在排除电控系统故障时，不要贸然打开ECU的盖子，应当首先检查电路的插接器是否松动、线路是否断开、接触电阻是否过大。可以用手轻轻摇一摇线束，检查插接器是否连接可靠。

五、怎样排除故障诊断仪与控制单元无法通信的故障

在维修实践中，有时会遇到故障诊断仪不能进入被检测车所有控制单元访问的情况，这将给故障诊断带来一定的困难。现以上海大众帕萨特轿车为例，介绍故障诊断仪与控制单元无法通信的故障排除。

1. 帕萨特轿车具备自诊断K线的控制单元

帕萨特轿车自诊断K线上连接的有仪表控制单元J285、自动变速器控制单元J217、ABS控制单元J104、安全气囊控制单元J234、舒适系统控制单元J393、自动空调控制单元J255、驻车辅助控制单元J446（领驭轿车的J446取消了K线，故不再具备自诊断功能）、前照灯照明范围调节控制单元J431、多功能转向盘控制单元J453和收音机R或导航控制单元J503等，如图6-10所示，K线以星形方式连接，控制单元依车辆的配置不同而有所增减。

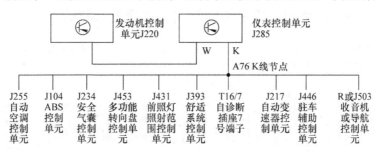

图6-10 帕萨特轿车各控制单元K线连接示意图

由图6-10可以看出，发动机控制单元J220的W线通过J285与K线连接进行诊断通信，另外如座椅控制单元J136、天窗控制单元J294和电话控制单元J412没有自诊断K线，座椅控制单元J136的诊断通信需经CAN数据总线进行，J294和J412无自诊断功能。

2. 控制单元可以正常诊断通信的条件

故障诊断仪与帕萨特轿车上各控制单元进行正常诊断通信的条件是：

1) T16自诊断插座的T16/16（30号线）端子具备12V电源，T16/4（31号线）端子应可靠搭铁。

2) T16/7（自诊断K线）端子通信正常。

3) 点火开关ON，15号线应有12V电源使各控制单元处于工作状态。

当出现故障诊断仪无法与车上所有控制单元通信时，VAS5052故障诊断仪的屏幕窗口会提示没有检测到30号线和15号线端子，然后回到车载诊断选项的起始界面，如电源正常控制单元不能通信，屏幕则显示系统不存在。V.A.G1552故障诊断仪的工作依靠车载电源支持，其屏幕可以直观地了解到是哪个诊断条件不满足，如诊断仪屏幕没有亮，则表明自诊断插座的T16/16端子无电，查找T16/16端子的上游熔丝供电即可，如熔丝正常，说明T16/4端子的搭铁有问题。如输入某一控制单元地址词后，诊断仪屏幕显示"Function is unknow cannot becarried out at moment（功能未知此刻不能执行）"或"control unit no answay（控制单元没有应答）"，表明该控制单元不能通信；如输入车上所有控制单元的地址词均显示"K wire not switch to positive（K 线未打开）"，如果排除了诊断仪自身的问题，则表明自诊断 K 线存在问题，导致诊断仪不能进入所有控制单元访问。

从理论上讲，K 线不能通信的原因有 3 种：
1）K 线对正极短路。
2）K 线对搭铁短路。
3）与 K 线连接的某一控制单元内部问题导致 K 线不正常。

维修实践表明，原因 1）、2）容易判别，用万用表测量 T16/7 端子与搭铁、正极的电阻即可确定，但找到故障点较难，此时需要找到仪表线束内的 K 线星形节点 A76，依次断开各控制单元的 K 线来缩小短路点的范围，这种情况在维修实践中不多见。K 线不能通信的原因通常是车上某个控制单元的问题。

第二节 雪铁龙 C5 发动机控制系统电路分析

一、雪铁龙 C5 发动机电控系统的组成和作用是怎样的

东风雪铁龙 C5 轿车 2.3L 发动机电控系统的组成和工作原理简图如图 6-11 所示。现对发动机电控系统部分元件的作用说明如下。

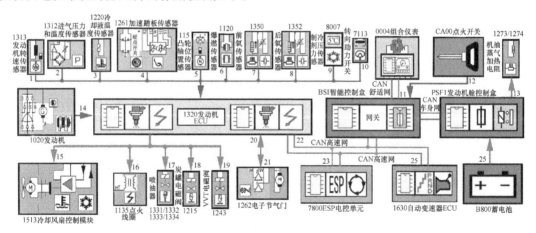

图 6-11 C5 轿车 2.3L 发动机电控系统的组成及工作原理简图

1. 发动机转速传感器 1313

发动机转速传感器装在发动机飞轮壳体上，传感器的结构和产生的信号如图 6-12 所示，该传感器为电磁感应式传感器，它为发动机 ECU 提供发动机转速和曲轴位置（1-4 缸上止点）信号。该传感器有故障将造成发动机不能起动或熄火。

2. 加速踏板传感器 1261

加速踏板传感器装在加速踏板上，如图 6-13 所示。它是霍尔式传感器，它将驾驶人操纵加速踏板的信号传递给发动机 ECU。该传感器插头的 1、3 脚分别为两个信号脚，提供两

第六章 发动机辅助控制系统维修技能与技巧

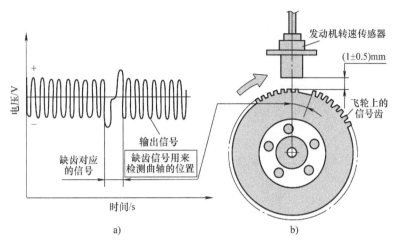

图 6-12 发动机转速传感器的结构和信号
a) 传感器产生的信号 b) 传感器的结构

个电位信号 S1 和 S2，且 S1 = 2S2。发动机 ECU 对这两个信号不断进行比较，以判断传感器可能存在的故障（以下将要介绍的电子节气门中的节气门位置传感器也有这样的特点），传感器插头 4、2 脚之间为发动机 ECU 提供的 5V 电压。发动机 ECU 根据该传感器的信号控制电子节气门的开度、修正喷射时间和点火提前角等。加速踏板传感器有故障将造成发动机不能加速。

加速踏板上的硬点开关用于发动机的巡航控制，当驾驶人踩下加速踏板使硬点开关触点与车底板硬块撞击时，硬点开关动作，发动机可加速超过巡航设定的车速。

3. 凸轮轴位置传感器 1115

凸轮轴位置传感器与发动机转速传感器配合为发动机 ECU 提供判缸信号。值得注意的是：

1) 凡顺序喷射的发动机必须判缸。
2) 发动机转速传感器判断 1~4 缸上止点位置。
3) 凸轮轴位置传感器判断 1 缸压缩上止点位置。

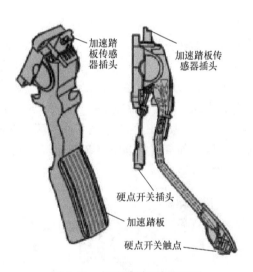

图 6-13 加速踏板和硬点开关

凸轮轴位置传感器装在进气凸轮轴信号齿轮的上方，用来检测凸轮轴的位置，它是霍尔式传感器，传感器的安装位置和产生的波形如图 6-14 所示。该传感器损坏将造成发动机 ECU 无法判缸，电喷系统由顺序喷射降级为同时喷射。

4. 前氧传感器 1350 和后氧传感器 1352

前氧传感器和后氧传感器分别装在排气管三元催化转化器的前端和后端，它们的外形如图 6-15 所示。前氧传感器的信号主要用于发动机 ECU 修正喷油量，将空燃比控制在理论空燃比附近，因为把空燃比控制在理论空燃比附近时，不但可以降低发动机燃油的消耗，而且

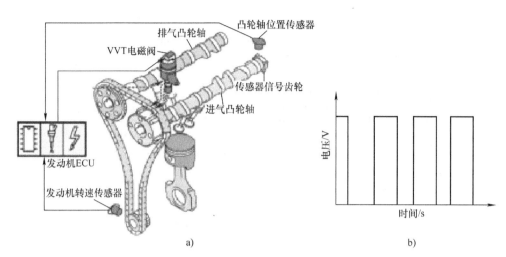

图 6-14　凸轮轴位置传感器的安装位置和产生的波形
a）传感器的安装位置　b）传感器产生的信号

可使三元催化转化器的转化效率最高（如图 6-16a 所示）。后氧传感器的作用是监测三元催化转化器的转化效率，当后氧传感器电极检测到的电压值为 0.6V 左右，波形近似为一条直线时，说明三元催化转化器工作正常（如图 6-16b 所示）；当后氧传感器与前氧传感器的波形相同时，说明三元催化转化器失效（如图 6-16c 所示），此时应更换三元催化转化器。为了防止电磁干扰，前氧和后氧传感器导线的外部加装了屏蔽层。氧传感器的工作温度在 300℃ 以上，为使其尽快达到工作温度，在前氧和后氧传感器插头的 1 与 2 脚之间都装备了加热电阻。前氧传感器电路有故障将造成发动机转速不稳定，后氧传感器电路有故障将造成排放超标故障。

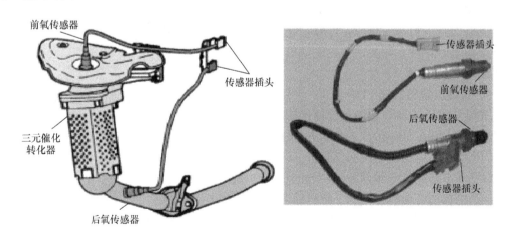

图 6-15　前氧和后氧传感器的外形

5. 转向助力开关 7113

转向助力开关装在机械转向助力泵附近的高压管路上，如图 6-17 所示。当车速小于 4km/h 时，该开关闭合，发动机 ECU 根据该信号提高发动机怠速，以提高机械助力泵的转速，增加低车速时的转向助力。

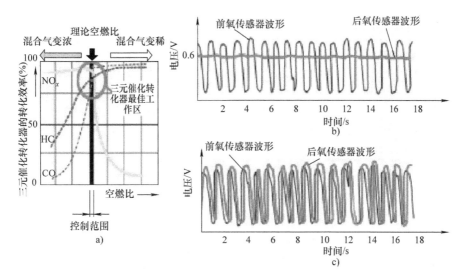

图 6-16 三元催化转化器的工作特性和前/后氧传感器的波形
a) 三元催化转化器的工作特性 b) 三元催化转化器正常工作时前/后氧传感器的波形
c) 三元催化转化器失效时前/后氧传感器的波形

6. 炭罐电磁阀 1215

活性炭罐的作用是吸附燃油箱中蒸发的燃油分子，炭罐电磁阀的作用是控制活性炭罐中的燃油分子进入发动机进气歧管参与燃烧。由活性炭罐、炭罐电磁阀等组成的燃油蒸发控制系统的工作原理简图如图 6-18 所示。

发动机运转时，如果进气温度达到 5℃ 以上，冷却液温度达到 60℃ 以上，发动机 ECU 就可控制炭罐电磁阀开启，在进气管真空吸力的作用下，外界空气从活性炭罐的底部进入，经过活性炭至上出气口，再经真空软管进入发动机进气歧管。流动的空气使吸附在活性炭表面的燃油分子重新蒸发，随新鲜空气一起被吸入发动机气缸燃烧，一方面使燃油得到充分利用，另一方面也恢复了活性炭的吸附能力。

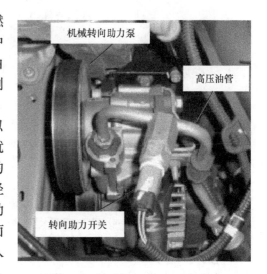

图 6-17 转向助力开关的安装位置

7. VVT 电磁阀 1243

VVT 电磁阀的安装位置如图 6-14 所示，它的外形和工作原理如图 6-19 所示。机油泵泵出的油经发动机主油道输送到 VVT 电磁阀，发动机 ECU 根据发动机转速传感器、凸轮轴位置传感器等信号发出指令，控制 VVT 电磁阀将高压机油输送到配气相位调整装置，配气相位调整装置则控制进气凸轮轴顺时针或逆时针转动 0°~20°，使进气门开启时刻提前或滞后 0°~20°，以提高发动机在不同工况时的动力性。

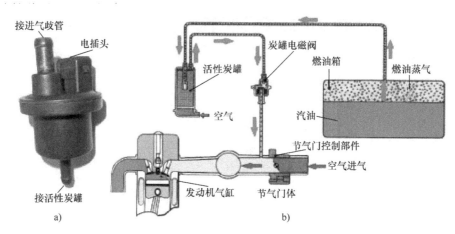

图 6-18 炭罐电磁阀在燃油蒸发控制系统中的作用
a) 炭罐电磁阀外形　b) 燃油蒸发控制系统简图

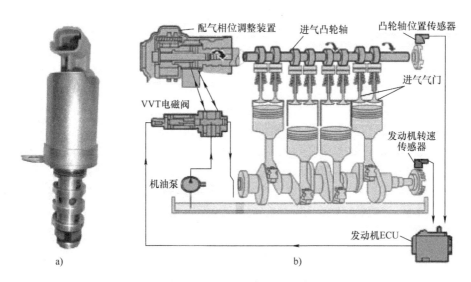

图 6-19 VVT 电磁阀外形和工作原理
a) VVT 电磁阀外形　b) VVT 电磁阀的工作原理简图

8. 电子节气门 1262

电子节气门由节气门电动机和节气门位置传感器组成,如图 6-20 所示,节气门电动机的作用是通过控制节气门的开度,来实现控制进入发动机气缸的空气量,同时控制发动机怠速的高低。节气门位置传感器的作用是检测节气门的开度,因为节气门的开度反映发动机的负荷,一般节气门开度大,则表示发动机负荷大,发动机 ECU 根据节气门位置传感器的信号来修正喷油量和点火提前角。节气门位置传感器为霍尔式传感器,发动机 ECU 将 5V 电压加在传感器 1、5 脚,传感器的 2、6 脚分别为信号 △1 和 △2,且踩加速踏板时,△1 的信号增大,△2 信号减小,即 △1 与 △2 反相变化,发动机 ECU 可根据这一性质检测传感器的故障。电子节气门有故障将造成发动机不能加速。

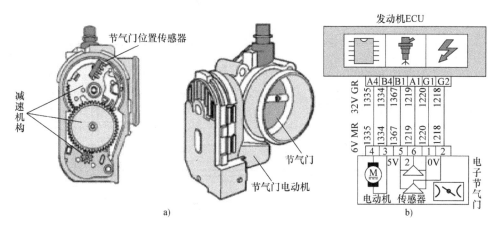

图 6-20 电子节气门的结构和电路连接
a）电子节气门的结构 b）电子节气门的电路连接

二、怎样解读雪铁龙 C5 发动机电控系统电路

C5 轿车 2.3L 发动机电控系统的电路原理图如图 6-21 所示，经过对发动机电控系统电路原理图的分析，可将该系统的工作原理简化成图 6-11 所示的简图。现根据图 6-11 和图 6-21 将发动机电控系统的电路原理解读如下。

1. 工作过程

蓄电池通过导线 BB02 为发动机舱控制盒 PSF1 供电；PSF1 通过导线 BM04、BM08 为智能控制盒 BSI 供电；PSF1 通过导线 BM02 为自动变速器 ECU 供电；PSF1 通过导线 B725A、B725C 为 ESP 电控单元供电。

接通点火开关 M 位（点火档），点火开关将点火信号通过导线 1065 传送到智能控制盒 BSI；BSI 收到点火信号后，唤醒 CAN 高速网、CAN 车身网、CAN 舒适网等车载网络进入工作状态。

车载网络工作后，点火钥匙中的钥匙应答器、智能控制盒 BSI、发动机 ECU1320 三者之间通过车载网络进行防盗对话：核对钥匙密码、计算第一密码函数 $f(x)$ 和第二密码函数 $g(y)$。如防盗对话成功就控制发动机 ECU 解锁，于是发动机 ECU 通过导线 1229D 控制 PSF1 中的 R1 继电器为发动机 ECU 提供工作供电，发动机 ECU 通过导线 1226D 控制 PSF1 中的 R2 继电器为发动机 ECU 提供功率供电（为发动机 ECU 控制的喷油器、点火线圈等功率元件供电）。继电器 R1 和 R2 工作后，发动机 ECU 根据各传感器的信号，控制燃油泵泵油、喷油器喷油、点火线圈点火，控制发动机的起动和运行，如图 6-22 所示。如防盗对话不成功，发动机 ECU 就锁止，发动机不能起动。

全车网络工作后，BSI 一方面通过网线 Z12 - Z0004 为组合仪表 0004 提供 + CAN 供电，一方面通过 CAN 车身网线 9017B - 9017、9018B - 9018，通知发动机舱控制盒 PSF1 为电控单元和用电器供电。PSF1 收到 BSI 的指令后，通过 R1、R2、R6 继电器为发动机 ECU1320、燃油泵 1211 等提供供电。

发动机 ECU 得到供电后，首先为进气压力和温度传感器 1312、凸轮轴位置传感器 1115、电子节气门 1262 中的节气门位置传感器、加速踏板传感器 1261、制冷剂压力传感器

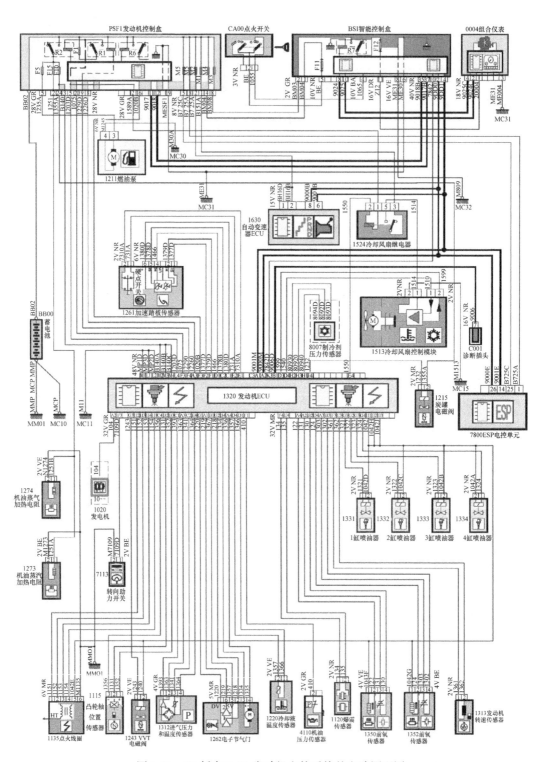

图 6-21 C5 轿车 2.3L 发动机电控系统的电路原理图

8007 等有源传感器提供 5V 供电；通过导线 1042、1042H、1042J 为四个喷油器 1331、1332、1333、1334，前/后氧传感器 1350、1352，VVT 电磁阀 1243，点火线圈 1135 等功率元件提供供电。

各电控单元得到供电后，立即控制各电控系统的传感器、执行器进入工作状态，配合发动机 ECU 完成各项控制功能。ESP 电控单元 7800 将轮速传感器检测到的车速信号，自动变速器 ECU1630 将档位和变速器的工作信号通过车载网络传递给发动机 ECU；组合仪表将通过车载网络获得的发动机电控系统的工作状态显示在仪表上，以告知驾驶人。在发动机运行时，发动机舱控制盒 PSF1 通过 R2 继电器控制的导线 1251，为机油蒸气加热电阻 1273、1274 送电工作，使发动机和平衡轴系统（C5 轿车 2.3L 发动机曲轴箱内装备有减小发动机工作振动的平衡轴系统，如图 6-23 所示）工作时在曲轴箱内产生和聚集的机油蒸气，顺利进入发动机燃烧。机油蒸气加热电阻安装在构成曲轴通风系统通道的发动机进气歧管上，如图 6-24 所示。

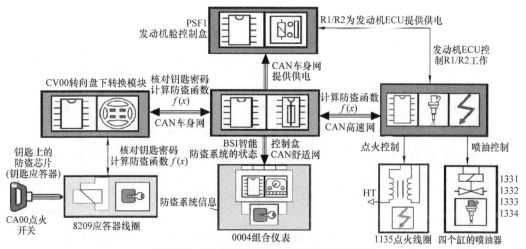

图 6-22 发动机 ECU 电子防盗过程示意图

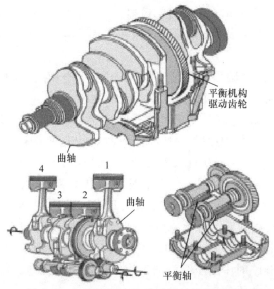

图 6-23 C5 轿车 2.3L 发动机的平衡轴系统

图 6-24　机油蒸气加热电阻的安装位置

2. 发动机 ECU 完成的主要功能

在各电控单元的配合上，发动机 ECU 完成的主要功能如下。

1）控制燃油喷射功能。发动机 ECU 通过对四个喷油器 1331、1332、1333、1334 线圈搭铁控制脚导线 1321、1322、1323、1324 的控制实现该功能。

2）控制点火提前角和点火能量功能。发动机 ECU 通过对点火线圈 1135 四个初级绕组搭铁控制脚 1151、1152、1153、1154 搭铁时刻和持续时间的精确控制实现该功能。由于发动机 ECU 内集成有高速电子开关，使点火线圈在发动机的任何工况下，都能产生足够和恒定的点火能量以保证发动机可靠点火。

3）控制怠速功能。发动机 ECU 通过对电子节气门 1262 节气门电动机导线 1334、1335 的控制实现该功能。

4）控制炭罐电磁阀。发动机 ECU 通过对炭罐电磁阀 1215 线圈搭铁控制脚导线 1232 的控制实现该功能。

5）控制冷却风扇。C5 轿车有一个冷却风扇，风扇有低速和高速两种冷却方式。发动机 ECU 通过导线 1540、1550 控制冷却风扇的低速和高速运转，通过冷却风扇反馈脚导线 1599 检测其运行状况。

6）控制空调压缩机。空调控制面板上的空调开关把空调起动的信号传给空调 ECU，空调 ECU 通过 CAN 舒适网（网线 9024、9025）和 CAN 高速网（网线 9000、9001），把该信号传送到发动机 ECU。发动机 ECU 则通过传感器检测发动机的转速、负荷是否满足空调压缩机的起动条件，如不满足，则通过 CAN 高速网通知 BSI 禁止压缩机工作（防止压缩机起动运行后，造成发动机转速过低或负荷过重，使发动机熄火），同时控制电子节气门提高发动机的转速，增加发动机的输出功率。一旦转速和输出功率满足空调压缩机的使用要求，则通过 CAN 高速网通知 BSI，允许压缩机工作。BSI 则通过 CAN 车身网（网线 9017B 和 9018B）把禁止或允许压缩机工作的指令传送到 PSF1，由 PSF1 通过 R6 继电器控制对压缩机的供电。而且在压缩机工作过程中，如果发动机 ECU 检测到发动机转速过低、负荷过重等工况，还可以通知 BSI 临时中断压缩机的工作，待发动机转速、负荷等恢复到正常值后，再去通知 BSI 恢复压缩机的工作。

7）故障存储和自诊断功能。当发动机 ECU 上的一些传感器和执行器出现故障时，发动机 ECU 可将故障信息存储在内部的随机存储器中，还可将故障信息通过 CAN 高速网传送到 BSI，由 BSI 通过 CAN 舒适网传送到组合仪表，再由组合仪表控制点亮发动机故障灯。维修人员还可以把诊断仪连接到诊断插头 C001 上，通过 CAN 诊断网读取存储在发动机 ECU 中的故障信息，利用该信息诊断和排除发动机电控系统的故障。

8）EOBD 功能。发动机 ECU 始终通过发动机转速传感器 1313、前氧传感器 1350、后氧传感器 1351 等监视发动机点火是否失败、三元催化转化器是否失效等，一旦检测到排放超标，立即点亮发动机故障灯，并在组合仪表上显示"排放控制系统故障"，如图 6-25 所示。

图 6-25 组合仪表上显示的发动机排放控制系统故障

9）对电源能量进行管理的功能。发电机通过导线 104 将发电机的负荷信号传递给发动机 ECU，发动机 ECU 将此信号通过车载网络传递给智能控制盒 BSI 和发动机舱控制盒 PSF1，由发动机 ECU、BSI 和 PSF1 共同参与控制发电机的发电量，并对全车的电源能量进行管理，优先保证蓄电池对发动机起动供电的能力。

10）可变配气正时（VVT）功能。发动机 ECU 可通过 VVT 电磁阀 1243 将进气凸轮轴连续调整 0~20°，优化发动机在低中速区间的转矩输出，提高发动机的动力性，同时减小污染排放。

11）定速巡航和车速限制功能。发动机 ECU 通过对电子节气门 1262 的控制，调节发动机的输出转矩，实现定速巡航和车速限制功能；并通过车载网络将定速巡航和车速限制的工作状态显示在组合仪表上，如图 6-26 所示。

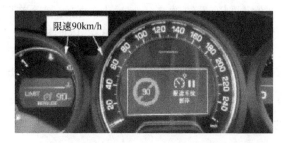

图 6-26 组合仪表上显示的限速工作状态

12）电子稳定控制程序（ESP）功能。发动机 ECU 通过对电子节气门 1262 的调节，参与驱动防滑控制，与 ESP 电控单元共同完成对车辆电子稳定性的控制。

13）根据海拔调节喷油量。发动机吸入的空气量随着大气压强以及海拔的变化而变化，发动机 ECU 可根据大气压强的变化，按照一定比例调整喷射时间（喷油量）。在低速满负荷（此时电子节气门 1262 全开）运行时，发动机 ECU 通过进气压力传感器 1312，可检测不同海拔地区大气压强的差别。

14）自适应调节。发动机 ECU 可检测到前氧传感器 1350、后氧传感器 1351、电子节气门 1262 等部件的老化，并根据某部件的老化状况对相应的控制参数进行调整，此项功能称为发动机的自适应调节功能。自适应调节程序存储在发动机 ECU 中，因此在更换或维修电喷系统的某些元件（如电子节气门、氧传感器、进气压力传感器等）后，应进行初始化操作，使发动机 ECU 运行自适应的调节程序。

15）其他功能：

① 当电喷系统的传感器（发动机转速传感器 1313 除外）及线路出现故障不能正常传递参数时，发动机 ECU 就启用储存在 ECU 内部的该传感器的后备值，来控制发动机的运行，这是一种降级控制模式，显然这种降级控制模式不是发动机 ECU 的最佳控制模式。

② 当电子节气门 1262、加速踏板位置传感器 1261 运行不良，发动机 ECU 将限制发动机转矩的输出，此时发动机不能加速。

③ 当发动机 ECU 存储器、发动机 ECU 供电、发动机转速传感器 1313 出现故障时，发动机 ECU 将立即使发动机停止运转。

④ 制冷剂压力信息出现故障、发动机满负荷运行时，发动机 ECU 将中断空调压缩机的工作。

三、东风雪铁龙 C5 发动机冷却系统电路的组成是怎样的

东风雪铁龙 C5 轿车发动机冷却系统的原理电路如图 6-27 所示，下面对该电路的工作原理进行解析。

C5 轿车发动机冷却系统的组成如图 6-28 所示。其中发动机冷却液温度传感器 1220 装在发动机出水口上，它将发动机冷却液温度信息传递给发动机 ECU；发动机 ECU 装在蓄电池附近，它根据发动机冷却液温度、空调制冷剂的压力和自动变速器的油温来控制冷却风扇的低速或高速旋转；智能控制盒 BSI 装在仪表台的左下方，它主要通过 CAN 舒适网将发动机冷却液的温度信息传递给组合仪表 0004 显示出来，以告知驾驶人；空调制冷剂压力传感器 8007 装在发动机舱左侧空调制冷系统的高压管道上，它将制冷剂压力信号传递给发动机 ECU；自动变速器油温传感器装在自动变速器壳体内的液压阀板上（图 6-29），它将自动变速器的油温信号传递给自动变速器 ECU，自动变速器 ECU 将油温信号通过 CAN 高速网传递给 BSI 和发动机 ECU；3 个冷却风扇继电器 1508、1509 和 1532 装在左、右冷却风扇 1512 和 1511 的前方，发动机 ECU 通过 3 个冷却风扇继电器实现对左、右冷却风扇的控制。

四、怎样解读东风雪铁龙 C5 发动机冷却系统电路

C5 轿车发动机冷却系统的电路原理可用图 6-30 所示的框图来表示，对图 6-30 的说明参见表 6-1。

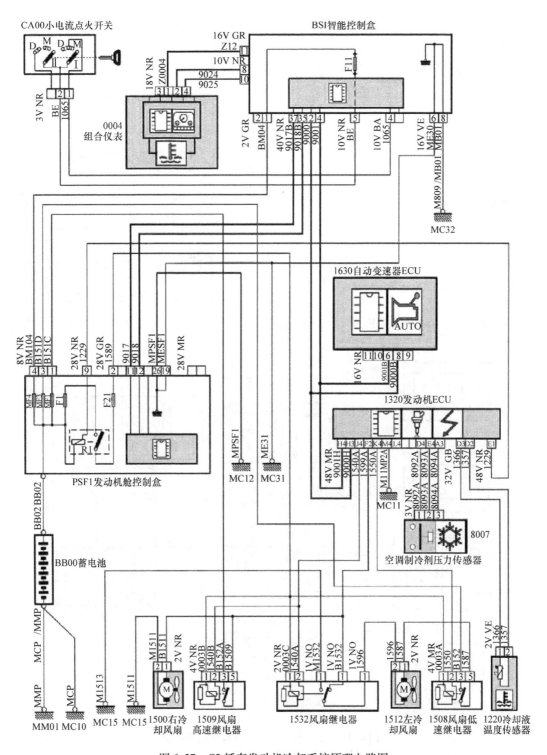

图6-27 C5轿车发动机冷却系统原理电路图

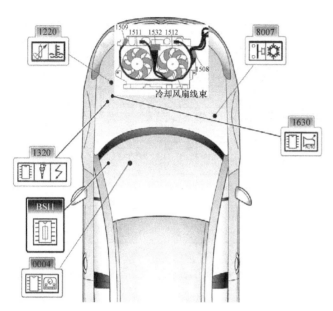

图6-28 C5轿车发动机冷却系统的组成

图6-29 液压阀板上的油温传感器

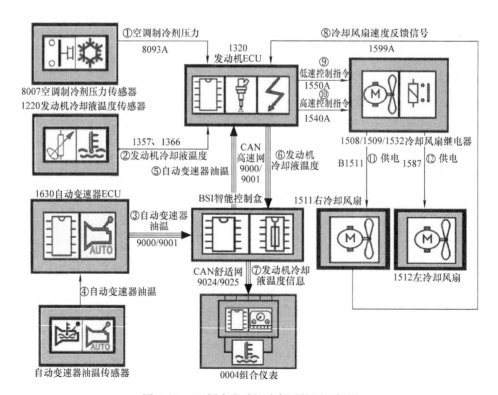

图6-30 C5轿车发动机冷却系统原理框图

第六章 发动机辅助控制系统维修技能与技巧

表 6-1　C5 轿车发动机冷却系统原理框图说明

图中连接序号	信号	信号性质	发生器/接收器	电路图中对应的导线编号	故障说明
①	空调制冷剂压力信号	模拟信号	8007/1320	8093A	导线 8093A 断路，空调压缩机不工作，发动机 ECU 失去根据制冷剂压力控制冷却风扇的功能
②	发动机冷却液温度信号	模拟信号	1220/1320	1357/1366	导线 1357 或 1366 断路，组合仪表报警发动机冷却液温度高，两个冷却风扇高速旋转
③	自动变速器油温信号	CAN 高速网信号	1630/BSI	9000/9001	网线 9000 或 9001 断路，发动机 ECU 失去根据自动变速器油温控制冷却风扇的功能
④	自动变速器油温信号	模拟信号	自动变速器油温传感器/1630	变速器 ECU 内部连接线，电路图中无对应导线	自动变速器油温传感器导线断路，变速器 ECU 控制进入高温保护的降级运行模式
⑤	自动变速器油温信号	CAN 高速网信号	BSI/1320	9000/9001	网线 9000 或 9001 断路，发动机 ECU 失去根据自动变速器油温控制冷却风扇的功能
⑥	发动机冷却液温度信号	CAN 高速网信号	1320/BSI	9000/9001	网线 9000 或 9001 断路，组合仪表上无发动机冷却液温度显示
⑦	发动机冷却液温度信号	CAN 舒适网信号	BSI/0004	9024/9025	网线 9024 和 9025 断路，组合仪表上无发动机冷却液温度显示
⑧	冷却风扇速度反馈信号	模拟信号	1511/1320	1599A	导线 1599A 断路，发动机 ECU 失去诊断冷却风扇速度信息故障的功能
⑨	冷却风扇低速控制指令	模拟信号	1320/1508	1550A	导线 1550A 断路，两个冷却风扇失去低速运转功能
⑩	冷却风扇高速控制指令	模拟信号	1320/1509 和 1532	1540A	导线 1540A 断路，两个冷却风扇失去高速运转功能
⑪	右冷却风扇供电	模拟信号	1532 或 1509/1511	B1511	导线 B1511 断路，右冷却风扇缺供电不工作
⑫	左冷却风扇供电	模拟信号	1508/1512	1587	导线 1587 断路，左冷却风扇缺供电不工作

注：CAN 高速网断一根网线，网络就瘫痪，不能传输信息；CAN 车身网和 CAN 舒适网断两根网线，网络才瘫痪。

下面根据图 6-27 和图 6-30 对 C5 轿车发动机冷却系统的电路原理说明如下。

将点火开关旋到起动档时，点火开关通过导线 1065 将点火信号传送到智能控制盒 BSI；BSI 获得点火信号后，将全车的 CAN 高速网、CAN 车身网、CAN 舒适网等唤醒。全车网络

239

唤醒后，在 BSI 的指挥下，CAN 高速网参与传递发动机 ECU1320 控制冷却风扇 1511 和 1512 所需的发动机冷却液温度信号、空调制冷剂压力信号和自动变速器的油温信号。

在发动机冷却系统中，发动机冷却液温度信号的传递路线是：发动机冷却液温度传感器 1220（导线 1357/1366）→发动机 ECU1320（CAN 高速网 9000/9001）→智能控制盒 BSI（CAN 舒适网 9024/9025）→组合仪表 0004。发动机 ECU1320 根据发动机冷却液温度信号控制两个冷却风扇的低速运转、高速运转，以满足发动机各运行工况对冷却的需求。在发动机运转过程中，冷却液温度达到 97℃ 左右时，两个冷却风扇 1511 和 1512 串联后低速旋转（两个风扇低速旋转后，如冷却液温度降到 91℃ 左右时，两个风扇停止运转）；冷却液温度上升到 101℃ 左右时，两个冷却风扇 1511 和 1512 并联后高速旋转（两个风扇高速旋转后，如冷却液温度降到 97℃ 左右时，两个风扇转为低速运转）。组合仪表 0004 获得发动机冷却液温度信号后，将此信号显示在仪表盘上，供驾驶人随时了解发动机冷却液温度信息。

在发动机冷却系统中，空调制冷剂压力信号的传递路线是：空调制冷剂压力传感器 8007（导线 8093A）→发动机 ECU1320。在发动机和空调制冷系统运转的过程中，发动机 ECU 根据空调制冷剂压力信号控制两个冷却风扇的低速和高速运转，以满足空调制冷系统对冷却的需求。当制冷剂压力达到 12bar（$1bar = 10^5 Pa$），两个风扇低速运转（两风扇低速旋转后，如制冷剂压力降到 8bar 时，两个风扇停止运转）；当制冷剂压力上升到 18bar，两个风扇高速运转（两个风扇高速旋转后，如制冷剂压力降到 12bar 时，两个风扇转为低速运转）。

在发动机冷却系统中，自动变速器油温信号的传递路线是：自动变速器油温传感器（通过该传感器上的两根导线，电路图中未表示）→自动变速器 ECU 1630（CAN 高速网 9000/9001）→智能控制盒 BSI（CAN 高速网 9000/9001）→发动机 ECU1320。在发动机和自动变速器系统运转过程中，发动机 ECU 根据自动变速器油温信号控制两个冷却风扇的低速和高速运转，以满足自动变速器系统对冷却的需求。

发动机 ECU1320 通过对 3 个冷却风扇继电器 1508、1509 和 1532 的控制，实现对两个冷却风扇 1511 和 1512 的控制。当发动机 ECU 根据各传感器的信号，控制继电器 1508 工作，即控制 1508 线圈通电，其电流走向为：蓄电池正极→发动机舱控制盒 PSF1 中的 F1 熔丝→R1 继电器触点（R1 为发动机 ECU 的供电继电器，发动机运行时，它必须工作，否则发动机不能起动和运行）→F21 熔丝→导线 1589→导线 0003A→继电器 1508 线圈和电阻→导线 1550→导线 1550A→发动机 ECU 48V MR 的 K4 脚→发动机 ECU 内的电子开关→发动机 ECU 48V MR 的 M4 脚→导线 MP2A→导线 M11→搭铁点 MC11→蓄电池负极。1508 线圈通电后，其常开触点闭合，两个风扇 1511 和 1512 串联通电低速旋转。其电流走向为：蓄电池正极→发动机舱控制盒 PSF1 中的 MF3 熔丝→导线 B151D→导线 B152→继电器 1508 触点→导线 1587→风扇 1512→导线 1596→继电器 1532 触点→导线 B1532→导线 B1511→风扇 1511→导线 M1511→搭铁点 MC15。

当发动机 ECU 根据各传感器的信号，控制 3 个继电器 1508、1509 和 1532 同时工作，即控制 1508、1509 和 1532 继电器线圈都通电，3 个继电器的常开触点都闭合时（3 个线圈通电的电流走向请读者自行分析），两个风扇 1511 和 1512 并联通电高速旋转。风扇 1511 的电流走向为：蓄电池正极→发动机舱控制盒 PSF1 中的 MF1 熔丝→导线 B151C→导线 B152A→继电器 1509 触点→导线 B1509→导线 B1511→风扇 1511→导线 M1511→搭铁点

MC15。风扇 1512 的电流走向为：蓄电池正极→发动机舱控制盒 PSF1 中的 MF3 熔丝→导线 B151D→导线 B152→继电器 1508 触点→导线 1587→风扇 1512→导线 1596→继电器 1532 触点→导线 M1532→导线 M1513→搭铁点 MC15。

C5 轿车发动机两个冷却风扇正常工作的状态只有 3 种：①两个风扇都不转；②两个风扇都低速转；③两个风扇都高速转。发动机 ECU1320 根据冷却风扇 1511 的反馈信号，可了解两个冷却风扇的工作状况，并自诊断冷却风扇的故障。从图 6-27 可知，风扇 1511 工作时，其工作电位信号可通过路径为右冷却风扇 1511 插头的 1 脚导线 B1511→导线 1599A→发动机 ECU1320 48V MR 插头的 F2 脚反馈给发动机 ECU，即两个风扇 1511 和 1512 都不运转时，发动机 ECU 48V MR 插头的 F2 脚检测到的电位为 0；两个风扇都低速运转时，发动机 ECU 48V MR 插头的 F2 脚检测到的电位为 7V 左右；两个风扇都高速运转时，发动机 ECU 48V MR 插头的 F2 脚检测到的电位为 14V 左右。换言之，发动机 ECU 可根据 48V MR 插头 F2 脚检测到的电位判断两个风扇的运转状况，并诊断其故障。

发动机熄火后，若发动机冷却液温度在 112℃ 以上，为避免发动机长时间在高温条件下受到伤害，也为了缩短空调压缩机的停机时间（当发动机冷却液温度在 112℃ 以上时，发动机 ECU 禁止压缩机吸合），发动机 ECU 将控制两个冷却风扇串联低速运转 6min（称此为发动机熄火后的延时运转，因为两个风扇延时运转时消耗的是蓄电池电量，所以两个风扇不能高速运转，否则有可能造成蓄电池电量消耗过大，从而使发动机不能起动），使发动机尽快降温。

当发动机冷却液温度传感器或传感器线路损坏后，发动机 ECU 将无法获得发动机冷却液温度信号，于是发动机 ECU 从最坏的角度出发（如设想此时发动机冷却液温度很高），控制两个冷却风扇高速运转，同时在组合仪表上显示"发动机过热"的报警信号，如图 6-31 所示。

图 6-31　组合仪表上显示的冷却液过热的报警信号

发动机和空调压缩机运行时，若发动机冷却液温度上升到 112℃，智能控制盒 BSI 会向发动机舱控制盒 PSF1 发出切断压缩机的供电指令，希望通过降低发动机负荷来达到降低发动机冷却液温度的目的。

若发动机冷却液温度继续上升到 118℃ 时，组合仪表 0004 同时发出"发动机过热"和"STOP"的报警信号（图 6-31），警告驾驶人停车降温，防止发动机缸垫等因高温而损坏。

第三节 车载电脑编码

一、车载电脑编码是怎么回事

众所周知,车载电脑是电控汽车的控制核心。大多数车载电脑(又称为电控单元、控制模块)采用 CAN-BUS 数据总线传输信息,并且具有可编程的特点。车载电脑的编码操作被视为汽车维修中的尖端技术,要求汽修人员具有比较高的水准。

在分析车载电脑编码之前,需要明确"代码"的含义。代码是一串十六进制或二进制数字和字母,一串代码代表一种控制程序,不同的编码意味着电脑的控制策略不相同。编码号可视为车载电脑的"身份证号码",其实质是用代码,表征汽车的一套功能组合或者适用范围。

早期的车载电脑编码号(Coding)大多数是五位数(表6-2),例如某款奥迪 A6 轿车发动机控制单元的编码号为"04002",前两位数字表示该车适用的国家或排放法规,其中"04"代表欧盟成员国,"06"代表美国,"08"代表俄罗斯;第三位数字表示驱动装置的类型,其中"0"代表不带牵引力控制系统的前轮驱动型,"6"代表带牵引力控制的四轮驱动型;第四位数字表示所配变速器的类型,其中"0"代表 5 档手动变速器,"5"代表自动变速器;第五位数字表示汽车型号,其中"2"代表奥迪 A6 轿车。因此,编码"04002"表示该电控单元适用于欧洲、不带牵引力控制系统的前轮驱动型、采用 5 档手动变速器的奥迪 A6 轿车。

表6-2 大众 POLO 轿车几种电控单元的编码号

电控系统名称	地址码	零件号和索引号	电控单元编码号
发动机系统	01	036 906 034 DM	00071
		06A 906 032 JC	00071
ABS 系统	03	6Q0 907 379 E	01097
电源管理系统	09	6Q1 937 049 C	25612
安全气囊系统	15	6Q0 909 601 E	12343
仪表与防盗系统	17	6Q0 920 800	00141
数据总线系统	19	6N0 909 901	00014
舒适性系统	46	6Q0 959 433 G3	00067

技巧点拨 所谓编码(或设码,Recoded),就是写入或修改电控单元的代码。即利用电脑故障诊断仪和 CAN 通信传输技术,将软件的有关控制数据输入车载电脑的可编程只读存储器(EPROM)中。对于维修环节来说,输入编码实质上就是指令电控单元启用以代码为表征的某一程序,以改变电控单元的工作模式(例如空调系统由"自动"改为"手动"等)。修改电控单元编码,相当于更换了一台电脑。

二、大众车系电脑长编码的编制规则是怎样的

汽车电控单元的编码分为短编码和长编码(图6-32)。早期的电控汽车,由于电控单元

的功能比较简单，所以采用短编码（一般指5位以下的编码）就可以对各主要功能的不同组合进行区分。鉴于汽车的结构和配置越来越复杂，车主对汽车功能的需求越来越多样化，短编码对于充分表达繁杂的功能组合已经力不从心，加上采用CAN总线系统传输数据，因此新款轿车电控单元采用长编码既有必要，又有可能。

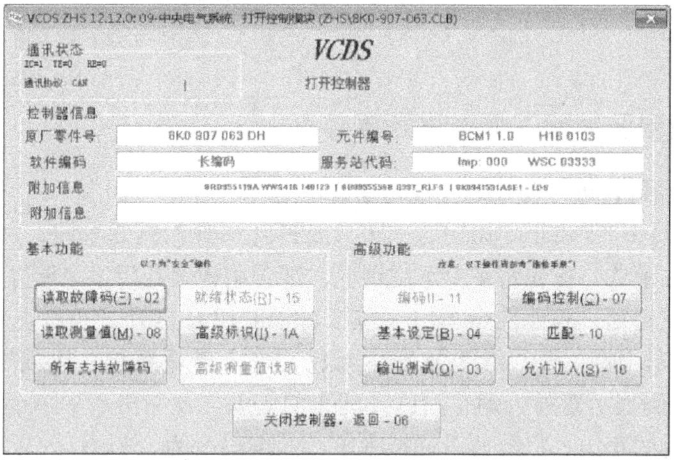

图6-32　长编码

长编码的编制规则如下（以一汽大众某款速腾轿车舒适性系统电控单元的编码"19 D8 02 08 7F 2D 84 05 48 4F 01 E0 11 A0"为例）。

首先，取若干十六进制数（含英文字母），然后任意组合，把每两位十六进制数定义为一个字节（Byte），依次称为Byte0（19）、Byte1（D8）、Byte2、Byte3……Byte13（A0），这样就构成了一组14字节序列。

对于每一个字节，再赋予8位二进制数，规定的对应关系如表6-3。如此设计后，每个字节又形成了一串8位数序列。例如字节E5表示为11100101，字节8F表示为10001111等，从左到右它们分别称为Bit0、Bit1、Bit2、Bit3、Bit4、Bit5、Bit6和Bit7。

表6-3　大众车系电控单元长编码的编制规定

十六进制数	对应二进制数	十六进制数	对应二进制数
0	0000	8	1000
1	0001	9	1001
2	0010	A	1010
3	0011	B	1011
4	0100	C	1100
5	0101	D	1101
6	0110	E	1110
7	0111	F	1111

然后，再赋予Bit0~Bit7（即每一字节的每一位二进制数）代表一种特定的功能（在专用诊断仪上会显示）。在若干个十六进制字节的基础上，再转换成8位二进制数，并且赋予

每一位二进制数代表一种特定的功能，如此形成的编码号数量是惊人的。如果再增加字节的个数，这样排列组合下来，所生成的编码号可以说是取之不尽的，任何时候都可以满足汽车功能增加的需要。

> **技巧点拨** 用长编码替代短编码，能够适应现代汽车多任务、集成化环境下的功能管理需求。

三、对车载电脑编码有哪些重要意义

1. 通过修改编码，进行功能的个性化设置

一辆帕萨特 B5 1.8T 轿车，用钥匙一次只能打开驾驶人侧的车门，其他车门不能打开。车主要求改变这种模式。首先将 4 个车门锁上，试着用钥匙开门，只能打开左前门。再向开锁的方向转动一下钥匙，其他几个车门（包括行李舱门）打开了，这说明舒适系统控制单元的编码可能有误。连接 VAG1551 故障诊断仪，进入舒适系统，读取控制单元的编码为"04096"。这一编码表示驾驶人侧车门以外的车门需要二次打开，只有编码为"04097"时才能一次打开所有的车门。将舒适系统控制单元的编码改为"04097"后，上述中控模式得到了更改。

2. 通过纠正编码，排除某些莫名其妙的故障

一辆原装奥迪 A6 前轮驱动轿车，装备 V6 2.8L 发动机和 01V 自动变速器，在某厂维修后，出现发动机无法起动的故障。将蓄电池的电缆拆开，然后重新连接，起动发动机，又出现怠速不稳，急加速熄火，而且只能以 50km/h 左右速度行驶的现象。检查燃油系统压力，正常。连接故障诊断仪检测，读得故障码为 17953——节气门控制单元故障、17989——节气门控制单元无法设定和 18010——30 号线电压低。检查蓄电池电压，正常，控制单元之间的连接以及搭铁情况也正常。更换节气门控制单元，故障依旧。读取发动机数据流，无论节气门开度如何变化，节气门位置传感器（TPS）的信号值始终显示为 0。检测节气门体上各个传感器和执行器，都能正常工作。在一筹莫展之际，用诊断仪读取发动机控制单元的编码为"06252"，其中第三位数字"2"表示四轮驱动型，但是该车为前轮驱动型，正确的编码应当是"06052"。利用诊断仪将发动机控制单元的编码更改为"06052"，再试车，上述故障现象消失。

3. 让故障指示灯熄灭

一辆迈腾轿车出现灯光报警提示，打开近光开关，右侧近光灯暗亮几秒后熄灭，左侧近光灯显示正常。连接诊断仪 VAS5051 查询，在中央电器控制单元（地址码09）内存在 2 个故障码，其中一个是 00979——近光前照灯灯泡 右 M31 对地短路，而且不能故障码清除。该车的灯光系统采用 CAN 总线控制。经过反复检查，确定是中央电器控制单元（J519）损坏。更换 J519 之后，右前前照灯近光灯恢复正常，但是仪表盘上仍然有灯光报警提示，再次查询故障码，又出现 2 个故障：02398——后车窗玻璃清洗泵触发断路/对地短路、左尾灯 M4 和右尾灯 M2 电路有电器故障。决定检查电控单元的编码，对比两个 J519 的编码，发现第一个字节不同，新更换的 J519 是 8D，原车 J519 是 84。"8D"增加了监控后刮水器以及后座椅识别系统的功能。但是该车没有安装后刮水器，所以出现了 02398——后车窗玻璃清洗

泵触发断路/对地短路的故障码。将第一个字节改为84，此故障码不再存在。之后又发现第24字节变成了19，而原来是00，"19"增加了尾灯的监控功能，而该车J519设计不监控尾灯，所以出现了"左尾灯M4和右尾灯M2电路有电器故障"的故障码。将J519的编码改过来，灯光系统不再报警。

4. 对车载电脑编码的前提和方法

以01V型自动变速器为例，只有满足下列条件才能对其控制单元进行编码：接通点火开关；变速杆置于"P"位或"N"位；加速踏板处于怠速状态；车辆静止，而且发动机不起动。

现代汽车的结构、配置和功能越来越复杂，不同车型或相同车型但配置不同时，其控制单元的编码号是不一样的，例如宝来轿车安全气囊控制单元的编码有23种之多（表6-4）。因此，具体的编码号需要经过查询才能确定。

表6-4 宝来轿车安全气囊控制单元的编码表（部分）

控制单元类型	编码号	备注
单气囊控制系统	16720	备件号 LJ0909603
	12345	备件号 6Q0909601
双气囊控制系统	12365	墨西哥制造
	12595	巴西制造

获取车载电脑编码的途径主要有3种，一是查询旧电脑的编码，二是查阅维修手册上的"编码表"，三是向特约服务站咨询。

获取车载电脑编码后，对车载电脑编码必须使用电脑故障诊断仪。以大众宝来轿车安全气囊控制单元编码为例。可以连接故障诊断仪，选择地址码"15"（安全气囊系统），按"Q"键确认，显示屏显示"coding 00000"，按功能键"0"和"7"，确认后，显示屏显示"对控制单元编码"，输入代码"XXXXX"并确认，编码完成。

为了方便维修人员对汽车进行个性化功能设置，大众专用诊断仪设计了固定的通道号（大众速腾轿车电控单元的通道号有数十种，具体的通道号查询维修手册），选择通道号后，再进行相应的功能取舍，一般是"0"代表功能关闭，"1"代表该功能有效，这样就可以快速修改电控单元的长编码。

技巧点拨 检查电控单元的编码是否正确，是否与该车的配置和功能相匹配，已经成为现代汽车维修的一个重点排查环节。当维修进入死胡同，准备更换昂贵的电控单元之前，尝试给电控单元重新编码，也许能取得意想不到的效果，汽修人员应当增强编码意识。

四、无法编码和编码失效的解决方案

如果使用电脑诊断仪无法进行编码，或者连接故障诊断仪后显示屏上没有显示，应当进行以下检查：

1）检查是否执行了维修站代码的设定。

2）关闭点火开关，拔掉故障诊断仪的诊断连线，重新拆装发动机 ECU，等待 10min，然后再连接（可以多试几次）。

3）检查诊断座的电源连接是否可靠。

如果编码失效，首先考虑是否还未完成常规维修。车载电脑编码应当在常规维修和自诊断之后进行，编码不能代替自诊断和常规维修检查。电控系统的自诊断包括读取故障码、清除故障码、分析数据流、测试元器件等。只有在这些操作完成后汽车故障仍然无法消除时，才考虑对车载电脑进行编码。如果元器件或电脑硬件存在实质性故障，对车载电脑的编码将无法实现。

其次，应当检查新、旧控制单元的零件号和索引号，如果不一致，有可能出现编码失败的情况。例如，帕萨特轿车 ABS 控制模块的编码号，作为配件都是"00000"，更换后，需要根据车型和配置情况重新编码，否则 ABS 系统无法正常工作。一辆帕萨特 B5 轿车，接通点火开关或者起动发动机后，仪表板上的 ABS 警告灯和制动系统警告灯一直点亮，同时仪表板发出报警声，汽车行驶时制动防抱死功能失效。查询 ABS 控制模块的版本信息，发现其编码号为"00000"，说明没有进行过编码。输入"13604"，对 ABS 控制模块进行编码，故障依旧，最后查明是 ABS 控制模块的零件号不同的缘故（表6-5）。

表6-5 帕萨特 B5 轿车 ABS 控制模块版本信息对比表

项目	故障车	正常车
零件号	1J0907379D	1J0907379Q
系统标记	ABS 201	ABS/EDS 201
版本号	ECAN0001	ECAN0001
编码	00000	13604

事实上，零件号相同的电控单元配件，其索引号可能不同。不同的索引号，对应不同的控制单元编码，这种电控单元是不能互换的。若索引号不同，则软件中对故障的识别标准可能不一样。如果使用了不同索引号的电控单元配件，系统可能会显示某些功能"不可用"。例如速腾 2.0 轿车的安全气囊系统，其控制单元的索引号有的为"48"，对应的编码为"13368"；有的索引号为"47"，对应的编码为"13367"。对于索引号为"47"、编码为"13367"的安全气囊控制单元，不支持监控前排乘客侧坐人后未系安全带的报警提示功能，而索引号为"48"、编码为"13368"的安全气囊系统，若前排乘客侧坐人后未系安全带，系统会发出报警提示。这些情况对维修人员来说是很重要的信息，如果不了解，就会为查找不存在的故障而枉费时间和精力。

技巧点拨 凡是牵涉到车辆配置等重大事项变化，必须通过设码加以调整，一般性问题可以通过匹配程序加以解决。这也是电控单元编码与匹配的重要区别。

五、发动机工作异常时发动机电脑补偿方式是怎样的

根据出现故障的部位或者原因的不同，发动机电脑进行补偿的方式也有所不同，常规而言，发动机进行补偿的方式，就是增大进气量，增加喷油量，增加进入气缸的混合气的数

量,以起到增加发动机输出转矩的作用。从发动机负荷数据看是处于增大的状态。

以 4 缸发动机为例,如果其中任意一缸点火不良,则会出现发动机一个做功行程中,总的转矩输出不足的情况。这就如同 4 人抬轿,其中一人偷懒就会出现轿子倾斜的情况。此时,势必需要其余三人掌握好平衡。

而作为 4 缸发动机,其余 3 个气缸就不得不承担更大的载荷。虽然负荷增大,输出转矩却与原来持平或者更大,这是因为其余 3 个气缸不得不承担不工作缸的摩擦阻力。

从进气量的控制方面看,虽然不工作气缸不再对外输出做功,但其依然要进行"进气、压缩、做功、排气"四个行程的动作。而发动机 ECU 依然允许喷油器对其喷射燃油。目前采用失火检测控制的发动机,会对失火气缸进行断油控制,但是仅限于电脑检测到点火线圈及其线路出现短路、断路的情况。

而相对于进气量来说,电脑仍旧保持相应的喷油量,此时就会出现单缸喷油器燃油浪费的情况,这导致尾气中出现 HC、O_2 同时过高的情况,这也会进一步导致发动机电脑对此工况的失控,甚至会出现混合气继续加浓的情况。

原有的驱动力 F 与阻力 f 平衡,即 $F=f$ 时,发动机的输出转矩与发动机阻力相等,发动机能够以稳定的转速转动。如果将发动机的各个气缸输出的动力分解,可以看到 4 缸发动机,是由 $F1$、$F2$、$F3$、$F4$ 组成,此时的 $F=F1+F2+F3+F4=4F1$,如果出现了其中的任一缸工作不良(比如 1 缸不良),则会出现 $F=F2+F3+F4=3F1$,此时驱动力 F 就会小于阻力 f($F<f$),这将导致发动机转速降低,怠速时发生怠速抖动甚至熄火的故障。发动机电脑因而会起动怠速转速控制,通过增大进气量、喷油量,使其余 3 个气缸发出更大的转矩,以克服发动机本身运行阻力。

此时的驱动力 $F=F2'+F3'+F4'=f$,这样本来有 4 个气缸来完成的工作,在电脑控制下由 3 个工作良好的气缸来完成,并且要承担工作不良气缸的机械阻力。因此,从发动机本身来说,就要增加额外的混合气数量,继而发动机的负荷就大于了正常值。

别克英朗发动机转速达到接近 1000r/min,进气量达到 8.96g/s,节气门开度达到 16.3%,喷油时间为 5.81ms,发动机负荷为 59.2%。出现发动机怠速转速高于正常怠速、加速迟缓、动力不足的故障。其中的发动机负荷已经超过了 50%,但实际的发动机输出转矩则没有明显的大幅上升。其原因是由于此时的发动机点火提前角已经推迟到了 -16.8°,过迟的点火时刻,使得发动机输出功率大幅降低。

技巧点拨 发动机的工作就像人一样,是一个高度复杂精密工作的仪器,任何一个部位出现异常,都会从某些方面表现出异常,排除故障时需要精准分析,准确到位。

第四节 冷却风扇控制系统的诊断

一、冷却风扇无级控制系统是怎样进行控制的

为了更加精准地控制发动机的工作温度,目前很多车辆采用了基于目标冷却液温度的冷却风扇控制系统,该系统可以根据发动机的运转和车辆的运行情况,通过系统间的相互协

调，实现冷却风扇的无级运转控制，使风扇的冷却效果与实际需求的冷却强度相吻合。

该系统与传统的多级风扇转速控制系统相比，采用了全新的控制策略和失效保护策略，其控制功能更加精准和完善。充分了解该系统的结构组成、控制电路和控制策略，可以在对其相关故障进行诊断排除时更加得心应手。

1. 冷却风扇无级控制系统的构成及控制原理

冷却风扇无级控制系统由传感器、控制单元和执行器构成。传感器主要包括发动机转速传感器、空气流量传感器、进气温度传感器、环境温度传感器、发动机出液口温度传感器、散热器出液口温度传感器、空调系统相关传感器、车速传感器等；控制单元包括发动机控制单元和冷却风扇控制单元；执行器主要是2个冷却风扇。

2个冷却液温度传感器及2个冷却风扇在冷却管路中的安装位置如图6-33所示，发动机出液口温度传感器用于检测发动机的工作温度，散热器出液口温度传感器用于检测散热器的散热效果，这两个温度信号是控制冷却风扇转速的基础信息。

冷却风扇控制系统对冷却风扇转速的控制，由目标冷却液温度控制和风扇转速控制两部分组成。

（1）目标冷却液温度控制策略　在发动机控制单元内储存了两个目标冷却液温度的特性曲线图。

第一个目标冷却液温度特性曲线图，反映目标冷却液温度与发动机负荷（进气量）和发动机转速之间的关系，其中发动机负荷是影响目标冷却液温度的主要因素。目标冷却液温度必须与发动机负荷一致，合适的冷却液温度能提高发动机性能。部分负荷时，发动机温度高一些（95~105℃）有利于发动机提高性能，降低油耗和有害物质排放；全负荷时温度低一些（85~95℃），以减少对进气的加热作用，提高充气系数从而增加动力输出，利于功率的提高。

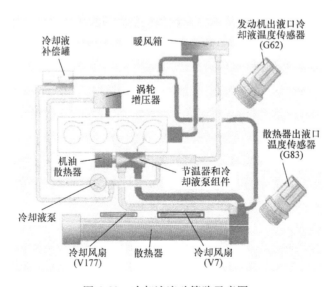

图6-33　冷却液流动管路示意图

第二个特性曲线图，反映目标冷却液温度与车速和外界温度之间的关系。利用该特性曲线可以有效修正冷却液温度传感器检测到的冷却液温度与发动机水套处的冷却液温度之间的差异。在高温环境（例如热带沙漠）低速行驶与在低温环境（例如东北的冬季）高速行驶，可能冷却液温度传感器检测到的温度是一样的，但发动机水套处和发动机舱的温度却是不同的，低温高速行驶时冷却液温度传感器检测到的温度，要比发动机真实的工作温度低得多，而高温低速行驶时则正好相反。所以在计算目标冷却液温度时，要利用检测到的车速和外界温度进行适当修正，一般来说，车速越高和外界温度越低，目标冷却液温度要适当降低 2~5℃。

发动机控制单元对比两个特性曲线图，取最低值来控制冷却风扇的工作。当发动机的冷却液温度超过目标温度后，冷却风扇就开始工作。一般情况下，在正常工况时该目标冷却液温度约为93℃，即冷却液温度达到93℃后冷却风扇开始工作。

（2）冷却风扇转速控制策略　冷却风扇转速控制的目的是使实际冷却液温度更加接近目标冷却液温度。与目标冷却液温度一样，在发动机控制单元内也存储了2个冷却风扇转速特性曲线。

冷却风扇特性曲线1反映冷却风扇转速与车速和目标冷却液温度之间的关系。车速越低，自然风越小，冷却风扇转速相应就要高些；反之，车速越高，自然风的冷却效果就越好，冷却风扇转速相应就低些，一般当车速超过100km/h时，冷却风扇就不需要运转了。

冷却风扇特性曲线2反映冷却风扇转速，与两个冷却液温度传感器检测数据的差值和目标冷却液温度之间的关系。当发动机出液口冷却液温度传感器检测到的冷却液温度数值在正常范围内，但散热器出液口冷却液温度传感器检测到的冷却液温度较低时，说明散热器温度不高，冷却风扇工作的作用不大，因此应降低冷却风扇转速；当发动机出液口冷却液温度传感器检测到冷却液温度较高（已高出正常值范围），但如果散热器出液口冷却液温度传感器检测到冷却液温度还较低，就说明节温器有故障，此时为保护发动机而需要控制冷却风扇高速运转。

此外，冷却风扇的运转与否及转速高低还要根据空调系统的需要进行控制。

2. 冷却风扇控制方式及其电路

在冷却风扇控制系统中，冷却风扇的具体运转情况是由发动机控制单元通过冷却风扇控制单元，利用占空比（PWM）的形式进行精准控制的。下面以一汽大众迈腾车为例介绍，它的具体控制原理如图6-34所示。

发动机控制单元根据各传感器提供的信号，利用内部存储的目标冷却液温度特性曲线和冷却风扇转速特性曲线，计算出最佳的冷却风扇运转转速，并将冷却风扇转速数据转换成占空比数据，然后向冷却风扇控制单元发出PWM信号，冷却风扇控制单元根据接收到的发动机控制单元占空比信号，再通过占空比控制冷却风扇以

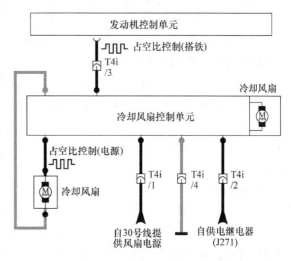

图6-34　一汽大众迈腾车冷却风扇控制原理

一定的转速运转。正常情况下，发动机控制单元向冷却风扇控制单元发出的占空比控制信号为10%~90%，当冷却风扇控制单元接收到此区间的占空比信号时，就会根据占空比的大小，控制冷却风扇的转速。

为了防止发动机控制单元产生的PWM信号线对搭铁或电源短路，当冷却风扇控制单元检测到PWM信号线上的电压是0V或12V时，冷却风扇控制单元会控制风扇以最高速常转。

技巧点拨 冷却风扇控制单元的工作电源由发动机控制单元的供电继电器（J271）供给。冷却风扇的工作电源由30号常电源提供。当断开点火开关后，发动机控制单元仍能工作，当发动机控制单元检测到冷却液温度过高而需要降温时，向冷却风扇控制单元发出PWM信号，冷却风扇控制单元仍可继续工作。

二、怎样通过案例分析冷却风扇控制系统相关故障

故障案例1

故障现象 一辆2011年大众朗逸1.6L自动档轿车，车主反映该车有时停车一段时间后会出现蓄电池亏电，发动机无法起动的故障现象。

故障诊断 接车后检查发现，故障车熄火后锁好车门，10min后冷却风扇仍然常转，导致蓄电池电量耗尽，发动机无法起动。用故障检测仪读取故障码，无故障码存储，检查冷却液温度传感器、空调压力传感器、风扇控制线及相关导线插接器，均无异常；检查冷却风扇控制单元及发动机控制单元的搭铁点，均正常。先后更换了J271、冷却风扇控制单元、冷却液温度传感器、空调控制单元和发动机控制单元，故障依旧，但拔掉J271导线侧插接器时冷却风扇会停止运转。

看来，简单的换件诊断是行不通的，考虑到故障的偶发性，结合之前的维修情况，根据冷却风扇控制系统的控制策略，如果出现熄火后冷却风扇常转，需满足冷却风扇控制单元无发动机控制单元的占空比控制信号，同时冷却风扇控制单元的供电端子要一直有电。

若冷却风扇控制单元一直有供电，熔丝SC44必须常有电，且J271要吸合。根据故障诊断检测时拔去J271后冷却风扇停止转动的情况，可以判断熔丝SC44后面的线路没有短路，引起风扇转动的原因是J271一直吸合。

J271是由发动机控制单元控制的，当车辆熄火后J271仍有约10min的延时供电（发动机控制单元控制搭铁），此时发动机控制单元评估车辆状态决定冷却风扇是否运行。但发动机熄火10min后J271仍向冷却风扇控制单元供电就有点不正常了。造成J271在发动机熄火10min后仍然吸合的原因如下：J271的端子4上的导线与搭铁线短路；发动机控制单元内部搭铁；J271自身故障。

故障排除 由于此前已经更换过发动机控制单元和J271，但故障依旧，因此重点排查J271的端子4上的导线是否与搭铁短路造成上述故障，于是断开端子4上的导线，另用一根导线进行"飞线"处理，故障现象消失，由此确定上述故障就是J271的端子4上的导线意外搭铁所致，对"飞线"进行固定处理后故障彻底排除。

故障案例2

故障现象 一辆2007年款迈腾1.8TSI轿车，装备BYJ发动机，累计行驶里程约为1.6

万km，车辆起动后冷却风扇一直高速常转。

故障诊断　接车后连接 VAS5052A 读取故障码，无故障码存储。起动发动机，读取发动机数据流，发现在冷却液温度较低的情况下，冷却风扇控制 1 的占空比为 77.3%，但正常车在相同的工况下风扇控制 1 的占空比为 9.4%，此时冷却风扇不会转动，故障车辆与正常车辆数据对比如表 6-6 所示。

表 6-6　故障车辆与正常车辆数据对比

名称（含义）	故障车辆测量值	正常车辆测量值
发动机出液口温度	43℃	51℃
散热器出液口温度	14℃	16℃
进气温度	21℃	21℃
空调请求	无	无
风扇控制 1 的占空比	77.3%	9.4%

从数据流中看到，冷却风扇控制 1 的占空比为 77.3%，这个控制信号由发动机控制单元向冷却风扇控制单元发出，由此可以说明冷却风扇控制单元 J293 及其之后的元件、线路应该正常，故障应该发生在发动机控制单元及其之前的输入信号部分。

从数据流中可看到，发动机出液口温度和散热器出液口温度均正常，并且确认没有开空调，发动机控制单元也没有接收到空调开关信号。从发动机控制单元的输入信息看，应该不支持发动机控制单元向冷却风扇控制单元发出 77.3% 的占空比控制信号，于是怀疑是发动机控制单元有故障，但更换新的发动机控制单元后，故障现象依旧，数据流中显示的风扇控制 1 的占空比仍为 77.3%。

既然不是发动机控制单元的问题，那么到底是什么原因会使发动机控制单元在没有相关信息支持的情况下，向冷却风扇控制单元发出 77.3% 占空比的控制信号呢？经过分析认为只有发动机控制单元启用了失效保护功能才能出现这一现象，但失效保护为什么没有故障码？数据流中显示的各项数据也正常呢？

故障排除　进一步查阅资料，发现该车在空气流量传感器（G70）中还带有一个进气温度传感器（G299），但该信号仅作为内部计算进气温度，数据流不提供此数据，有故障时也不一定报故障码（与发动机控制单元软件版本号有关）。更换 G70 后故障仍没有解决，但当对 G70 电路进行检测时发现，G70 的导线插接器端子 1，也就是内部进气温度传感器的信号线断路，将该处修复后，故障排除。

故障分析　为了保证发动机工作时能够及时得到应有的冷却，在冷却风扇控制系统中设置了失效保护措施。当所有相关元件正常时，根据相关信号风扇控制 1 的占空比为约 10%（不工作）~90%（最高速工作）。当发动机控制单元和冷却风扇控制单元检测到系统部件有故障时，就会起动失效保护程序。

当进气温度传感器（G42、G299）有故障时，冷却风扇控制 1 的占空比信号为 77.3%（较高速工作）。当有这两个进气温度传感器的故障记忆时（G299 有故障时不一定会存储故障码，但发动机控制单元会记忆此故障），冷却风扇可能出现异常高速转动的情况，此时需要清除故障码，发动机控制单元判断传感器正常后才正常控制冷却风扇。如果没有进气温度/外界温度的信号，为防止发动机舱内温度过高，发动机控制单元控制冷却风扇以较高转速工作。因此，当空气流量传感器偶尔有故障或线路偶尔接触不良时，发动机控制单元会记忆此故障，即使在发动机继续运转时此故障已修复，由于发动机控制单元还不确认故障已修复，并且故障码仍没有清除，所以冷却风扇可能会保持异常的低速运转。

当发动机出液口冷却液温度传感器有故障时，冷却风扇控制 1 的占空比为 77.3%（较高速工作）；当散热器出液口冷却液温度传感器有故障时，冷却风扇控制 1 的占空比为约 90%（最高速工作）。

三、怎样正确分析欧曼 GTL 牵引车风扇控制电路

欧曼 GTL 牵引车，是 2012 年 2 月上市的高端重型载货汽车，欧曼 GTL 所配备的康明斯 ISMc4 发动机的风扇控制电路如图 6-35 所示，电控硅油风扇离合器受发动机 ECM 控制。由于风扇同时为散热器和空调冷凝器散热，因此风扇受冷却液温度和空调双重控制。

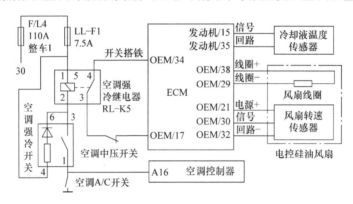

图 6-35 欧曼 GTL 风扇控制电路

1. 控制原理介绍

（1）冷却液温度控制 冷却液温度传感器为 ECM 提供冷却液温度信号。当冷却液温度超过 90℃时，ECM 为电控硅油风扇离合器线圈断电，风扇离合器接通，风扇全速运转。

（2）手控风扇 在空调打开（即按下 A/C 开关）的前提下，如果把空调强冷开关接通，空调强冷继电器线圈通电，继电器触点断开（RL - K5 是个常闭触点继电器）OEM/17 针脚因与 OEM/34 针脚（开关搭铁）断开，电位由低变高。ECM 依据此电位变化，确认请求风扇工作，ECM 为电控硅油风扇离合器线圈断电，风扇离合器接通，风扇全速运转。手控接合风扇时，空调强冷开关上的工作指示灯会点亮。

（3）中压开关控制 中压开关装在空调管路上，由空调系统压力促动。空调中压开关是个常闭开关，常态条件下触点是闭合的。在空调系统打开的情况下，如果系统压力超过 1.77MPa，空调中压开关断开，OEM/17 针脚因与 OEM/34 针脚（开关搭铁）断开，电位由低变高。ECM 依据此电位的变化，确认请求风扇工作，ECM 为电控硅油风扇离合器线圈断电，风扇离合器接通，风扇全速运转。

以上任一条件满足时，风扇离合器接合。当以上条件均不满足时，风扇离合器分离，风扇随动（即靠摩擦力低速运转）

2. 常闭三态压力开关结构

空调中压开关与空调高低压开关集成一体，称为常闭三态压力开关，其结构如图 6-36

所示。其中高低压开关用于空调系统保护,空调系统压力过高或过低时,切断空调电磁离合器供电,压缩机停止工作。

图 6-36 常闭三态压力开关

3. 电控硅油风扇结构及原理

欧曼 GTL 配备的电控硅油风扇结构如图 6-37a 所示。传动带轮及风扇轴为主动件,发动机运转时,受曲轴传动带轮驱动旋转。风扇离合器壳体及从动盘为从动元件。主从动盘间的动力传递靠硅油完成。如果硅油充满主从动盘间缝隙,高黏度的硅油使得主从盘间摩擦力大幅度增加(就像硅油将两者黏在一起一样),即离合器处于接合状态。离合器接合时,主从动盘间转速接近相等,风扇高速运转。反之,如果主从动盘间硅油被排空,主从盘间摩擦力会大幅度降低,即离合器处于分离状态,从动盘(风扇)只能以低转速运转。

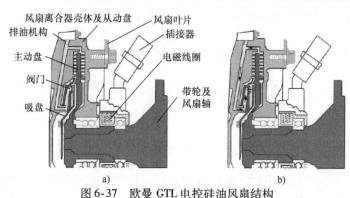

图 6-37 欧曼 GTL 电控硅油风扇结构
a) 结构　b) 离合器接合状态

当风扇接通条件不满足时,控制电磁线圈通电。在电磁力的作用下,吸盘变形(中心右移,外边缘左移),吸盘外边缘将阀门关闭。当主动盘随传动带轮旋转时,主从动盘间硅油被甩向外圆周,进入图 6-37a 中所示的油道,更多的硅油通过排油机构储存起来。主从动盘间硅油被完全排空后,离合器完全分离。

当风扇接通条件满足时,控制电磁线圈断电,吸盘所受电磁力消失,吸盘复位,吸盘外边缘将阀门打开(图 6-37b)。此时尽管主从动盘间硅油仍被不断甩出,流向从动盘油道,但因阀门的打开,来自从动盘油道及排油机构储存的硅油不断回流、补充,主从动盘间一直被硅油充满,离合器处于接合状态。离合器接合时,硅油沿着图 6-37a 中所示油道不断地循环流动。

> **技巧点拨**　欧曼 GTL 牵引车风扇受冷却液温度和空调双重控制,电控硅油风扇离合器受发动机 ECM 控制。

第五节 电控系统的匹配

一、汽车电子控制系统为什么要进行匹配

匹配（adaptation）又称为"适配"、"自适应"，它是利用故障诊断仪排除电控汽车故障的一种常用操作程序。有的汽车看似存在严重故障，但只要用电脑故障诊断仪匹配一下就好了，这就是匹配的魅力所在。

众所周知，任何汽车在使用过程中都需要进行维修和更换零部件，电控汽车当然也不例外。为了适应修理或换件后的发动机、变速器、车身和行驶系统，汽车电子控制系统的工作方式是可以更改的。为此，大众汽车可以借助故障诊断仪的"10"功能，将某些控制参数（如怠速时的点火时刻、节气门位置等）输入电控单元中，或者对电控单元存储或记忆的信息加以修改，使电子控制系统各部件之间能够相互适应，否则电控汽车将无法正常运行。这就好比居民小区单元里的老邻居搬走了，来了一户新邻居，需要进行一番自我介绍，以便了解对方的脾气，有利于日后相互交往，否则相互不"认识"，无法和谐相处是一样的道理。

反过来说，修理后不进行匹配会产生什么后果呢？例如脏污的节气门清洗之后，如果不进行匹配，发动机会出现运转不稳定、怠速偏高或者车辆滑行时熄火等不良现象；维修自动变速器后，如果不进行匹配，可能引起换档冲击，车速上不去，甚至缩短自动变速器的使用寿命；更换车身控制模块（BCM）后，如果不进行匹配，空调系统可能工作不正常，表现为用手按住 A/C 开关空调就工作，松开手空调系统就停止工作。

> **技巧点拨** 电子控制系统匹配的根本目的，是使电子控制单元（ECU）与控制器件之间协调一致。

二、电子控制系统匹配的实质是怎样的

电子控制系统匹配是通过串行数据总线，采用通信的方式完成的。匹配实际上分为三个过程：①读取当前值；②输入新数值；③将新数值存储到电控单元的存储器中。

对于大众车系，可以连接故障诊断仪，选择"10"（匹配）功能，然后利用诊断仪的数字键将指令输入至电控单元，对电控单元的一些参数或设定进行调整，例如对节气门组件匹配，可以改变电控单元内用于怠速稳定控制的预定值，例如怠速转速、喷油量等。

以点火提前角的匹配为例，事实上这是一个相当复杂的控制过程（图 6-38）。固定点火提前角脉谱图存储了不同的时间调整设定，从该点进行增减变化，然后将变量传输给斜率检测器，它将转矩/点火时刻曲线中的斜率测定值与斜率脉谱图中

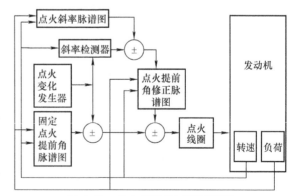

图 6-38 点火提前角匹配原理图

的值进行对比，从而决定对发动机转矩进行增加或减小。每次点火时刻发生变化，都将更新修正脉谱图中相应的数值，即使发动机的转速变化很快，它也能做出相应的调整。

技巧点拨 点火斜率脉谱图的最终目标是根据发动机的转速和负荷，实现发动机最大转矩输出和最小污染物排放。

三、哪些情况需要执行匹配程序

在维修实践中发现，电控汽车的某些莫名其妙的故障（例如发动机怠速不稳，自动变速器锁档等），往往与未执行匹配程序有关。有一辆轿车，在更换气缸垫以后，发动机运转不稳定。调取故障码有一大串，事实上不可能这么多器件同时损坏。用故障诊断仪清除故障码，但是无法清码。此时执行 ECU 的匹配程序，收到了意想不到的效果。至少以下情况需要执行匹配程序。

1）清洗节气门或更换节气门组件以后。如果不进行发动机电控单元（ECU）与节气门控制模块之间的匹配，电控单元与节气门组件之间会出现工作不协调、控制不精确等现象，表现为怠速运转不稳定、怠速偏高或者无怠速。这是最常见的一种匹配。

2）更换发动机 ECU 后。发动机 ECU 需要与节气门组件、自动变速器、电子防盗系统、巡航系统等进行匹配。对电子防盗系统来说，匹配值就是发动机 ECU、电子防盗模块与钥匙之间相互适应的确认值。

3）维修自动变速器后。需要进行变速器 ECU 的匹配程序，这种匹配程序的实质是变速器控制单元根据驾驶人习惯、行驶条件等自动进行补偿，以求达到比较理想的换档品质，否则将出现换档冲击或换档延迟之类的故障。

4）中断电控单元（ECU）的电源后。其中包括更换蓄电池、拆开蓄电池的电缆又装上以及断开电控单元（ECU）的熔丝，由于电控单元（ECU）记忆的各系统、各工况下的学习修正值已被清除，系统回到了初始状态，此时必须执行 ECU 匹配程序，否则电控系统的性能会明显变差。

5）更换燃料品种后。有的双燃料汽车（既使用汽油，又使用天然气）在天然气用完转换汽油时，出现短暂性能下降现象，表现为怠速不稳，加速不良，油耗增大，排气管冒黑烟等。这些现象是电控单元（ECU）一时无法适应燃料突然变化的缘故，并非发生了实质性故障。一辆大众捷达前卫轿车，在使用天然气时没有不良反应，但是在天然气用完转换为汽油时，出现怠速不稳及排气管冒黑烟现象。用 VAG1552 故障诊断仪检测，显示"节气门开度稍大"。更换进气压力传感器和氧传感器，故障不能排除。据了解，几乎所有的双燃料轿车在天然气用完转换汽油时，都会出现类似的故障，并不是电控单元（ECU）的硬件损坏了，而是 ECU 只能在一定的范围内适应某些参数的变化，如节气门变脏、喷油器轻微堵塞以及燃油压力变化等。当发动机燃料由天然气突然转换为汽油时，相当于有关的参数发生了突变，超出了电控单元（ECU）的调整范围，导致控制上出现偏差，于是出现短暂性能下降的现象。对于这种情况，只要对电控单元（ECU）进行匹配，清除原来的自适应学习值，汽车就可恢复正常。

6）更换组合仪表后。装备第 3 代电子防盗系统的汽车，由于防盗控制模块与仪表组合集成为一体，所以在更换组合仪表以后，应当执行电子防盗系统的匹配。

技巧点拨 对于采用电脑（ECU）控制的电控汽车，凡是经过修理和重新装配以后，都需要按照维修手册规定的程序，进行电控单元的匹配。

参 考 文 献

[1] 刘春晖. 汽车发动机电控系统结构与检修 [M]. 北京：机械工业出版社，2014.
[2] 李伟. 新型直喷、混合动力发动机构造原理与故障排除 [M]. 2版. 北京：机械工业出版社，2014.
[3] 刘春晖，顾雅青. 图解汽车传感器结构原理与检修 [M]. 北京：机械工业出版社，2019.
[4] 李明诚. 最常用汽车检修操作与设置技巧 [M]. 北京：机械工业出版社，2014.
[5] 嵇伟. 汽车故障诊断与典型案例分析 [M]. 北京：机械工业出版社，2011.
[6] 李明诚，鲍迪. 汽车维修经验与技巧集锦 [M]. 北京：机械工业出版社，2010.
[7] 葛鹏飞，祖亮. 汽车发动机冷却系统的发展与现状 [J]. 科技创新，2017 (08)：114.
[8] 焦建刚，徐刚. 正确理解电控汽油发动机进气量与喷油量的关系 [J]. 汽车维修与保养，2014 (11)：90-92.
[9] 马春阳. 发动机失火故障及其诊断分析 [J]. 汽车维护与修理，2013 (06)：64-66.
[10] 王先耀. 广本飞度车智能双火花塞点火系统及检修 [J]. 汽车维护与修理，2009 (11)：68-70.
[11] 杜如维. 福特探险者车发动机温度报警灯点亮 [J]. 汽车维护与修理，2016 (10)：41-42.
[12] 高俊. 奥迪Q3车EPC故障灯异常点亮 [J]. 汽车与驾驶维修，2016 (09)：48-49.
[13] 史贞海. 长安马自达CX-5车起动困难 [J]. 汽车维护与修理，2016 (09)：42-44.
[14] 冯汉喜，宋波舰. 东风雪铁龙C5各电控系统电路图解析（七）——发动机电喷系统电路 [J]. 汽车维修与保养，2015 (07)：96-101.